Verletzungsprophylaxe im Leistungssport

Sabrina Erdrich

Verletzungsprophylaxe im Leistungssport

Spezifische Trainingseffekte auf biomechanische Risikofaktoren von Kreuzbandverletzungen

Mit einem Geleitwort von Prof. Dr. med. Holger Schmitt

Sabrina Erdrich
Heidelberg, Deutschland

Diese Veröffentlichung wurde als Dissertation im Jahr 2018 unter dem Titel „Verletzungsprophylaxe im Leistungssport - Auswirkungen eines kraft- versus koordinationsbetonten Athletiktrainings auf die Kniegelenkstabilität und die neuromuskuläre Aktivierung von Handballerinnen bei hochdynamischen Belastungen" im Fach Sportwissenschaft an der Fakultät für Verhaltens- und Empirische Kulturwissenschaften der Ruprecht-Karls-Universität Heidelberg angenommen.

ISBN 978-3-658-29370-3 ISBN 978-3-658-29371-0 (eBook)
https://doi.org/10.1007/978-3-658-29371-0

Die Deutsche Nationalbibliothek verzeichnet diese Publikation in der Deutschen Nationalbibliografie; detaillierte bibliografische Daten sind im Internet über http://dnb.d-nb.de abrufbar.

Springer VS ist ein Imprint der eingetragenen Gesellschaft Springer Fachmedien Wiesbaden GmbH und ist ein Teil von Springer Nature.
Die Anschrift der Gesellschaft ist: Abraham-Lincoln-Str. 46, 65189 Wiesbaden, Germany

Für meine Familie

meinen absolut tollen Mann

meine WUNDERvollen Kinder

meine liebevollen, sorgenden Eltern

meine Brüder mit ihren Familien - ich hab´ euch lieb!

meine Schwiegereltern - ich könnte mir keine besseren vorstellen

und meine/n Schwiegerschwester/-bruder mit ihren Familien - schön, dass es euch gibt

Geleitwort

Durch sportliche Aktivitäten können die verschiedenen Organsysteme des Menschen positiv beeinflusst werden. Chronische Erkrankungen treten seltener auf, der Bewegungsapparat kann gestärkt und leistungsfähiger gemacht werden, und auch günstige neurobiologische Effekte konnten nachgewiesen werden. Auch wenn in der Zusammenschau die positiven Effekte überwiegen und eine regelmäßige sportliche Betätigung fast uneingeschränkt empfohlen werden kann, können je nach Sportart Verletzungen auftreten, die den Leistungssportler häufig vor ein großes Problem stellen. Je ambitionierter und intensiver der Sportler seinen Sport betreibt, desto wichtiger ist die Frage: Was kann ich tun, um mich nicht zu verletzen bzw. wann kann ich nach einer Verletzung wieder Sport treiben? Gerade in den Mannschaftssportarten, bei denen neben der sportartspezifischen Belastung mit häufigen Stop-and-Go-Bewegungen der Gegnerkontakt eine zusätzliche Gefahrenquelle bedeutet, treten schwerwiegende Kniegelenkverletzungen wie zum Beispiel Kreuzbandrupturen häufig auf. Welche Maßnahmen sind geeignet, diese Verletzung zu verhindern sowie die Stabilität und Funktion des verletzten Gelenkes optimal wiederherzustellen?

Mit der Idee, zum einen präventiv das Auftreten von Verletzungen zu reduzieren und zum anderen den Rehabilitationsprozess zu optimieren, um möglichst schnell durch individualisierte Trainingskonzepte die Funktion des verletzten Kniegelenkes wiederherzustellen, beschäftigt sich das vorliegende Werk. Sabrina Erdrich hat all ihre persönliche Erfahrung im Umgang mit Sportlern als auch wissenschaftliche Erkenntnisse aus Auslandsaufenthalten und ihrer Tätigkeit bei wissenschaftlichen Einrichtungen in Deutschland zusammengetragen, um in einer prospektiv und praxisnah angelegten Studie die Effekte eines kraft- bzw. koordinationsbetonten Trainings an einem leistungssportlich aktiven Athletinnen-Kollektiv auf die Stabilität des Kniegelenkes und die neuromuskuläre Aktivierung zu untersuchen.

Die Arbeit ist für all diejenigen interessant, die sowohl in der Prävention als auch Rehabilitation von verletzten Sportlern therapeutisch eingesetzt werden. Ich hoffe, dass Sie beim Lesen durch die ausführliche Auseinandersetzung mit den theoretischen Grundlagen und deren Diskussion viele neue Ideen und wertvolle Aspekte für das eigene Handeln erhalten.

Heidelberg, im Oktober 2019

Prof. Dr. med. Holger Schmitt

Danksagung

Ich danke …

… Prof. Dr. phil. Klaus Roth für seinen fachlichen Rat und all seine Unterstützung auf diesem langen Weg zur Promotion.

… Prof. Dr. med. Holger Schmitt für seine unkomplizierte Betreuung als Zweitgutachter.

… apl. Prof. Dr. rer. nat. Sebastian Wolf und Prof. Dr. med. Rainer Siebold, dass sie eine Kooperation möglich gemacht haben, um dieses so spannende Thema verwirklichen zu können. Des Weiteren möchte ich mich bei Prof. Dr. med. Rainer Siebold für die Kontaktherstellung zu Timothy Hewett Ph.D. in Ohio bedanken. Der Forschungsaufenthalt in den USA hat mich enorm weitergebracht. Danke Tim!

… Priv.-Doz. Dr. med. Benita Kuni für viele wegweisende Gespräche zu Beginn des Projekts, insbesondere zur Modifizierung des Heidelberger Sprungkoordinationstests, und den Erstkontakt zum Ganglabor.

… Marcus Gutsche und den Spielerinnen der Ketscher Bären, ohne die dieses Projekt niemals zustande gekommen wäre. Ich bin mir bewusst, was es für einen Trainer bedeutet, so viel wichtige Trainingszeit zu „opfern“.

… allen Mitarbeiterinnen und Mitarbeitern des Ganglabors, die mir immer mit Rat und Tat zur Seite standen und die einen entscheidenden Teil dazu beigetragen haben, dass dieses Projekt nicht nur ein Hirngespinst geblieben ist.

… allen Kolleginnen und Kollegen vom Institut für Sport und Sportwissenschaft für zahlreiche konstruktive Gespräche.

… all meinen Freunden, dass sie meine Freunde geblieben sind, obwohl ich oft mehr Zeit mit meinem Messequipment verbracht habe als mit Ihnen. Ihr seid großartig.

Mein ganz besonderer Dank geht an meinen Mann Holger und meine Kinder Anouk und Mila für all die Stunden, die sie mich entbehrt haben und ihr Verständnis für meine Leidenschaft. Mit eurem Humor habt ihr mir unendlich viel Kraft gegeben!

Diese Promotion wurde finanziell unterstützt durch ein Abschlussstipendium der Graduiertenakademie der Universität Heidelberg, finanziert aus Mitteln der Exzellenzinitiative. Für diese Förderung möchte ich mich abschließend ganz herzlich bedanken.

Inhaltsverzeichnis

Einleitung und Aufbau der Arbeit 1

I. THEORETISCHER TEIL 5

1 Die vordere Kreuzbandverletzung im ballsportlichen Kontext 7

1.1 Aktueller Stand der Forschung 7

1.2 Verletzungsmechanismus und biomechanische Risikofaktoren 10

2 Ist die vordere Kreuzbandverletzung verhinderbar? 17

2.1 Wirksamkeit aktueller verletzungspräventiver Trainingsprogramme 17

2.2 Bedeutung von Kraft für die VKB-Verletzungsprävention 20

2.3 Bedeutung von Koordination für die VKB-Verletzungsprävention 23

3 Komplexe Messsyteme und Testverfahren zur Erfassung der biomechanischen Bewegungskontrolle 29

3.1 Dreidimensionale Bewegungsanalyse und Elektromyographie als komplexes Messplatzsetting 29

3.2 Dynamisch funktionelle Tests als Abbild der sportspezifischen Risikosituation . 32

II. EMPIRISCHER TEIL 37

4 Zielstellung und Hypothesen 39

5 Konzeptioneller Rahmen 45

5.1 Rahmenbedingungen 45

5.2 Vorüberlegungen und Vortests 46

5.2.1 Die Modifizierung des Heidelberger Sprungkoordinationstests 49

5.3 Studiendesign und Durchführung 51

5.4 Abbruchkriterien, Ethische und Rechtliche Aspekte 53

6 Material und Methodik 55

6.1 Probandenstichprobe 55

6.2 Klinische Untersuchung 57

6.3 Trainingsprogramme 58

6.4 Assessmentverfahren 65

6.4.1 Trainingsprogramm-Kontrollvariablen 66
6.4.1.1 Isokinetische Maximalkraft 66
6.4.1.2 Posturale Kontrolle 67
6.4.2 Dynamisch funktionelle Tests 69
6.4.2.1 Drop Jump 69
6.4.2.2 Modifizierter Heidelberger Sprungkoordinationstest 70
6.4.3 Fragebögen zu Klinik, Funktion und Bewegungsangst 72
6.4.3.1 Allgemeiner Fragebogen 72
6.4.3.2 Lysholm Score und Tegner Aktivitätsskala 72
6.4.3.3 TAMPA Scale for Kinesiophobia (TSK-11) 73
6.5 Datenerfassung 74
6.5.1 Isokinetik und Posturographie 74
6.5.2 Dreidimensionale Bewegungsanalyse 75
6.5.2.1 Plug-in Gait Marker-Modell 77
6.5.3 Elektromyographie 79
6.5.3.1 Abgeleitete Muskeln und Elektrodenapplikation 80
6.5.3.2 Maximale Willkürkontraktionen 82
6.6 Auswertungsstrategie und Datenverarbeitung 84
6.6.1 Isokinetik und Posturographie 84
6.6.2 Dreidimensionale Bewegungsanalyse 85
6.6.3 Elektromyographie 90
6.7 Fehlermaße 93
6.8 Statistik 97

7 Ergebnisse 101

7.1 Stichprobencharakterisierung 101
7.2 Test-Retestreliabilität 106
7.2.1 Kinematik 107
7.2.2 Kinetik 109
7.3 Interventionseffekte 112
7.3.1 Trainingsprogramm-Kontrollvariablen 112
7.3.1.1 Isokinetische Maximalkraft 113
7.3.1.2 Posturale Kontrolle 114

7.3.2 Dynamisch funktionelle Tests ... 116

7.3.2.1 Kniekinematik in der Sagittal-, Frontal- und Transversalebene ... 117

7.3.2.2 Kniekinetik in der Sagittal-, Frontal- und Transversalebene ... 131

7.3.2.3 Elektromyographie in den verschiedenen Bewegungsphasen ... 142

7.3.2.4 Beobachtungen außerhalb der Hypothesen ... 149

7.3.3 Zusammenfassung der Interventionseffekte ... 151

7.4 Zusammenhang von Bewegungsangst und biomechanischer Bewegungspräsentation ... 154

7.5 Einzelfalldarstellung einer „Risiko-Athletin“ ... 157

8 Diskussion ... 167

8.1 Reliabilitätsanalyse ... 167

8.2 Interventionsstudie ... 172

8.3 Bewegungsangst und biomechanische Präsentation ... 179

8.4 Einzelfallanalyse der „Risiko-Athletin“ ... 180

8.5 Limitationen ... 184

9 Fazit und Ausblick ... 187

Literaturverzeichnis ... 191

Anhang ... 213

Abkürzungsverzeichnis

BF	Musculus biceps femoris
BKZ	Bodenkontaktzeit
3D	Dreidimensional
DJ	Drop Jump
DVZ	Dehnungs-Verkürzungs-Zyklus
EMG	Elektromyographie
GluM	Musculus glutaeus medius
GM	Musculus gastrocnemius medialis
KAD	Knee Alignement Device
IG	Interventionsgruppe
JL-SC	Jump-land-side-cut *(Sprung-Landemanöver mit anschließendem Seitschritt)*
JL-Stab	Jump-land-stabilize *(Sprung-Landemanöver mit anschließender Stabilisationsphase)*
JL-CC	Jump-land-cross-cut *(Sprung-Landemanöver mit anschließendem Kreuzschritt)*
M.	Musculus
meanEMG	mittlere Amplitude
mHDST	modifizierter Heidelberger Sprungkoordinationstest
MVC	Maximum Voluntary Contraction
mV	Millivolt
MW	Mittelwert
N	Newton
n	Stichprobengröße
RIA	Reflexinduzierte Aktivitätsphase
STAND	Standphase
SD	Standardabweichung
vGRF	vertical Ground Reaction Force *(vertikale Bodenreaktionskraft)*
VKB	Vorderes Kreuzband
VM	Musculus vastus medialis
VOR	Vorinnervations-/Voraktivitätsphase
Vp	Versuchsperson
vs.	versus

Tabellenverzeichnis

Tab. 1: Risk factors for knee and/or ACL injuries (Mehl et al., 2018, p. 53) ... 6

Tab. 2: Inhalte und Methoden des Krafttrainings der unteren Extremität ... 52

Tab. 3: Inhalte und Methoden des Krafttrainings für den Rumpf ... 53

Tab. 4: Inhalte und Methoden des Koordinationstrainings ... 56

Tab. 5: Plug-in Gait Markerplatzierung und -bezeichnung (Vicon, 2010) ... 71

Tab. 6: Anatomische Lage und Funktion der vier abgeleiteten Muskeln sowie Elektrodenpositionierung (Hermens et al., 1999; Kapandji, 2001; Schünke et al., 2005; Valerius et al., 2006) ... 74

Tab. 7: Parametrisierung der kinematischen und kinetischen Daten ... 82

Tab. 8: Parametrisierung der elektromyographischen Daten. Phaseneinteilung nach (Gollhofer et al., 1990) ... 87

Tab. 9: Anthropometrische Daten der drei Gruppen beim Prä-Test (Baseline) ... 95

Tab. 10: Lysholm Score und Tegner Aktivitätslevel in den drei Gruppen beim Prä-Test ... 96

Tab. 11: Alte Verletzungen der Reliabilitätsgruppe und der beiden Interventionsgruppen ... 98

Tab. 12: Test-Retestreliabilität der Kinematik beim beidbeinigen Drop Jump und modifizierten Heidelberger Sprungkoordinationstest ... 101

Tab. 13: Test-Retestreliabilität der Kinetik beim beidbeinigen Drop Jump und modifizierten Heidelberger Sprungkoordinationstest ... 103

Tab. 14: Relative isokinetische Maximalkraft (60°/s) des Quadriceps und der ischio cruralen Muskulatur (Ischios, MW ± SD) sowie Prä-Post-Differenzen und Gruppeneffekte der Koordinationsgruppe (KO_G) und der Kraftgruppe (KR_G) für die dominante und die nichtdominante Seite ... 107

Tab. 15: Normiertes maximales CoP Bewegungsausmaß (ROM) in a/p und m/l Richtung (MW ± SD) sowie Prä-Post-Differenzen und

Gruppeneffekte der Koordinationsgruppe (KO_G) und der Kraftgruppe (KR_G) für die dominante und die nichtdominante Seite 109

Tab. 16: Kinematische Parameter (MW ± SD) der Koordinations- (KO_G) und Kraftgruppe (KR_G) für das dominante und nichtdominante Bein während der Bodenkontaktphase beim Drop Jump 112

Tab. 17: Kinematische Parameter (MW ± SD) der Koordinations- (KO_G) und Kraftgruppe (KR_G) für das dominante und nichtdominante Bein während der Bodenkontaktphase beim modifizierten Heidelberger Sprungkoordinationstest – Kondition „jump-land-side-cut“ 117

Tab. 18: Kinematische Parameter (MW ± SD) der Koordinations- (KO_G) und Kraftgruppe (KR_G) für das dominante und nichtdominante Bein während der Bodenkontaktphase beim Modifizierten Heidelberger Sprungtest – Kondition „jump-land-stabilize“ 120

Tab. 19: Kinematische Parameter (MW ± SD) der beiden Interventionsgruppen während der Bodenkontaktphase beim Modifizierten Heidelberger Sprungkoordinationstest – Kondition „jump-land-cross-cut“ 125

Tab. 20: Kinetische Parameter (Maximale externe Momente, MW ± SD) der Koordinations- und Kraftgruppe für das dominante und das nichtdominante Bein während der Bodenkontaktphase beim Drop Jump 128

Tab. 21: Kinetische Parameter (Maximale externe Momente, MW ± SD) in der Sagittal, Frontal- und Transversalebene für das dominante und das nichtdominante Bein während der Bodenkontaktphase des modifizierten Heidelberger Sprungkoordinationstests – Kondition "jump-land-side-cut" 131

Tab. 22: Kinetische Parameter (Maximale externe Momente, MW ± SD) in der Sagittal, Frontal- und Transversalebene für das dominante und das nichtdominante Bein während der Bodenkontaktphase des modifizierten Heidelberger Sprungkoordinationstests – Kondition "jump-land-stabilize" 134

Tab. 23: Kinetische Parameter (Maximale externe Momente, MW ± SD) in der Sagittal, Frontal- und Transversalebene für das dominante und das nichtdominante Bein während der Bodenkontaktphase des modifizierten Heidelberger Sprungkoordinationstests – Kondition "jump-land-cross-cut" 136

Tab. 24: Test-Retest Unterschiedsprüfung des meanEMG$_{norm}$ der R$_G$ für die analysierten Bewegungsphasen, dominante Seite 139

Tab. 25: Test-Retest Unterschiedsprüfung des meanEMG$_{norm}$ der R$_G$ für die analysierten Bewegungsphasen, nichtdominante Seite 140

Tab. 26: Bodenkontaktzeiten der beiden Interventionsgruppen beim modifizierten Heidelberger Sprungkoordinationstest für die Konditionen „jump-land-side-cut" und „jump-land-cross-cut" 150

Tab. 27: Tampa Score (MW ± SD) der drei Gruppen sowie der Gesamtstichprobe beim Prä-Test 154

Tab. 28: Korrelationsanalyse: Bewegungsangst und maximale Kniewinkel in der Sagittal-, Frontal- und Transversalebene beim Drop Jump und modifizierten Heidelberger Sprungkoordinationstest 155

Abbildungsverzeichnis

Abb. 1: Dynamic valgus was defined as the position or motion, measured in 3 dimensions, of the distal femur toward and distal tibia away from the midline of the body. Dynamic valgus may have included indicated motions and moments (Hewett et al., 2005, p. 495) 10

Abb. 2: Darstellung des sensomotorischen Systems mit den verschiedenen Interaktionsmöglichkeiten und Testverfahren (Jerosch et al., 1998, S. 248) 21

Abb. 3: Studiendesign der Interventionsstudie 45

Abb. 4: Consort Flow Diagram nach Schulz et al. (2010) zur Verdeutlichung der Gewinnung, Zusammensetzung und Veränderung der Stichprobe im Studienverlauf. VKB-Ruptur = Vordere Kreuzbandruptur, AB-Riss = Außenbandriss 48

Abb. 5: Koordinationstraining zu Beginn. „Erfahrbar machen" der Beinachse, Rumpfstabilität. Statische Stabilisation und dynamische Stabilisation am Ort 57

Abb. 6: Koordinationstraining mittlere Phase. Umsetzen des Erlernten in sportspezifische Bewegungsmuster (sportartübergreifend) 57

Abb. 7: Koordinationstraining gegen Ende der Trainingsphase. Komplexe Sprungstabilisierung in handballspezifischen Risikosituationen 58

Abb. 8: Isokinetische Maximalkraftmessung des Quadriceps und der ischiocruralen Muskulatur in der offenen kinetischen Kette am Biodex System 3 60

Abb. 9: Einbeinstandtest auf einer Kistler Kraftmessplatte zur Ermittlung der statischen Gleichgewichtskontrolle 61

Abb. 10a-c: Beidbeiniger Drop Jump. **(a)** Ausgangsstellung. Die Versuchsperson steht auf einer 30 cm hohen Kiste mit einem Abstand von 35 cm zwischen den Zehenmarkern. **(b, c)** Auf Kommando lässt sie sich ohne sichtbaren Absprung von der Kiste auf zwei davorliegende Kraftmessplatten fallen, um von dort möglichst schnell maximal hoch abzuspringen. Die Landung der zweiten Flugphase erfolgt wieder auf den beiden Kraftmessplatten. 63

Abb. 11a-d: Modifizierter Heidelberger Sprungkoordinationstest. **(a)** In der Ausgangsstellung ist kein Lichtsignal aktiviert. Nach dem Ertönen des akustischen Signals erfolgt der Anlauf. Das Lichtsignal (re., li., keins) wird durch eine Lichtschranke ausgelöst, wenn die Versuchsperson vom Boden abspringt, um den Ball überkopf zu schlagen. **(b)** In der Landephase hat die Probandin die Möglichkeit sich mental auf die weiterlaufende Richtung einzustellen. **(c, d)** Nach der Landung stabilisiert die Versuchsperson entweder in der Mitte (kein Lichtsignal) oder führt unmittelbar ein Side-cut-Manöver (re. Lichtsignal, s. Abbildung) bzw. ein Cross-cut-Manöver (li. Lichtsignal) im 45° Winkel durch. 64

Abb. 12: Darstellung der Markerplatzierung, Seiten- und Frontalansicht (Probandin der R_G) [17] 71

Abb. 13: Visualisierung des dreidimensionalen Marker-Modells in der Vicon Workstation® (einfache statische Aufnahme) 72

Abb. 14: Visualisierung des dreidimensionalen Marker-Modells in der Vicon Workstation® nach Berechnung der Gelenkzentren und -achsen anhand der statischen KAD-Aufnahme. Das Foto zeigt das "Knee Alignement Device" (KAD), dass an der medialen und lateralen Femurkondyle angebracht wird. 72

Abb. 15a-d: Platzierung der Oberflächenelektroden gemäß den SENIAM Leitlinien (Hermens et al., 1999). **(a)** M. glutaeus medius **(b)** M. vastus medialis **(c)** oben: M. biceps femoris, unten: M. gastrocnemius medialis **(d)** Referenzelektrode am Sakrum 75

Abb. 16a-d: Positionen für die muskelspezifischen maximalen Willkürkontraktionen. **(a)** M. vastus medialis **(b)** M. biceps femoris **(c)** M. gastrocnemius medialis **(d)** M. glutaeus medius. Das Stahlgestell diente der Erfassung, der während der MVC aufgebrachten, Kraft (Newton), die als Kraft-Zeitkurve in der Software Vicon Workstation® visualisiert wurde. Die verbale Instruktion war in folgende Anweisungen untergliedert: 1) „Kein Kontakt" (zum Stahlgestell) 2) „Kontakt aufnehmen" 3) „und maximal Druck geben… fest…fest…fest…und halten." 4) „fertig". 76

Abb. 17a, b: Center of Pressure (CoP) Verlauf in anterior-posteriore (a/p) und medio-laterale (m/l) Richtung. **a)** Ungefiltertes Signal **b)** Mit 5 Hz

Tiefpass (Butterworth, 4. Ordnung) gefiltertes Signal 78

Abb. 18: Eventsetzung in der Vicon Workstation®. 1. Event = IC (Initialer Bodenkontakt, vGRF > 30N), 2. Event = TO (Toe Off, Verlassen der Kraftmessplatte, vGRF < 30N). 3. Event = 10 Frames nach dem TO (rein auswerttechnisch begründet). Frontalansicht zum Zeitpunkt der maximalen Knieflexion beim modifizierten Heidelberger Sprungkoordinationstest – Kondition „jump-land-side-cut“ 81

Abb. 19: Definition der kinematischen Variablen (rot markiert). **(a)** Knieflexion/-extension (Sagittalebene) **(b)** Knieabduktion/-adduktion (≙ Knievalgus/-varus, Frontalebene) und Knieinnen-/-außenrotation (Transversalebene) (modifiziert nach Vicon, 2017, S. 78) 83

Abb. 20: Darstellung der analysierten Bewegungsphasen. Gleichgerichtetes und gefiltertes EMG (20-500 Hz) einer Probandin beim mHDST – Kondition „jump-land-side-cut“. GluM = M. glutaeus medius, VM = M. vastus medialis, BF = M. biceps femoris, GM = M. gastrocnemius medialis, Fz = vertikale Bodenreaktionskraft. IC = Initial Contact, TO = Toe off, VOR (Vorinnervationsphase) = Periode 150 ms vor Bodenkontakt; RIA (Phase der reflexinduzierten Aktivität) = 30-120 ms nach Bodenkontakt (in Anlehnung an Gollhofer et al., 1990). Die Abbildung basiert auf nicht normalisierten Daten, d. h. es kann lediglich das Muster der Kurven verglichen werden, nicht die absoluten Werte. 85

Abb. 21: Maximale isometrische Willkürkontraktion des M. vastus medialis (dominante Seite). Die synchrone Aufzeichnung des EMG-Signals und der Kraft-Zeitkurve ermöglicht es, das MVC Signal als Normierungsgrundlage über ein Zeitfenster von 1000 Frames zu berechnen, zu einem Zeitpunkt, an dem die Probandin ein stabiles Kraftplateau zeigt. 86

Abb. 22: Variation in knee joint angles (Euler Model) of a representative normal subject corresponding to internal (dotted lines) and external (solid thin lines) perturbation of the knee flexion-extension axis in steps of 5°. Reference data are shown as solid thick lines. The outermost curves correspond to a perturbation of 15° in flexion-extension axis (Ramakrishnan & Kadaba, 1991, p. 971). 88

Abb. 23a, b: Subjektive Einschätzung zu Stabilität und Schmerz (Skala von 1-10) an der unteren Extremität von allen drei Gruppen beim Prä-Test - dominantes **(a)** und nichtdominantes Bein **(b)**. KO_G = Koordinationsgruppe; KR_G = Kraftgruppe; R_G = Reliabilitätsgruppe 99

Abb. 24a, b: Relative isokinetische Maximalkraft (60°/s) des Quadriceps und der ischiocruralen Muskulatur der Koordinationsgruppe (KO_G) und der Kraftgruppe (KR_G) für die dominante **(a)** und die nichtdominante Seite **(b)**. * = $p < .05$ (Prä-Post-Vergleich innerhalb der Gruppen); † = $p < .10$ (Prä-Post-Vergleich innerhalb der Gruppen), $†_G$ = $p < .10$ (Gruppenvergleich) 107

Abb. 25a, b: Normiertes maximales Center of Pressure (CoP) Bewegungsausmaß (ROM) in a/p und m/l Richtung der Koordinationsgruppe (KO_G) und Kraftgruppe (= KR_G) für die dominante **(A)** und die nichtdominante Seite **(B)**. * = $p < .05$ (prä/post innerhalb der Gruppen), † = $p < .10$ (prä/post innerhalb der Gruppen) 109

Abb. 26: Winkelverlaufskurven der Koordinations- (KO_G, n = 6) und Kraftgruppe (KR_G, n = 7) für das dominante (dom) und nichtdominante (ndom) Bein im Prä-Post-Vergleich (rot/blau) während der Bodenkontaktphase beim Drop Jump 112

Abb. 27: Winkelverlaufskurven der Koordinations- (KO_G, n = 5) und Kraftgruppe (KR_G, n = 7) für das dominante (dom) und nichtdominante (ndom) Bein im Prä-Post-Vergleich (rot/blau) während der Bodenkontaktphase des modifizierten Heidelberger Sprungkoordinationstests – Kondition „jump-land-side-cut“ 117

Abb. 28a-c: Sagittales Kniebewegungsausmaß (Flexion-Extension ROM) des *nichtdominanten Beines* während der Bodenkontaktphase für die Kondition “jump-land-side-cut” des modifizierten Heidelberger Sprungkoordinationstests. **(a)** MW ± SD der Koordinationsgruppe (KO_G) und Kraftgruppe (KR_G) **(b)** Einzelne Athletinnen der KO_G **(c)** Einzelne Athletinnen der KR_G. * = $p < .05$ (prä/post innerhalb der Gruppe; $*_G$ = $p < .05$ (Gruppenvergleich) 118

Abb. 29: Winkelverlaufskurven der Koordinations- (KO_G, n = 6) und Kraftgruppe (KR_G, n = 7) für das dominante (dom) und nichtdominante (ndom) Bein im Prä-Post-Vergleich (rot/blau) während der

Bodenkontaktphase des modifizierten Heidelberger Sprungkoordinationstests – Kondition „jump-land-stabilize“ 120

Abb. 30a-c: Maximaler Knievalgus des *nichtdominanten Beines* während der Bodenkontaktphase für die Kondition “jump-land-stabilize” des modifizierten Heidelberger Sprungkoordinationstests. **(a)** MW ± SD der Koordinationsgruppe ($KO_{G,}$) und Kraftgruppe (KR_G). **(b)** Einzelne Athletinnen der KO_G. **(c)** Einzelne Athletinnen der KR_G. * = $p < .05$ (prä/post innerhalb der Gruppe; $*_G = p < .05$ (Gruppenvergleich) 122

Abb. 31a-c: Bewegungsausmaß in der Transversalebene des *nichtdominanten Beines* während der Bodenkontaktphase für die Kondition “jump-land-stabilize” des modifizierten Heidelberger Sprungkoordinationstests. **(a)** MW ± SD der Koordinations- ($KO_{G,}$) und Kraftgruppe (KR_G) **(b)** Einzelne Athletinnen der $KO_{G,}$ **(c)** Einzelne Athletinnen der KR_G. * = $p < .05$ (prä/post innerhalb der Gruppe; $*_G = p < .05$ (Gruppenvergleich) 123

Abb. 32: Winkelverlaufskurven der Koordinations- ($KO_{G,}$ n = 6) und Kraftgruppe ($KR_{G,}$ n = 7) im Prä-Post-Vergleich (rot/blau) während der Bodenkontaktphase des modifizierten Heidelberger Sprungtests - Kondition „jump-land-stabilize“ 125

Abb. 33: Externe Gelenkmomente der Koordinations- ($KO_{G,}$ n = 6) und Kraftgruppe ($KR_{G,}$ n = 7) für das dominante (dom) und das nichtdominante (ndom) Bein im Prä-Post-Vergleich (rot/blau) während der Bodenkontaktphase beim Drop Jump 128

Abb. 34: Kniekinetik der Interventionsgruppen in der Sagittal-, Frontal- und Transversalebene für das dominante (Dom) und nichtdominante (Ndom) Bein im Prä-Post-Vergleich (rot/blau) während der Bodenkontaktphase des modifizierten Heidelberger Sprungkoordinationstests - Kondition „jump-land-side-cut“ 131

Abb. 35: Kniekinetik der Interventionsgruppen in der Sagittal-, Frontal- und Transversalebene für das dominante (dom) und das nichtdominante (ndom) Bein im Prä-Post-Vergleich (rot/blau) während der Bodenkontaktphase des modifizierten Heidelberger Sprungkoordinationstests - Kondition „jump-land-stabilize“ 134

Abb. 36: Kniekinetik der Interventionsgruppen in der Sagittal-, Frontal- und Transversalebene für das dominante (dom) und das nichtdominante (ndom) Bein im Prä-Post-Vergleich (rot/blau) während der Bodenkontaktphase des modifizierten Heidelberger Sprungkoordinationstests - Kondition „jump-land-cross-cut“ 136

Abb. 37: MeanEMG$_{norm}$ für die Koordinationsgruppe (KO$_G$) und die Kraftgruppe (KR$_G$) in der Vorinnervationsphase (VOR), der Phase der reflexinduzierten Aktivität (RIA) und der Standphase (STAND) beim beidbeinigen Drop Jump. **(a)** Dominant **(b)** Nichtdominant. * = $p < .05$ (prä/post innerhalb der Gruppe); † = $p < .10$ (prä/post innerhalb der Gruppe) 141

Abb. 38: MeanEMG$_{norm}$ für die Koordinationsgruppe (KO$_G$) und die Kraftgruppe (KR$_G$) in der Vorinnervationsphase (VOR), der Phase der reflexinduzierten Aktivität (RIA) und der Standphase (STAND) beim modifizierten Heidelberger Sprungkoordinationstest – Kondition „jump-land-side-cut“. **(a)** Dominant **(b)** Nichtdominant. * = $p < .05$ (prä/post innerhalb der Gruppe); † = $p < .10$ (prä/post innerhalb der Gruppe); †$_G$ = $p < .05$ (Gruppenvergleich) 142

Abb. 39: MeanEMG$_{norm}$ für die Koordinationsgruppe (KO$_G$) und die Kraftgruppe (KR$_G$) in der Vorinnervationsphase (VOR), der Phase der reflexinduzierten Aktivität (RIA) und der Standphase (STAND) beim modifizierten Heidelberger Sprungkoordinationstest – Kondition „jump-land-stabilize“. **(a)** Dominant **(b)** Nichtdominant. * = $p < .05$ (prä/post innerhalb der Gruppe); † = $p < .10$ (prä/post innerhalb der Gruppe) 144

Abb. 40: MeanEMG$_{norm}$ für die Koordinationsgruppe (KO$_G$) und die Kraftgruppe (KR$_G$) in der Vorinnervationsphase (VOR), der Phase der reflexinduzierten Aktivität (RIA) und der Standphase (STAND) beim modifizierten Heidelberger Sprungkoordinationstest – Kondition „jump-land-cross-cut“. **(a)** Dominant **(b)** Nichtdominant. * = $p < .05$ (prä/post innerhalb der Gruppe); † = $p < .10$ (prä/post innerhalb der Gruppe) 146

Abb. 41: Vertikale Bodenreaktionskraft (Fz) der Koordinations- (KO$_G$) und Kraftgruppe (KR$_G$) beim Drop Jump und modifizierten Heidelberger Sprungkoordinationstest, dominante (DOM) und nichtdominante Seite (NDOM). * = $p < .05$ (prä/post innerhalb der Gruppe); ** = $p < .01$ (prä/post innerhalb der Gruppe); $\dagger_G$ = $p < .10$ (Gruppenvergleich) 149

Abb. 42: Interventionseffekte der beiden Trainingsgruppen (Δ prä/post, $p < .05$, Koordinationsgruppe = orange, Kraftgruppe = grün) für die Kinematik, Kinetik und Elektromyographie der *dominanten Seite*. Es fanden sich keine Gruppeneffekte. 152

Abb. 43: Interventionseffekte der beiden Trainingsgruppen (Δ prä/post, $p < .05$, Koordinationsgruppe = orange, Kraftgruppe = grün) für die Kinematik, Kinetik und Elektromyographie der *nichtdominanten Seite*. $*_G$ = Gruppeneffekte beim Post-Test ($p < .05$) 152

Abb. 44a, b: Signifikant negative Korrelation zwischen Bewegungsangst und maximalem Knievalguswinkel der nichtdominanten Seite. Probandinnen mit mehr Bewegungsangst zeigen stärkere Valguswinkel. **(a)** beidbeiniger Drop Jump (n = 17, moderater Zusammenhang) **(b)** modifizierten Heidelberger Sprungkoordinationstest – Kondition „jump-land-cross-cut“ (n = 15, starker Zusammenhang) 155

Abb. 45a-h: Vordere Kreuzbandruptur während eines Ligaspiels, sieben Monate nach der Trainingsintervention (Vp6, KO_G, rechtes, nichtdominantes Bein). Die betroffene Spielerin befindet sich im Angriff auf links außen (linker Bildrand). **(a, b)** Auf der Bildsequenz sieht man die Spielerin unmittelbar nach Ballannahme in Vorbereitung zum Rückpass auf ihre Teamkollegin auf der Position Rückraum links. **(c, d)** Zeigt die Spielerin beim Ausscheren des rechten Beines für die typische Abstoppbewegung nach dem Stoßen sowie den für das Verletzungsereignis entscheidenden Moment des Bodenkontakts des Fußes, d. h. unmittelbar nach der Landung (roter Kreis). Die Aufnahmen demonstrieren eindrücklich, wie die Spielerin beim Abstoppen auf dem nahezu gestreckten Bein mit dem Körperschwerpunkt hinter dem Kniegelenk landet. Inwiefern zu diesem Zeitpunkt ein zusätzlicher Valgus- bzw. Rotationsstress auf das Kniegelenk wirkt, ist aufgrund der Kameraperspektive nicht beurteilbar. **(e)** Nach der Ruptur folgt die zunehmende Kniebeugung. **(f - h)** Die Handballerin entlastet das betroffene rechte Bein und geht zu Boden. 157

Abb. 46: Kinematik (oben) und Kinetik (unten) der „Risiko-Athletin" beim Prä- (rot) und Post –Test (blau) in der Sagittal-, Frontal- und Transversalebene 159

Abb. 47: Maximales Knieflexionsmoment der einzelnen Handballerinnen im Prä-Post-Vergleich. Vp6 zeigt die stärkste Zunahme des Flexionsmoments ohne Veränderung des maximalen Flexionswinkels vom Prä- zum Post-Test. Vp7 zeigt eine annähernd gleich starke Zunahme, die aber mit einer verstärkten Knieflexion von 7,1° beim Post-Test einhergeht. 160

Abb. 48: MeanEMG$_{norm}$ des M. biceps femoris der einzelnen Handballerinnen im Prä-Post-Vergleich. Vp6 zeigt eine deutlich höhere Muskelaktivität als ihre Teamkolleginnen, insbesondere in der reflexinduzierten Phase (RIA) und Standphase (STAND). Nach der Intervention hat sich die „Risiko-Athletin" hinsichtlich der M. biceps femoris Aktivität den restlichen Spielerinnen angepasst. In der Vorinnervationsphase (VOR) offenbaren sich die Unterschiede nicht so gravierend. Vp1-6 = Koordinationsgruppe; Vp7-13 = Kraftgruppe 162

Abb. 49: Tampa Score beim Post-Test. Vp6 weist mit zwei ihrer Teamkolleginnen den höchsten Score auf. 163

Zusammenfassung

Einleitung: Jährlich ereignen sich in den USA ca. 250.000 Kreuzband (VKB)-Verletzungen, die mit immensen Behandlungskosten einhergehen. Besonders davon betroffen sind Sportler/innen von sogenannten „high risk“ Sportarten wie Fußball, Handball und Basketball. Dabei verletzen sich Frauen das VKB mit einem 4- bis 6-fach erhöhten Risiko, deutlich häufiger als Männer. Als biomechanische Risikofaktoren werden in der Literatur eine geringe Kniebeugung, ein verstärkter Knievalgus (x-Bein) und/oder eine vermehrte Knieinnen- bzw. -außenrotation in Verbindung mit einer mangelhaften Rumpfkontrolle bei Sprung-, Lande- und Richtungswechselmanövern angegeben. Trotz der Kenntnis des Verletzungsmechanismus finden sich wenig Interventionsstudien, in denen neuromuskuläre Kontrollparameter in sportspezifischen Risikosituationen analysiert werden, um die Effektivität verletzungsprophylaktischer Trainingsprogramme zu überprüfen. Das konkrete Ziel der Studie war es, die Auswirkungen eines kraft- versus koordinationsbetonten Athletiktrainings auf die Kniegelenkstabilität (Kinematik/Kinetik) und die neuromuskuläre Aktivierung (EMG) von Handballerinnen bei hochdynamischen Belastungen zu untersuchen.

Methodik: Zur Beantwortung der Fragestellung wurde im Rahmen eines interdisziplinären Untersuchungssettings eine Interventionsstudie mit Handballerinnen der 3. Bundesliga (n = 13) sowie eine Reliabilitätsstudie mit Sportstudentinnen (n = 6) durchgeführt. Alle Probandinnen erhielten zu Beginn der Studie eine klinische Untersuchung der Kniegelenke und durchliefen vor und nach der 6-wöchigen Trainingsintervention spezifische Kraft-, Gleichgewichts- und Sprungtests in einem Bewegungsanalyselabor. Im Fokus der dynamischen Tests stand ein komplexer einbeiniger Sprungtest mit „Überkopf-Ballaktion“ und unerwarteten Richtungswechseln nach der Landung (modifizierter Heidelberger Sprungkoordinationstest), der es ermöglicht, die sportspezifische Risikosituation für VKB-Verletzungen abzubilden. Als Blick über den Tellerrand wurde als Nebeninformation der Zusammenhang von Bewegungsangst und biomechanischer Bewegungspräsentation untersucht.

Ergebnisse: Die Trainingsintervention führte in beiden Gruppen in Abhängigkeit der Beine und Testmanöver zu einer Veränderung der Biomechanik und der neuromuskulären Aktivität. Für drei Parameter fanden sich Gruppeneffekte. Die Koordinationsgruppe landete nach der Trainingsintervention mit einem reduzierten sagittalen Bewegungsausmaß beim „jump-land-side-cut“ Manöver und einem reduzierten transversalen Bewegungsausmaß beim „jump-land-stabilize“ Manöver. Die Kraftgruppe landete nach der Trainingsintervention in verstärkter Knievalgusposition beim „jump-land-stabilize“ Manöver. In beiden Gruppen konnten weitere trainingsbedingte Adaptationen festgestellt werden, die keinen Gruppeneffekt zeigten. Das Krafttraining führte unter anderem zu einer Reduzierung der vertikalen Bodenreaktionskräfte sowie einer Aktivitätszunahme des M. biceps femoris und eine Aktivitätsabnahme des M. glutaeus medius in Abhängigkeit verschiedener Manöver. Die Koordinationsgruppe zeigte eine Aktivitätszunahme des M. biceps femoris für eine Testkondition. Die Korrelationsanalyse ergab einen moderaten Zusammenhang zwischen Bewegungsangst und Knievalgus des nichtdominanten Beines beim beidbeinigen Drop Jump.

Diskussion und Fazit: Das progressive Beinachsentraining mit dem Fokus auf Sprung-, Lande- und Abbremsmanövern unter koordinativen Druckbedingungen (Zeit-, Präzisions-, Ermüdungsdruck…) hat sich als sinnvolle verletzungsprophylaktische Trainingsmaßnahme erwiesen. Krafttraining hat unumstritten ein verletzungsprophylaktisches Potential. Der Einsatz von reinem Hypertrophietraining ohne funktionellen Input sollte jedoch kritisch betrachtet werden, da fraglich ist, ob die Kraftumsetzung in hochdynamischen Belastungssituationen in allen drei Ebenen gewährleistet ist.
Der modifizierte Heidelberger Sprungkoordinationstest kann als praktisches Testverfahren zur Analyse neuromuskulärer Defizite angewandt werden. Anhand dieses komplexen Sprungtests konnten deutliche Defizite der „Risiko-Athletin“ im Vergleich zu ihren Teamkolleginnen identifiziert werden. Als besonders auffällig hat sich dabei die neuromuskuläre Aktivierungsstrategie der lateralen Hamstrings herausgestellt. Zur weiteren Verwendung wird die Überprüfung der Test-Retestreliabilität in einer größeren Stichprobe empfohlen. Fragebögen zu Bewegungsangst sollten vermehrt in den Fokus der VKB-verletzungspräventiven Forschung rücken; sie haben möglicherweise großes Potential Risiko-Athletinnen ohne aufwendiges Messequipment im Vorfeld zu identifizieren. Die Ergebnisse sind aufgrund der kleinen Stichprobe nicht generalisierbar, bieten aber zahlreiche Anknüpfungspunkte für vertiefende Forschung auf dem Gebiet der neuromuskulären Kontrolle sportlicher Bewegungen.

Einleitung und Aufbau der Arbeit

„Leistungssport ist Leidenschaft!
Aber was nützt die Leidenschaft, wenn man verletzt ist?“

Die VKB-Verletzung ist die häufigste Knieverletzung im Sport, mit den längsten Ausfallzeiten. Die verletzten Athleten/innen stehen ihrem Team für lange Zeit nicht für den Wettkampfsport zur Verfügung. Dabei haben Frauen ein deutlich höheres Risiko sich eine VKB-Verletzung zuzuziehen als Männer.

Um die alarmierenden Verletzungsraten zu reduzieren, sind in den letzten Jahren zahlreiche Präventionsstrategien und spezifische neuromuskuläre Trainingsprogramme entstanden. Laut Sugimoto et al. (2012) lässt sich das relative Risiko eine VKB-Verletzung ohne Fremdeinwirkung zu erleiden bei weiblichen Athleten durch neuromuskuläre Trainingsprogramme um 73% reduzieren. Der prophylaktische Benefit scheint gegeben, es bedarf jedoch einer großen Anzahl an Personen (n = 108), die trainiert werden müssen, um eine VKB-Verletzung ohne Fremdeinwirkung zu verhindern. Die Optimierung der Effektivität der Programme ist damit nach wie vor hochaktuell. Die Programme bestehen in der Regel aus verschiedenen Trainingsbausteinen, deren einzelne Wirkung auf die Gelenkstabilität nicht bekannt ist. Um die Bausteine für einen maximal protektiven Effekt zu kombinieren, ist dies jedoch unabdingbar.

Die verletzungsprophylaktische Wirkung der spezifischen Trainingsprogramme wird entweder anhand der tatsächlichen Verletzungshäufigkeit der Athleten/innen oder über die Beeinflussbarkeit der biomechanischen Risikofaktoren untersucht. In diesem Zusammenhang existiert eine Vielzahl an verschiedenen Sprungtests, die zur Analyse der Bewegungskontrolle in dynamischen Belastungssituationen eingesetzt werden. Viele davon können die sportliche Drucksituation nicht erzeugen. Um die biomechanischen Risikofaktoren im Labor möglichst realitätsnah abbilden zu können, müssen die Testverfahren der Komplexität der tatsächlichen Risikosituation Rechnung tragen. Ein komplexes Messplatzsetting aus dreidimensionaler Bewegungsanalyse und Elektromyographie bietet die Chance, Gelenkwinkel, -momente und Muskelaktivität simultan zu erfassen. Interventionsstudien, die die verletzungsprophylaktische Wirkung ihrer Programme anhand kinematischer, kinetischer und elektromyographischer Parameter überprüfen, sind rar.

S. Erdrich, *Verletzungsprophylaxe im Leistungssport*,
https://doi.org/10.1007/978-3-658-29371-0_1

Das zentrale Anliegen der hier vorliegenden Arbeit ist es, die Auswirkungen von zwei spezifischen Trainingsprogrammen (Kraft versus Koordination) auf die Kniegelenkstabilität (Kinematik/Kinetik) und die neuromuskuläre Aktivierung (EMG) von Handballerinnen bei hochdynamischen Belastungen zu untersuchen.

Die Arbeit gliedert sich in einen theoretischen und empirischen Teil. Das einleitende Kapitel I.1 gibt einen Überblick über den aktuellen Forschungsstand von VKB-Verletzungen im Ballsport (Kap. I.1.1). Darauf aufbauend werden in Kapitel I.1.2 der Verletzungsmechanismus und die biomechanischen Risikofaktoren skizziert.
Das I.2. Kapitel beschäftigt sich mit der Frage, ob VKB-Verletzungen durch spezifisches neuromuskuläres Training zu verhindern sind. Kapitel I.2.1 soll dem Leser einen Einblick in übereinstimmende und divergierende Untersuchungsergebnisse bezüglich der Wirksamkeit verletzungspräventiver Trainingsprogramme verschaffen. In den darauffolgenden Kapiteln wird im Bezug zum Studienthema die Bedeutung von Kraft (Kap. I.2.1) und Koordination (Kap. I.2.2) für die Prävention von VKB-Verletzungen erläutert.
Im abschließenden Kapitel I.3 des theoretischen Teils erhält der Leser einen Einblick in die verwendeten biomechanischen Messverfahren (Kap. I.3.1) und einen Überblick über gängige Sprung-Manöver zur Analyse der Bewegungskontrolle der unteren Extremität (Kap. I.3.2).

Ab Kapitel II.4 beginnt der empirische Teil der Arbeit, dessen zentrales Anliegen die Überprüfung ausgewählter theoretischer Annahmen bezüglich der Wirkungsweisen von Kraft- und Koordinationstraining auf ausgewählte biomechanische und neuromuskuläre Parameter ist. Dafür werden zunächst die Zielstellung und Hypothesen formuliert (Kap. II.4) und der konzeptionelle Rahmen (Kap. II.5), in den die Untersuchung eingebettet ist, dargestellt.

Im Mittelpunkt des Kapitels II.6 stehen das methodische Vorgehen der Untersuchung sowie die verwendeten Materialen. Es beginnt mit der Beschreibung der Probandenstichprobe (Kap. II.6.1), der klinischen Untersuchung als Eingangskriterium (Kap. II.6.2) und der Trainingsprogramme (Kap. II.6.3). Darauf folgt die Erläuterung der Assessmentverfahren (Kap. II.6.4), die neben den im Fokus stehenden dynamisch funktionellen Tests auch die Kontrollvariablen der Trainingsprogramme und Fragebögen zu Klinik, Funktion und Bewegungsangst umfassen. In den anschließenden Kapiteln erfolgt die Beschreibung der Datenerfassung und -verarbeitung (Kap. II.6.5 und Kap. II.6.6). Am Ende des Methodikteils werden die Fehlermaße erläutert

(Kap. II.6.7) und das statistische Vorgehen zur Überprüfung der Hypothesen beschrieben (Kap. II.6.8).

In Kapitel II.7 werden die Untersuchungsergebnisse präsentiert. Dies beginnt mit der Stichprobencharakterisierung (Kap. II.7.1) und der Test-Retestreliabilität (Kap. II.7.2). Darauf folgt die Präsentation der Interventionseffekte als Kernstück der Ergebnisdarstellung (Kap. II.7.3). Das Kapitel II.7.4 widmet sich einer Nebenfrage der Studie zum Zusammenhang von Bewegungsangst und biomechanischer Bewegungspräsentation. Abschließend wird eine „Risiko-Athletin", die sich sieben Monate nach Beendigung des Programms das VKB rupturierte, in einer Einzelfalldarstellung im Vergleich zu ihren Teamkolleginnen analysiert (Kap. II.7.5).

Im vorletzten Kapitel II.8 der Arbeit werden die zentralen Untersuchungsergebnisse diskutiert und die Limitationen der Studie aufgezeigt. Die Diskussion gliedert sich in die vier Bereiche Test-Retestreliabilität (Kap. II.8.1), Interventionsstudie (Kap. II.8.2), Zusammenhang von Bewegungsangst und Bewegungspräsentation (Kap. II.8.3) und Einzelfallanalyse der „Risiko-Athletin" (Kap. II.8.4). Kapitel II.8.5 widmet sich den Limitationen. Das abschließende Fazit (Kap. II.9) fasst die Problemstellung des vorliegenden Gegenstandbereichs zusammen und dient der Anregung für weitere biomechanische Studien in diesem Forschungsbereich.

I. THEORETISCHER TEIL

1 Die vordere Kreuzbandverletzung im ballsportlichen Kontext

Die Verletzung des vorderen Kreuzbandes zählt – trotz innovativer Operationsmethoden – nach wie vor zu den gefürchtetsten Diagnosen für Leistungssportler. Diese schwere Kapsel-Bandverletzung bedeutet lange Rehabilitationszeiten, hohe Kosten und zieht trotz Operation und konsequenter Therapie häufig Folgeschäden nach sich, die nicht selten dazu führen, dass das ursprüngliche Leistungsniveau nicht wiederaufgenommen werden kann. Das Kapitel I.1.1 gibt einen Einblick in den aktuellen Forschungsstand zu VKB-Verletzungen im Ballsport und beschreibt die derzeit diskutierten Erklärungsansätze für ein erhöhtes Rupturrisiko, das sich insbesondere bei Frauen findet. Darauf aufbauend werden in Kapitel I.1.2 der Verletzungsmechanismus skizziert und die biomechanischen Risikofaktoren erläutert. Die Kenntnis und das Verständnis beider Komponenten sind für das Konzipieren von effektiven Präventionsprogrammen unabdingbar.

1.1 Aktueller Stand der Forschung

Jährlich ereignen sich in den USA ungefähr 250.000 vordere Kreuzband (VKB)-Verletzungen, die mit geschätzten Behandlungskosten von über 2 Milliarden US Dollar einhergehen (Silvers & Mandelbaum, 2011). Dies entspricht einer Inzidenz von 1:3000 in der allgemeinen Bevölkerung (Silvers & Mandelbaum, 2011). Etwa 70% der VKB-Verletzungen ereignen sich in einem Lebensalter zwischen 15 und 45 Jahren, mit einer deutlich erhöhten Inzidenz von 1:1750 in diesem Lebensabschnitt (Petersen, Rosenbaum, et al., 2005). Besonders davon betroffen sind Sportler/innen von sogenannten „high risk“ Sportarten wie Fußball, Handball und Basketball (Olsen, 2005). Obwohl es sich hierbei um Kontaktsportarten handelt, ereignet sich die Verletzung zu 70% ohne Gegnerkontakt („non-contact“) (Boden et al., 2009). Die verletzten Athleten/innen stehen ihrem Team in der Regel 6-9 Monate lang nicht für den Wettkampfsport zur Verfügung (Silvers & Mandelbaum, 2011). Zudem geht das Trauma, trotz operativer Rekonstruktion des Bandes, häufig mit Folgeschäden wie Meniskus- und Knorpelschäden sowie degenerativen Verschleißerscheinungen einher. Diese können zu erheblichen Funktionseinbußen führen und bedeuten nicht selten das Ende der sportlichen Karriere (Lohmander et al., 2004). Laut einer von Oiestad et al. (2009) veröffentlichten Längsschnittstudie, über einen Untersuchungszeitraum von 10-15 Jahren, entwickeln 60-80% der Kreuzbandoperierten eine radiographisch nachweisliche Osteoarthrose im Kniegelenk.

S. Erdrich, *Verletzungsprophylaxe im Leistungssport*,
https://doi.org/10.1007/978-3-658-29371-0_2

Ähnlich alarmierend sind die Wiederverletzungsraten. Bis zu 30% erleiden innerhalb der ersten zwei Jahre nach Rekonstruktion entweder eine Re-Ruptur oder eine VKB-Verletzung auf der kontralateralen Seite (Paterno, 2015; Paterno et al., 2014). Dabei spielt das Alter eine entscheidende Rolle für die erhöhte Wiederverletzungsanfälligkeit. Athleten/innen zwischen 10 und 25 Jahren, die nach einer VKB-Rekonstruktion in Sportarten mit abrupten Richtungswechseln mit Seit- und Drehbewegungen zurückkehren, haben laut Paterno et al. (2012), im Vergleich zu unverletzten Athleten/innen, ein bis zu 15-fach erhöhtes Risiko innerhalb der ersten 12 Monate eine weitere VKB-Verletzung zu erleiden. Im Breitensport kehren nur 60-70% der operierten Athleten/innen zum vorherigen Spielniveau zurück (Ardern et al., 2014; Biau et al., 2007). Dagegen zeigen Leistungssportler/innen laut der aktuell publizierten Meta-Analyse von Hai et al. (2017) mit 83% eine deutlich höhere Wahrscheinlichkeit, ihr vorheriges Spielniveau wieder aufzunehmen. Als mögliche Gründe hierfür werden physische (mehr Kraft, bessere Propriozeption, weniger Rechts-Links-Assymetrien, Muaidi et al., 2009), psychologische (besseres Selbstkonzept der physischen Fähigkeiten, Marsh et al., 1995) und soziale Unterschiede (höherer sozialer Stellenwert, bessere gesundheitliche Versorgung, Koning & Amelink, 2012) diskutiert (vgl. Hai et al., 2017).

Frauen erleiden diese schwere Kapsel-Bandverletzung mit einem 4- bis 6-fach erhöhten Risiko nicht nur signifikant häufiger im Sport als Männer (Arendt & Dick, 1995; Hewett et al., 2005; Myklebust et al., 1997; Powell & Barber-Foss, 2000), sie haben zudem auch ein deutlich erhöhtes Risiko, sich nach operativer Rekonstruktion und Wiederaufnahme ihres Sports eine weitere VKB-Verletzung zuzuziehen. Paterno et al. (2014) konnten anhand einer Stichprobe mit 78 kreuzbandoperierten Athleten/innen zeigen, dass sich 23 (29,5%) davon innerhalb der ersten zwei Jahre nach Rekonstruktion eine weitere non-contact Verletzung zuzogen. 19 der 23 Wiederverletzten waren Frauen (82,6%) im Gegensatz zu 4 Männern (17,4%). Interessanterweise zeigte sich dabei ein Trend dahingehend, dass sich Frauen bei der Zweitverletzung eher das kontralaterale VKB rissen als eine Re-Ruptur zu erleiden.

Neben den Variablen frühere VKB-Verletzung, Alter und Geschlecht werden in der Literatur verschiedene anatomische, hormonelle, umweltbedingte und biomechanische/neuromuskuläre Faktoren als Risikofaktoren für eine erhöhte Prädisposition diskutiert. Diese werden häufig auch in intrinsische und extrinsische Faktoren untergliedert (Boden et al., 2000; Hewett, Myer, et al., 2005). Da sich im Hinblick auf die Verletzungsprävention für jeden Faktor die entscheidende Frage stellt, ob er modifizierbar oder nicht-modifizierbar ist, greifen aktuelle Systematiken zu VKB-Risikofaktoren dieses Kriterium als übergeordnete Kategorisierungsvariable auf (vgl. Tabelle 1). Frauen bringen für viele in der Tabelle aufgelistete Faktoren ungünstigere Voraussetzungen mit, was die erhöhte Verletzungsanfälligkeit erklären könnte. Es sollte jedoch bedacht werden, dass die Bandbreite der Variablen innerhalb eines Geschlechts stark variieren kann (Gokeler et al., 2010).

Tabelle 1: Risk factors for knee and/or ACL injuries (Mehl et al., 2018, p. 53)

Non-modifiable risk factors	Modifiable risk factors
Age: < 20 years	Dynamic valgus
Gender: female	Low flexion of hip and knee during landing
Hormone status: preovulatory phase without contraception	Poor hip and trunk control
Sports: soccer, handball, basketball, alpine skiing	Weakness of knee flexors and hip abductors (relative to knee extensors)
Narrow intercondylar notch	Delayed activation of flexors
Generalized ligamentous laxity	Proprioceptive deficits
Pes pronatus valgus	Muscle fatigue
Synthetic floor or turf	Poor general fitness
History of muscle, tendon, knee or ankle injuries	
Infectious disease	
Poor weather conditions (outdoor sports)	

Als *anatomische Gründe* werden eine kleinere intercondyläre Notch[1], eine erhöhte Bandlaxität sowie ein pronierter Knick-Senkfuß (Pes pronatus valgus) angeführt (vgl. Tabelle 1). Außerdem finden sich in der Literatur ein erhöhter Q-Winkel (Quadriceps-Winkel), eine vermehrte Genu-valgum-Neigung sowie eine vermehrte Fußauswärtsrotation bei Frauen im Stand als anatomische Risikofaktoren (Ford et al., 2005; Gokeler et al., 2010; Petersen, Rosenbaum, et al., 2005). Diese Variablen gelten als nicht-modifizierbar bzw. sind z. T. mittels statischer Messungen erhoben, so dass sie nicht zwangsweise eine Auswirkung auf die dynamische Situation haben müssen (Gokeler, 2010).

Diverse Studien zur Thematik *Hormone* und VKB-Verletzungen weiblicher Athleten deuten auf eine erhöhte Verletzungsanfälligkeit während der präovulatorischen Phase des Menstruationszyklus hin (Arendt et al., 2002; Hewett et al., 2007; Slauterbeck et al., 2002; Wojtys et al., 1998). Eine eindeutige Erklärung konnte hierfür bisher jedoch nicht erbracht werden. Denkbar ist, dass das Östrogen, das die Kollegensynthese und die Fibroblasten Proliferation reduziert, die Bandlaxität direkt beeinflusst. Möglicherweise ist der zugrundeliegende Mechanismus aber auch in einer Beeinträchtigung der motorischen Fertigkeiten aufgrund der Wirkung des Östrogens auf das zentrale und periphere Nervensystem begründet (Posthuma et al., 1987, nach Boden et

[1] Die intercondyläre Notch ist die Einbuchtung zwischen den beiden Femurkondylen in der das VKB liegt.

al., 2000). Es bleibt zudem unklar, inwiefern diese Umstände modifizierbar sind. Die Einnahme oraler Kontrazeptiva zur Reduzierung der Verletzungsraten zeigt divergierende Ergebnisse (Beynnon & Shultz, 2008; Gokeler et al., 2010).
Die *umweltbedingten Gründe* beziehen sich auf Bodenbeläge und Wetterbedingungen bei Outdoor-Sportarten (nicht-modifizierbar, vgl. Tabelle 1), aber auch auf Schuhmaterialien (Boden et al., 2000) sowie auf das Regelwerk der entsprechenden Sportarten (teilweise modifizierbar). Letztere Autoren platzieren unter umweltbedingte Faktoren auch die Ausführung der jeweiligen sportspezifischen Technik, da diese teilweise von der Anweisung der Coaches abhängig ist. Durch eine derartige Zuordnung wird deutlich, dass eine Veränderung der Technik im Sinne der Verletzungsprophylaxe immer auch ein Eingreifen in das Hoheitsgebiet des Trainers bedeutet, der möglicherweise gar nicht möchte, dass die Technik modifiziert wird.

Im Fokus dieser Arbeit stehen die *biomechanischen Risikofaktoren*, die sich in Merkmale der „äußeren Biomechanik", d. h. in kinematische und dynamische Parameter (z.B. starke Valguswinkel, hohe Flexionsmomente, Kraftdefizite) und Merkmale der „inneren Biomechanik", d. h. *neuromuskuläre Parameter* (z.B. geringe Muskelaktivierung, propriozeptive Defizite) unterteilen lassen. Sie gelten als die entscheidenden modifizierbaren Faktoren in dem VKB-Verletzungsdilemma und werden deswegen, vor dem Hintergrund des komplexen Verletzungsmechanismus, im nächsten Kapitel differenziert beleuchtet.

1.2 Verletzungsmechanismus und biomechanische Risikofaktoren

„High risk" Sportarten sind gekennzeichnet durch eine hohe Bewegungsdynamik in Form von schnellen Antritten und Tempowechseln in Kombination mit komplexen Sprung- und Landemanövern, abruptem Abstoppen sowie plötzlichen Richtungswechseln mit Seit- und Drehbewegungen. Diese extrem gelenkbelastenden Manöver gelten als die häufigsten Auslöser für VKB-Verletzungen ohne Fremdeinwirkung.

Fauno & Wulff Jakobsen (2006) konnten anhand retrospektiver Interviews mit Fußballern (n = 105) nachweisen, dass die Landung nach einem Kopfball oder der plötzliche Richtungswechsel zu 95% das auslösende Ereignis für das Trauma darstellten. Boden et al. (2009) fanden bei einem Vergleich von 29 Videoauswertungen von VKB-Verletzungsereignissen in verschiedenen „high risk" Ballsportarten mit 27 Videos von Kontrollpersonen heraus, dass sich die Frauen überwiegend beim Abstoppen verletzten, im Gegensatz zu den Männern, die sich das VKB überwiegend bei

Landungen rupturierten. Auch Olsen et al. (2004) konnten anhand von 20 systematischen Videoanalysen von VKB-Verletzungen norwegischer Handballerinnen das Abbremsen mit plötzlichem Richtungswechsel und die Landung nach Sprüngen als die zwei Hauptverletzungsmechanismen identifizieren. In Übereinstimmung mit den Erkenntnissen von Boden et al. (2009) ereignete sich die Verletzung bei den Spielerinnen überwiegend (12 von 20) beim sogenannten „plant-and-cut“ Manöver (Fuß setzen zum Abstoppen und Richtungswechsel) und etwas weniger häufig (4 von 20) beim einbeinigen Landen nach einem Sprungwurf. Dabei ereignet sich die Verletzung hauptsächlich in Drucksituationen. Die Videoanalysen von Boden et al. (2009) ergaben, dass 85,2% der Verletzungen im Angriff und nur 14,8% während Abwehrsituationen stattfanden. Alle Personen, die sich im Angriff verletzten, hatten entweder einen Ball in der Hand oder am Fuß oder kurz vor Bodenkontakt der entsprechenden Extremität einen Ball abgegeben. Alle Defensivspieler, die sich verletzten verteidigten zum Zeitpunkt der Verletzung einen Angriffsspieler mit Ball.

Als biomechanische Risikofaktoren werden in der Literatur eine geringe Kniebeugung (5-30° Knieflexion) in Kombination mit einem verstärkten Knievalgus und/oder einer Innen- bzw. Außenrotation des Unterschenkels (funktionelles Malalignment[2]) beim plötzlichen Abbremsen von Seitwärts-, Kreuz- und Drehbewegungen sowie beim Landen nach Sprüngen angegeben (Koga et al., 2010; Krosshaug et al., 2007; Olsen et al., 2004). Die Landung erfolgt dabei häufig auf dem flachen Fuß (Boden et al., 2009) mit dem Körperschwerpunkt hinter dem Kniegelenk (Petersen, Rosenbaum, et al., 2005) und/oder dem Oberkörper seitlich „out off-center“ mit dem Gewicht über dem verletzten Bein (Hewett et al., 2009). Viele Sportler berichten von einer am Boden fixierten Schuhsohle zum Zeitpunkt der Verletzung, die eine Drehung des Fußes verhinderte (Petersen et al., 2016). Das Trauma ereignet sich in der Regel in den ersten Millisekunden nach initialem Bodenkontakt (Koga et al., 2010) bei fast vollständiger Belastung (80-100%) des betroffenen Beines (Olsen et al., 2004).

In vitro und in vivo Studien konnten zeigen, dass die beschriebene Gelenkkinematik - geringe Knieflexion in Kombination mit vermehrtem Valgus- und/oder Rotationsstress - extrem belastend für das VKB ist. Das VKB verhindert als intraartikuläre Struktur im Kniegelenk die anteriore Translation und Rotation der Tibia gegenüber

[2] Malalignment bedeutet allgemein die nicht achsengerechte Ausrichtung von Strukturen (mal = schlecht, alignment = Ausrichtung) - hier auf die untere Extremität bezogen. Als funktionelles Malalignment wird die nicht achsengerechte Ausrichtung der entsprechenden Gelenke in der Funktion, d.h. unter Belastung (hier Abbremsen) bezeichnet.

dem Femur (Butler et al., 1980; Takeda et al., 1994). Außerdem übernimmt es eine sekundär stabilisierende Funktion in der Frontalebene zwischen 20-40° Knieflexion (Girgis et al., 1975). Zwischen 0-30° Knieflexion wirkt der größte Stress auf das Band. Butler et al. (1980) konnten anhand von 14 Leichenknien nachweisen, dass das VKB bei 30° Knieflexion zu 85%-87% für den Widerstand des Kapsel-Bandapparates beim vorderen Schubladentest verantwortlich ist. Beynnon et al. (1995) konnten mittels einer in vivo Stress-Messtechnik zeigen, dass die Kontraktion des Quadriceps zwischen 15-30° Knieflexion (ein Winkelbereich, der in vielen Videoanalysen von VKB-Verletzungen identifiziert wurde) den Stress auf das VKB deutlich erhöht. In Kombination mit einer zusätzlichen Valgus-/Varus- oder Rotationsbewegung potenziert sich der Stress auf das VKB immens. Dabei konnte nachgewiesen werden, dass die Kombination einer Valgus- und Innenrotationsbewegung das VKB unter deutlich mehr Spannung setzt als die Kombination einer Valgus- und Außenrotationsbewegung (Wojtys et al., 2016). Bei letzterem Bewegungsmuster scheint der Verletzungsmechanismus eher einem Impingement des VKBs in der intercondylären Notch geschuldet zu sein (Fung et al., 2007).

Die Landung auf dem annähernd gestreckten Kniegelenk bewirkt über die Quadricepskontraktion eine anteriore Tibiatranslation, die das VKB enorm unter Spannung bringt. Befindet sich der Körperschwerpunkt zudem während der Landung hinter dem Kniegelenk - ein Bewegungsmuster, das in der Regel mit einer geringen Hüftbeugung einhergeht - resultiert dies häufig in einer schnellen Hüftbeugung, mit dem Ziel, den Körperschwerpunkt (aus der Sagittalebene betrachtet) nach vorne zu bringen, um die Balance zu halten (Petersen et al., 2016). Dies erfordert eine noch stärkere Kontraktion des Quadriceps und führt zu einer weiteren Stresspotenzierung auf das VKB. Das Fatale bei einer geringen Kniebeugung ist, dass die ischiocrurale Muskulatur, die als Antagonist zum Quadriceps die Tibia nach posterior zieht und somit das VKB entlastet, ihre protektive Wirkung aufgrund ungünstiger Hebelverhältnisse nicht ausreichend entfalten kann (Diemer & Sutor, 2007; Hewett et al., 2010). Kommt es in dieser Situation im Sinne des oben beschriebenen funktionellen Malalignments zu einem zusätzlichen Valgus-/Varus- und/oder Rotationsstress, resultiert dies häufig in der gefürchteten VKB-Ruptur. Als ein zentrales gefährliches Bewegungsmuster wird in der Literatur der sogenannte Valgus-Kollaps oder auch „dynamic valgus" (Hewett, Myer, et al., 2005) angeführt (Boden et al., 2009; Krosshaug et al., 2007). Das Bewegungsmuster ist charakterisiert durch das frontale Kollabieren des Knies zur Körpermitte unter Belastung (vgl. Abbildung 1). Die entstehende starke x-Bein Position (großer

Valguswinkel) geht mit einer hohen Kniegelenksbelastung in der Frontalebene (hohes Valgusmoment) einher. Das Bewegungsmuster ist über die Gelenkbewegung in der Frontalebene definiert, findet in der Regel aber immer in Kombination mit Bewegungen in der Transversalebene (femorale Innenrotation, Knieinnen- oder -außenrotation) statt.

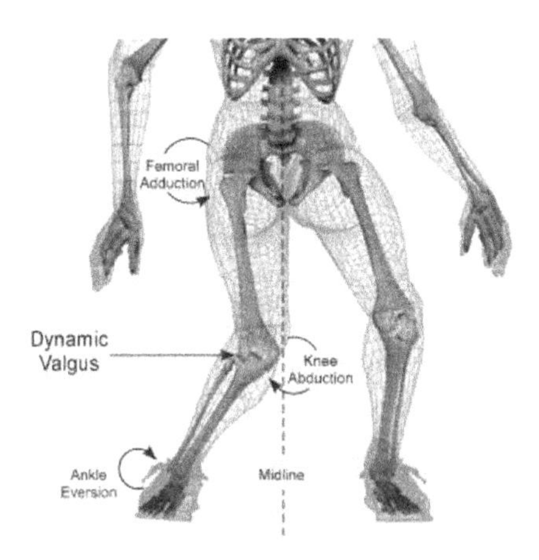

Abbildung 1: Dynamic valgus was defined as the position or motion, measured in 3 dimensions, of the distal femur toward and distal tibia away from the midline of the body. Dynamic valgus may have included indicated motions and moments (Hewett et al., 2005, p. 495). Reprinted with friendly permission. Copyright © 2005 SAGE Publications.

In einer prospektiv epidemiologischen Kohortenstudie mit 205 weiblichen Athletinnen konnten Hewett, Myer, et al. (2005) anhand des Drop Vertical Jumps das Knieabduktionsmoment (Knievalgusmoment) und den Knievalguswinkel als signifikante Prädiktoren für eine zukünftige VKB-Verletzung identifizieren. Die später verletzten Athletinnen zeigten durchschnittlich ein 2,5-fach höheres Valgusmoment und einen 8° stärkeren Knievalguswinkel als unverletzte Athletinnen. Anhand des Knievalgusmoments konnten VKB-Verletzungen mit einer Sensitivität von 73% und einer Spezifität von 78% vorhergesagt werden (vgl. Kap. I.3.2).

Die unfunktionelle und biomechanisch ungünstige Achsenbelastung der unteren Extremität geht häufig mit einer mangelhaften Becken- und Rumpfstabilität einher, was als weiterer Risikofaktor angesehen wird. Das Absinken des Beckens auf der kontralateralen Seite bei einbeinigen Landungen bedeutet eine zusätzliche Instabilität des

Bewegungssystems und weiteren Stress auf die ligamentären Strukturen. Die seitliche Verlagerung des Rumpfes während der Landung aufgrund mangelnder neuromuskulärer Kontrolle hat zur Folge, dass der Bodenreaktionskraftvektor lateral vom Kniegelenk verläuft. Dadurch entsteht ein extern valgisierendes Drehmoment, das den Valgus-Kollaps begünstigt bzw. verstärkt. Hewett et al. (2009) konnten anhand von 17 Videoauswertungen von Kreuzbandverletzungen (6 Kontrollen) belegen, dass eine vermehrte Seitneigung des Rumpfes zum belasteten Bein in Kombination mit einem deutlichen Knievalgus desselben Beines, das Risiko für schwere Kapsel-Bandverletzungen der Kniegelenke signifikant erhöht. Zazulak et al. (2007a) gelang mittels einer speziellen Messapparatur, die die Auslenkung des Rumpfes in der Sagittal- und Frontalebene nach unerwartetem Entfernen eines gegebenen Widerstandes misst (n = 277, weiblich und männlich), der Nachweis, dass ein signifikanter Zusammenhang zwischen einer später erlittenen VKB-Verletzung und einer größeren Rumpfauslenkung, d. h. einer schlechteren neuromuskulären Kontrolle, bestand. Dabei ergab die laterale Rumpfauslenkung den stärksten Prädiktor für spätere Kniebandverletzungen (andere Band-Verletzungen inbegriffen, außer VKB).

Nicht zuletzt trägt das per Videoanalyse identifizierte „more flat-footed profile“, d. h. die Landung auf dem flachen Fuß, bei der so gut wie kein Abrollvorgang stattfindet, zu einer ungünstigen Landebiomechanik bei (Boden et al., 2009). Boden et al. (2009) schlussfolgern, dass der „M. gastrocnemius - M. soleus - Komplex“ aufgrund dieser veränderten Sprunggelenkskinematik seine unterstützende Wirkung im Hinblick auf das Abfangen der Bodenreaktionskräfte nicht ausüben kann, so dass die Kräfte ungebremst direkt auf das Knie übertragen werden.

Viele Studien zeigen, dass sich die beschriebenen biomechanischen und neuromuskulären Risikofaktoren bei Frauen deutlich ausgeprägter finden als bei Männern, was ein Grund für die erhöhte Verletzungsanfälligkeit sein könnte. So konnten für weibliche Athletinnen in Abhängigkeit verschiedener Sprung-/Lande-, Lauf- und Cutting-Manöver geringere Knieflexionswinkel (Huston et al., 2001; Lephart et al., 2002; Malinzak et al., 2001), geringere sagittale Bewegungsausmaße und höhere Knieextensionsmomente (Chappell et al., 2002) nachgewiesen werden. Ein höheres Extensionsmoment wird mit einer steiferen Landung assoziiert. Harte, steife Landungen bedeuten, dass die Bodenreaktionskräfte nicht abgepuffert werden und somit direkt auf das Kniegelenk treffen. Zudem zeigen Frauen stärkere maximale Valguswinkel (Ford et al., 2005; Malinzak et al., 2001; Pappas et al., 2007; Russell et al., 2006) ein größeres frontales Bewegungsausmaß (Ford et al., 2003) und höhere Valgusmomente (Chappell et al., 2002).

Malinzak et al. (2001) konnte bei Side-cut-Manövern nachweisen, dass Frauen eine verstärkte Quadricepsaktivität und eine reduzierte Hamstringsaktivität[3] im Vergleich zu Männern aufwiesen. Einige andere Studien zeigen für Frauen nicht nur ein ungünstigeres Hamstrings/Quadriceps Verhältnis im Sinne eines geringeren Quotienten, es konnte auch ein späterer Aktivierungsbeginn der ischiocruralen Muskulatur weiblicher Athleten im Vergleich zu Männern festgestellt werden (vgl. Hewett et al., 2010). Brophy et al. (2010) analysierten die Hüftkinematik in der Frontalebene und die elektromyographische Aktivität des Glutaeus medius von 13 männlichen und 12 weiblichen Fußballspieler/innen im Standbein während einer Schussbewegung. Die Ergebnisse zeigten, dass der Glutaeus medius bei den Männern mehr als doppelt so hoch aktiviert wurde als bei den Frauen. Die Fußballspielerinnen wiesen im Vergleich zu ihren männlichen Kollegen zudem deutlich mehr Hüftadduktion im Standbein auf, was den Valgus-Kollaps begünstigt. Zazulak et al. (2007b) gelang mittels einer aufwendigen Messapparatur zur Testung des Winkelreproduktionssinns des Rumpfes der Nachweis, dass bei Frauen ein signifikanter Zusammenhang zwischen einer schlechteren Propriozeption des Rumpfes und einer später erlittenen VKB-Verletzung besteht.
Als weitere biomechanische und neuromuskuläre Risikofaktoren gelten ausgeprägte Rechts-Links Asymmetrien (Hewett, Myer, et al., 2005), die bei weiblichen Athletinnen tendenziell häufiger vorkommen als bei Männern (Ford et al., 2003; Myer et al., 2010; Paterno et al., 2010).

Die meisten Verletzungen ereignen sich gegen Ende der ersten oder zweiten Halbzeit, wenn die Athleten/innen müde werden, so dass Ermüdung immer als Risikofaktor mit bedacht werden sollte. Auch hier finden sich Hinweise in der Literatur, dass Frauen bzgl. der Landebiomechanik ungünstiger auf Ermüdung reagieren als Männer (Gehring et al., 2009; Kernozek et al., 2008).

Hewett et al. (2010) fassen die neuromuskulären Risikofaktoren für VKB-Verletzungen in vier Kategorien zusammen: *Ligament-Dominanz, Quadriceps-Dominanz, Bein-Dominanz und Oberkörper-Dominanz.* Jede Kategorie steht für ein spezifisches neuromuskuläres Ungleichgewicht, das ihrer Meinung nach bei Frauen stärker ausgeprägt ist. Als ligamentäre Dominanz bezeichnen sie das Abfangen der bei der Landung entstehenden Kräfte anhand der ligamentären anstatt der muskulären Strukturen. Die Quadriceps-Dominanz beschreibt das Bewegungsmuster, bei dem primär der

---

[3] Die Hamstrings entsprechen der ischiocruralen Muskulatur.

Quadriceps für die Gelenkstabilisierung eingesetzt wird. Dies geht in der Regel mit einem ungünstigen Hamstrings/Quadriceps Verhältnis einher und resultiert in einer deutlichen Stresserhöhung auf das VKB aufgrund der anterioren tibialen Translation. Der Begriff Bein-Dominanz bezieht sich auf eine ausgeprägte Rechts-Links-Asymmetrie, die mit einem erhöhten Verletzungsrisiko einhergeht. Oberkörper-Dominanz steht für das neuromuskuläre Defizit den Rumpf zentral stabilisieren zu können. Die dadurch entstehenden „off-center" Positionen des Oberkörpers führen aufgrund eines vergrößerten Abstandes des Kraftvektors zum Kniegelenk zu einer Potenzierung der auf das Kniegelenk wirkenden Kräfte. Diese Systematisierung der Risikofaktoren bietet zahlreiche Anknüpfungspunkte für die Entwicklung gezielter Präventionsprogramme (Hewett et al., 2010, S. 239).

Abschließend ist anzumerken, dass das Thema Geschlechtsspezifik und VKB-Verletzungen trotz der zahlreichen Studien, die geschlechtsspezifische Unterschiede nachweisen konnten, kontrovers diskutiert wird. Viele Studien finden keine Unterschiede in der Landebiomechanik zwischen und Männern und Frauen. Benjaminse et al. (2011) kommen in ihrem systematischen Review „what is the true evidence for gender related differences during plant and cut maneuvers" zu dem Schluss, dass es keine hinreichend gesicherte Evidenz für geschlechtsspezifische biomechanische Unterschiede bei „plant and cut" Manövern gibt.

2 Ist die vordere Kreuzbandverletzung verhinderbar?

Vor dem theoretischen Hintergrund, dass die große Gruppe der biomechanischen und neuromuskulären Risikofaktoren als modifizierbar gilt, stellt sich die Frage, ob die VKB-Verletzung bzw. das Rupturrisiko durch spezifisches Training tatsächlich verhindert werden kann. Die alarmierenden VKB-Verletzungsraten, insbesondere im Frauensport haben dazu geführt, dass eine Vielzahl verschiedener Präventionsprogramme entwickelt wurde, deren verletzungsprophylaktische Wirkung entweder anhand der tatsächlichen Verletzungshäufigkeit der Athleten/innen oder über die Auswirkung auf die beschriebenen biomechanischen und neuromuskulären Risikofaktoren untersucht wird. Im folgenden Kapitel II.2.1 wird die Studienlage zur Wirksamkeit aktueller verletzungspräventiver Trainingsprogramme vorgestellt. Anschließend wird in Bezug zum hier vorliegenden Studienthema erläutert, welche Rolle die Komponenten Kraft (Kap. II.2.2) und Koordination (Kap. II.2.3) für die Verletzungsprophylaxe spielen.

2.1 Wirksamkeit aktueller verletzungspräventiver Trainingsprogramme

Eine Vielzahl von Studien in diversen Sportarten konnte mittlerweile die verletzungsprophylaktische Wirkung von spezifischen neuromuskulären Trainingsprogrammen für beide Geschlechter belegen. Dies gilt sowohl für die Reduktion der allgemeinen Verletzungshäufigkeit der unteren Extremität (Heidt et al., 2000; Hewett et al., 1999; Junge et al., 2002; LaBella et al., 2011; Petersen, Braun, et al., 2005) als auch für die spezifische Reduktion von VKB-Verletzungen (Caraffa et al., 1996; Hewett et al., 1999; Mandelbaum et al., 2005; Walden et al., 2012). Donnell-Fink et al. (2015) kommen in ihrer Meta-Analyse zu dem Ergebnis, dass diese speziellen Trainingsprogramme allgemeine Knieverletzungen um 27% und VKB-Verletzungen um 51% reduzieren können. Die meisten der eingeschlossenen Studien adressieren Frauen, so dass die Ergebnisse für Männer etwas vorsichtiger interpretiert werden sollten. Sugimoto, Myer, McKeon, et al. (2012), die in ihrer Meta-Analyse nur Trainingsinterventionen mit Frauen einschließen, berichten sogar von einer relativen Risikoreduktion von 73% für VKB-Verletzungen ohne Fremdeinwirkung.

In Übereinstimmung mit diesen Ergebnissen können diverse biomechanische Studien mit verschiedenen Sprung-, Lande- und Cutting-Manövern eine signifikante Reduzierung verschiedener kinematischer und kinetischer Risikofaktoren (Chappell & Limpisvasti, 2008; Dempsey et al., 2009; Herrington, 2010; Lephart et al., 2005; Lim et al., 200 9; Myer et al., 2005; Nagano et al., 2011a; Pollard et al., 2017) sowie

S. Erdrich, *Verletzungsprophylaxe im Leistungssport*,
https://doi.org/10.1007/978-3-658-29371-0_3

neuromuskulärer Risikofaktoren (Lephart et al., 2005; Nagano et al., 2011a; Zebis et al., 2016; Zebis et al., 2008) verzeichnen. So wiesen Myer et al. (2005) z.B. nach, dass ein 6-wöchiges neuromuskuläres Trainingsprogramm mit gesunden weiblichen Athleten zu signifikant größeren Flexions-/Extensionsbewegungsausmaßen und signifikant geringeren Valgus-/Varusdrehmomenten im Kniegelenk bei der Landung des Drop Vertical Jumps führten. Durch das Training scheint demnach eine Bewegungsmodifikation stattgefunden zu haben, die die Belastung auf das VKB in der Landephase reduziert. Zebis et al. (2016) konnten nach einem 12-wöchigen Interventionsprogramm eine signifikante Veränderung des M. semitendinosus/M. vastus laterlis (mediale Hamstrings/äußerer Quadricepsteil) Verhältnisses im Sinne einer Hochregulierung des M. semitendinosus und Runterregulierung des M. vastus lateralis feststellen. Eine Muskelaktivierungsstrategie, die das VKB entlastet, indem die protektive Wirkung der Hamstrings als Agonisten zum VKB unterstützt wird. Die Autoren konnten bei dieser Studie allerdings keine Veränderung der Kniekinematik nachweisen.

Neben guten Evidenzen für die Wirksamkeit verletzungsprophylaktischer Trainingsprogramme finden sich auch Studien, die keine Effekte hinsichtlich einer Reduzierung von VKB-Verletzungsraten (Pfeiffer et al., 2006; Söderman et al., 2000) oder kinematischer und kinetischer Risikofaktoren (Steffen et al., 2008; Wilderman et al., 2009; Zebis et al., 2016) verzeichnen können. Damit stellt sich die Frage, welche Faktoren für die Effektivität der Programme verantwortlich sind.

Die wirksamen neuromuskulären Trainingsprogramme bestehen typischerweise aus Kombinationen der Komponenten Krafttraining der unteren Extremität, Propriozeptions-/Gleichgewichtstraining, Plyometrisches Training, Gewandheitstraining („agility") in Form von spezifischen Laufübungen sowie Übungen zur Verbesserung der Rumpfkraft und -stabilität und teilweise dehnende Maßnahmen. Allen Konzepten ist gemeinsam, dass der Fokus für die sportspezifische Gelenkstabilität auf der Beinachse („Hüft-Knie-Fuß-Linie" bei stabilem Becken) liegt, unter Berücksichtigung des Rumpfes. Ziel der Programme ist die Verbesserung des funktionellen Bewegungsausmaßes bzgl. Hüft- und Kniebeugung und der dynamischen Bein- und Rumpfstabilität (insbesondere in der Frontalebene) beim Abbremsen oder der Landung nach Sprüngen. Viele Konzepte beinhalten zudem den Punkt Aufklärung und/oder professionelles Feedback (z. T. Video basiert), da von einem entscheidenden Einfluss dieser Komponenten auf die Wirksamkeit der Programme ausgegangen wird (Myer et al., 2004; Myklebust et al., 2003). Konzepte, die nur als Heimprogramm (kein professionelles Feedback) durchgeführt werden, keine Plyometrie/Sprungtraining und keine

Progression der Übungen enthalten, scheinen nicht Erfolg versprechend (Hewett, 2014). Für Programme, die nur aus Einzelbausteinen bestehen, konnten bisher nur vereinzelt (Caraffa et al., 1996) positive Effekte nachgewiesen werden. Donnell-Fink et al. (2015) fanden in ihrer Meta-Analyse keine statistisch signifikante Beziehung zwischen einzelnen Trainingsbausteinen und der Reduktion von Knieverletzungen im Allgemeinen oder VKB-Verletzungen im Speziellen. Lediglich für Dehnung gibt es eine geringe Evidenz, dass kein protektiver Effekt für Sportverletzungen der unteren Extremität vorliegt (Hart, 2005).

Einen entscheidenden Faktor für die Wirksamkeit der Programme stellt neben den Inhalten die Compliance dar. Sugimoto, Myer, Bush, et al. (2012) gehen davon aus, dass die Compliance („attendance x completion") größer als 66% sein muss, um das VKB-Verletzungsrisiko erfolgreich reduzieren zu können. Im Umkehrschluss haben Spielerinnen mit einer geringen Compliance ein fast 5-mal so hohes Risiko, sich eine VKB-Ruptur zuzuziehen als Spielerinnen mit hoher Compliance (inverser Effekt) (Sugimoto, Myer, Bush, et al., 2012). Kiani et al. (2010) berichten von einer Compliance von 70,4% für ihre Interventionsstudie. Sie hatten keine einzige VKB-Verletzung in der Interventionsgruppe über die 8-monatige Studienperiode zu verzeichnen. In einer Studie von Soligard et al. (2008) war das Verletzungsrisiko in der Gruppe, die im höchsten Compliance Drittel lag, um 35% geringer im Vergleich zu der Gruppe, die im mittleren Compliance Drittel lag.

Es gibt in der Literatur Evidenz dafür, dass das Training optimalerweise in der Saisonvorbereitung begonnen werden sollte. Donnell-Fink et al. (2015) konnten in ihrer Meta-Analyse eine bessere Wirksamkeit der Programme im Hinblick auf die Verletzungsprävention von allgemeinen Knieverletzungen nachweisen, wenn das Training in der Vorbereitungsphase begonnen und in der Saison (über die Wettkamphase) aufrechterhalten wurde, als wenn das Training nur in der Wettkamphase stattfand. Die verschiedenen Trainingsprogramme variieren stark bezüglich der Parameter Trainingsfrequenz, -dauer und -intensität, so dass evidenzbasierte Angaben hierzu bzw. die Frage, welche Trainingskonzeption den prophylaktischen Effekt maximiert, schwierig zu beantworten sind (Sugimoto, Myer, McKeon, et al., 2012). Es finden sich die Angaben, dass Programme, die länger als 20 Min. dauern und mindestens bzw. häufiger als 3x/Woche durchgeführt werden, zu stärkeren Effekten führen (vgl. Petersen et al., 2016). Möglicherweise ist der Benefit solch verletzungspräventiver Trainingsprogramme im Leistungssport größer als im Breitensport (Myklebust et al., 2003).

Es bleibt unklar, in welchem Ausmaß die einzelnen Trainingsbausteine das Verletzungsrisiko beeinflussen bzw. reduzieren können. Die Kenntnis darüber ist für eine optimale Gewichtung der Trainingsinhalte, mit dem Ziel der Maximierung des protektiven Effekts, unabdingbar.

2.2 Bedeutung von Kraft für die VKB-Verletzungsprävention

Die aktuelle Forschungslage zeigt, dass im Hinblick auf die Komponente Kraft, muskuläre Dysbalancen im Sinne einer zu schwachen ischiocruralen Muskulatur im Verhältnis zum Quadriceps, schwache Hüftabduktoren und -außenrotatoren sowie eine defizitäre Rumpfuskulatur als entscheidende Faktoren für ein erhöhtes VKB-Verletzungsrisiko angesehen werden (vgl. Tabelle 1). Die entsprechenden Muskelgruppen sollten nicht nur eine gewisse Grundkraft aufweisen, sondern vor allem im Verhältnis zueinander gut ausbalanciert sein, um die extremen Bodenreaktionskräfte sauber abfangen zu können. Allein beim Gehen entsteht eine Bodenreaktionskraft, die das 2- bis 3-fache des Körpergewichts ausmacht (Hewett et al., 2010). Beim Landen nach einem Sprung oder abrupten Abstoppen und plötzlichen Seit- und Drehbewegungen entstehen Bodenreaktionskräfte, die ein Vielfaches größer als das eigene Körpergewicht sind. Entscheidend im Hinblick auf die Kniegelenksbelastung und damit für die Prävention von Knieverletzungen, sind nicht nur die Größe der Bodenreaktionskraft, sondern auch die Richtung und der Abstand des Kraftvektors im Verhältnis zum Kniegelenkszentrum. Da die Bodenreaktionskraft von ihrem Angriffspunkt (Unterstützungsfläche des Fußes) immer durch den Körperschwerpunkt geht, nimmt der orthogonale Abstand des Kraftvektors zum Kniegelenkszentrum bei Rücklage oder Seitneigung des Oberkörpers deutlich zu. Dadurch entstehen hohe Gelenkkräfte, die optimalerweise muskulär abgefangen werden sollten, um die ligamentären Strukturen zu entlasten (vgl. Valgus-Kollaps, Kap. I.1.2,). Als einen essentiellen Baustein integrieren daher viele Präventionsprogramme Kraftübungen in das Training, die auf die oben genannten Schwachstellen abzielen.

Im Fokus des Krafttrainings stehen die hintere Muskelkette der unteren Extremität sowie die hüftgelenkstabilisierende Muskulatur und die Rumpfmuskulatur. Frauen zeigen im Gegensatz zu Männern ungünstigere Hamstrings/Quadriceps-Verhältnisse. Myer et al. (2009) konnten in einer prospektiven Studie mit Fußballerinnen und Basketballerinnen nachweisen, dass die 22 Athletinnen, die sich nach dem Screening das VKB rupturierten geringere Kraftwerte der Hamstrings im Vergleich zu Männern aufwiesen, bei gleichen Quadricepswerten. Im Gegensatz dazu zeigte die unverletzte weibliche Kontrollgruppe geringere Quadricepskraftwerte im Vergleich zu den

männlichen Kontrollen, bei gleichen Hamstringswerten. Ein unausgewogenes Hamstrings/Quadriceps-Verhältnis wirkt sich nicht nur ungünstig auf das Abfangen der vertikalen Bodenreaktionskräfte aus, es reduziert auch die protektive Wirkung der Hamstrings, einer anterior tibialen Translation entgegenzuwirken.
Als Schlüsselmuskeln, um den Valgus-Kollaps zu verhindern gelten die Hüftabduktoren und -außenrotatoren, indem sie das Becken und den Oberschenkel in der Frontal- und Transversalebene stabilisieren. Khayambashi et al. (2016) gelang es mit einer prospektiven Studie schwache Hüftabduktoren und –außenrotatoren als signifikante Prädiktoren für eine spätere VKB-Verletzung zu identifizieren (Frauen: n = 138, Männer: n = 363). Unabhängig vom Geschlecht zeigten die später verletzten Athleten/innen zum Zeitpunkt der Untersuchung signifikant geringere Kraftwerte der entsprechenden Muskeln als unverletzte Athleten. Im Hinblick auf das Wiederverletzungsrisiko konnten Paterno et al. (2010) nachweisen, dass VKB-operierte Athleten/innen, die beim Drop Vertical Jump ein geringes internes Hüftaußenrotationsmoment[4] aufwiesen, ein 8-fach höheres Risiko hatten eine VKB-Zweitverletzung zu erleiden als Athleten/innen deren Hüftaußenrotationsmoment nicht auffällig war. Zazulak et al. (2005) stellten bei einbeinigen Landungen im geschlechtsspezifischen Vergleich mittels elektromyographischer Ableitungen fest, dass Frauen den Glutaeus maximus - der den Femur in allen drei Ebenen stabilisieren kann - geringer aktivieren als Männer. Die Studie machte allerdings keine Angaben zu Kraftwerten.
Bisher gibt es keine Studien, die eine defizitäre Rumpfkraft als Prädiktor für VKB-Verletzungen nachweisen konnten. Die aktuelle Studienlage hinsichtlich der Rumpfmuskulatur bezieht sich hauptsächlich auf Untersuchungen zur neuromuskulären Kontrolle. Als entscheidende Studie kann hier die Untersuchung von Zazulak et al. (2007a) angeführt werden, die die laterale Rumpfauslenkung nach Entfernen eines gegebenen Widerstandes als signifikanten Prädiktor für spätere Knieverletzungen bei weiblichen Athleten identifizieren konnte. Ziel des Krafttrainings ist es, die Rumpfstabilität in allen drei Ebenen zu verbessern.

Das Krafttraining wird in den spezifischen Trainingsprogrammen entweder als klassisches Kraftaufbautraining an Geräten konzipiert oder als funktionelles Krafttraining mit dem eigenen Körpergewicht, das sich einfacher in die Aufwärmprogramme in der Halle einbauen lässt. Je funktioneller die Kraftübungen aufgebaut sind bzw. je mehr

---

[4] Als Ursachen für ein geringes internes Hüftaußenrotationsmoment werden entweder Kraftdefizite oder eine mangelnde neuromuskuläre Kontrolle der Hüftaußenrotatoren angenommen.

Freiheitsgrade zur Verfügung stehen, desto größer wird die koordinative Anforderung an den/die Athleten/in. Dies macht eine isolierte Zuordnung des Wirkmechanismus (Kraft oder Koordination) allerdings oft schwierig. Um die beschriebenen muskulären Dysbalancen mit dynamisch funktionellen Übungen ohne Kraftgeräte auszugleichen, finden sich in der Literatur einige Empfehlungen.

Hinsichtlich der Kraftsteigerung der ischiocruralen Muskulatur gibt es gute Evidenzen für die verletzungsprophylaktische Wirkung der sogenannten „Russian" bzw. „Nordic Hamstrings" Übung, bei der der Athlet sich aus dem Kniestand bei fixierten Füßen mit gestreckter Hüfte kontrolliert nach vorne absenkt und über die Aktivität der Kniebeuger wieder in die Ausgangposition zurückkommt (Barendrecht et al., 2011; Hewett et al., 2010; Mandelbaum et al., 2005). Hierbei liegt der Fokus sowohl auf der exzentrischen als auch der konzentrischen Belastung. Messer et al. (2018) konnten mittels funktioneller Magnetresonanztomographie nachweisen, dass die „Nordic Hamstrings" Übung bei Frauen vorzugsweise den M. semitendinosus (mediale Hamstrings) aktiviert, im Vergleich zum M. biceps femoris (laterale Hamstrings). Da Frauen häufig eine stärkere Aktivität der lateralen Hamstrings zeigen, was ein Aufklappen des medialen Kniegelenkkompartments begünstigt und den Stress auf das VKB erhöht (Hewett, 2014), könnte eine mögliche Harmonisierung der medialen und lateralen Hamstrings durch diese Übung der Grund für die gute Wirksamkeit sein. Für die Hüftabduktoren und Hüftaußenrotatoren werden u.a. bekannte Übungen, wie das Hüftabspreizen im Einbeinstand gegen einen Widerstand (z.B. Theraband) (Petersen et al., 2016) oder das isolierte Rotieren der Hüfte im Einbeinstand gegen einen Widerstand mit der Betonung auf der Exzentrik, empfohlen (Hewett et al., 2010). Zur Verbesserung der Rumpf- und Hüftstabilität in Verbindung mit der hinteren Muskelkette der unteren Extremität schlagen Hewett et al. (2010) z.B. das beid- oder einbeinige Beugertraining auf einem Gymnastikball vor. Bei dieser Übung werden die Beine in Rückenlage auf einem Gymnastikball platziert und mit angehobenem Becken bei vollständig gestreckter und rotationsstabiler Hüfte gebeugt und wieder gestreckt. Bis auf die „Nordic Hamstring" Übung ist der Autorin für keine der erwähnten Übungen ein isolierter evidenzbasierter Nachweis bekannt.

Verschiedene Studien, die einen protektiven Effekt für allgemeine Knieverletzungen oder speziell VKB-Verletzungen zeigen konnten, haben gerätegestützte (Hewett et al., 1999; Myer et al., 2005) oder funktionelle Kraftübungen als Baustein in ihren Programmen integriert (Heidt et al., 2000; LaBella et al., 2011; Mandelbaum et al., 2005). Als Einzelmaßnahme zur Reduktion von VKB-Verletzungsraten wurde Krafttraining bisher nie getestet (Petersen et al., 2016). Cochrane et al. (2010) überprüften in diesem Kontext in einer Interventionsstudie mit vier verschiedenen Gruppen u.a. den Effekt von reinem gerätegestützten Krafttraining (nur Kniestrecker und Kniebeuger) auf die Kinematik und Kinetik beim Rennen und 30° sowie 60° Side- und Crosscut-Manövern (Männer, n = 50). Sie fanden eine Abnahme der maximalen Knievalgus- und -varusmomente in der frühen Landephase sowie eine Abnahme der Knievarus- und der Knieinnenrotationsmomente in der Abdruckphase, aber auch eine Zunahme der maximalen Knieflexionsmomente in Abdruckphase.

Ziel des Kraftaufbautrainings ist es, durch das Ausgleichen der muskulären Dysbalancen Bodenreaktionskräfte besser abfangen zu können und somit Gelenkbelastungen zu reduzieren. In der Literatur finden sich allerdings auch Hinweise darauf, dass ein gerätegestütztes Krafttraining über eine Reduzierung der Kokontraktion möglicherweise zu einer gesteigerten Gelenkbelastung während sportlicher Bewegungen führt. Diese Forschungslücke gilt es zu schließen (vgl. Cochrane et al., 2010).

2.3 Bedeutung von Koordination für die VKB-Verletzungsprävention

„*Kraft ohne koordinative Umsetzung ist wertlos, sie muß in Gelenkstabilität `übersetzt´ werden können*“ (Teuber & Zimmermann, 1997, S. 79). Dieses Statement, dass sich bei Teuber & Zimmermann im Hinblick auf die frühfunktionelle postoperative Rehabilitation von Verletzungen findet, ist auch für die Verletzungsprävention von entscheidender Bedeutung. Das übergeordnete Ziel des koordinativen Trainings in der Prävention von Sportverletzungen ist die funktionelle achsengerechte Gelenkstabilität in den verschiedensten sportlichen Anforderungssituationen, insbesondere in sportspezifischen Risikosituationen, zu gewährleisten.

Das Gesamtgefüge, dass für die Koordination und Kontrolle von Bewegungsabläufen zur Verfügung steht, wird als sensomotorisches System bezeichnet (vgl. Abbildung 2). Den *afferenten Schenkel* des sensomotorischen Systems (Input) bildet die sogenannte *Propriozeption*[5], die Informationen über Lage und Stellung der Gliedmaßen im Raum sowie benötigte Krafteinsätze liefert (Biedert & Meyer, 1996; Bruhn, 2003; Freiwald et al., 1997). Die propriozeptiven Informationen werden von speziellen Messfühlern (Mechanorezeptoren), die in Muskeln, Sehnen und Gelenken liegen, über afferente Nervenfasern an das zentrale Nervensystem (ZNS) weitergeleitet. Die

[5] Der Begriff „Propriozeption“ geht ursprünglich auf Sherrington (1906, 1947) zurück, der Propriozeption als die Fähigkeit beschrieb, den Zustand und die Veränderung von Gelenkwinkeln mittels spezialisierter Sensoren (Propriozeptoren) zu erfassen (Haas & Schmidtbleicher, 2007, S. 38). Von dieser Definition ausgehend, bezieht sich Propriozeption nur auf die afferenten Vorgänge.

Propriozeption bildet somit die Grundlage, auf der die Steuerung der neuromuskulären Kontrolle basiert.

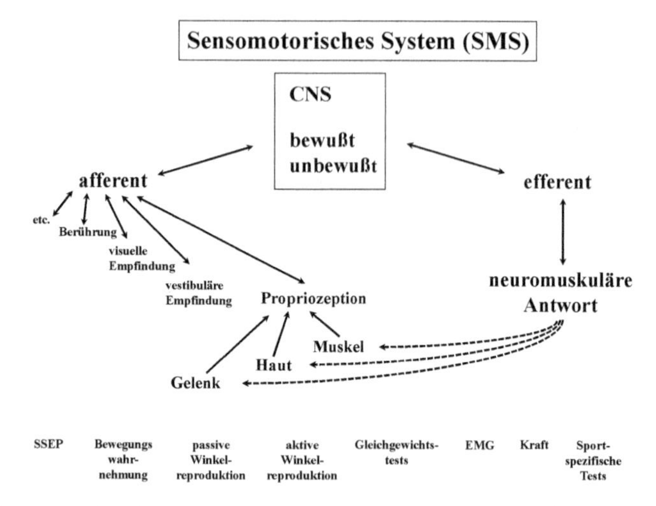

Abbildung 2: Darstellung des sensomotorischen Systems mit den verschiedenen Interaktionsmöglichkeiten und Testverfahren (Jerosch et al., S. 248). Reproduktion mit freundlicher Genehmigung des Autors. Copyright © 1998 Richard Pflaum Verlag.

Im ZNS werden die Informationen reflektorisch (unbewusst, Rückenmarksebene) oder willkürlich (bewusst, übergeordnete spinale Zentren) verarbeitet, um eine situationsgerechte neuromuskuläre Antwort im Effektorgan (Muskulatur) zu generieren. Die entsprechenden Befehle hierfür werden über efferente Nervenfasern an die Muskulatur weitergeleitet. Die Koordination[6], die in diesem Fall der neuromuskulären Antwort entspricht, kann somit als *efferenter Schenkel* („Output“) des sensomotorischen Systems bezeichnet werden.
Die „efferente (motorische) Antwort“ auf sensorische Informationen wird in der Literatur auch als *neuromuskuläre Kontrolle* bezeichnet (Jonsson et al., 1989, nach Swanik et al., 1997). Diese setzt sich, wie die obigen Ausführungen gezeigt haben,

[6] Koordination wird definiert als das *„Zusammenwirken von ZNS und Skelettmuskulatur innerhalb eines gezielten Bewegungsablaufes“* (Froböse & Nellessen, 1998, S, 68). Sie zeichnet sich im Wesentlichen durch das harmonische Zusammenspiel der bei einer Bewegung tätigen Muskeln (Bewegungsökonomie) und eine muskuläre Gelenkstabilisierung mit dem geringst möglichen Energieverbrauch aus (Radlinger et al., 1998). Das was als Koordination sichtbar und messbar ist, ist der Output. Da die neuromuskuläre Antwort aber auf der Basis der propriozeptiven Informationen generiert wird, wird Output hier in Anführungszeichen gesetzt. Die Trennung kann nicht so klar wie bei der Propriozeption vorgenommen werden. Koordination bezieht sich nicht nur auf die efferenten Vorgänge.

aus zwei motorischen Kontrollmechanismen zusammen, dem Feedforward-Prozess und dem Feedback-Prozess (Dunn et al., 1986; Kandell et al., 1996, nach Swanik et al., 1997). Der Feedforward-Mechanismus umfasst das Planen von Bewegung und die Vorbereitung der Muskelaktivität (Vorprogrammierung) und ist damit für die Vorinnervation verantwortlich. Er ist von entscheidender Bedeutung bei sehr schnellen Bewegungen bzw. Bewegungen von sehr kurzer Dauer, in die nicht regulierend während der Bewegungsausführung eingegriffen werden kann. Der Prozess basiert auf sensorischen Informationserfahrungen, die es dem Bewegungssystem ermöglichen die Vorprogrammierung situationsadäquat anzupassen. Der Feedback-Mechanismus bezeichnet die Motorikregulation über Reflexbögen, er spielt die zentrale Rolle für reflektorische Muskelaktivitäten (Swanik et al., 1997). Die Vorinnervation und die neuromuskuläre Reaktionsfähigkeit stellen damit die zentralen Einflussgrößen der funktionellen Gelenkstabilität dar. Daraus ergibt sich die Verbesserung dieser beiden motorischen Komponenten - in der Literatur häufig als Verbesserung der „neuromuskulären Reaktionsbereitschaft" zu finden (Biedert & Meyer, 1996; Bizzini et al., 1991) - als entscheidendes Ziel des verletzungsprophylaktischen koordinativen Trainings.
Die Abbildung 2 verdeutlicht das komplexe Wirkungsgefüge von Propriozeption und Koordination. Dem VKB selbst werden zudem propriozeptive Eigenschaften zugeschrieben. Die Bandstruktur enthält zahlreiche Mechanorezeptoren, die eine effiziente neuromuskuläre Kontrolle zum Schutz des Gelenkes ermöglichen (Freiwald et al., 1997). Die entscheidende neurosensorische Funktion des VKB im Hinblick auf die Verletzung drückt sich im sogenannten „arthrokinetischen Reflexbogen" aus, der einen Synergismus des VKB mit der ischiocruralen Muskulatur bedeutet. Dies macht sich in einer verstärkten Aktivierung der ischiocruralen Muskulatur, bei ausgeübtem Stress auf das VKB im Sinne einer anterotibialen Translation, bemerkbar (Eckhardt et al., 1994; Fink et al., 1994).

Es konnte gezeigt werden, dass Frauen eine andere Hamstrings/Quadriceps-Aktivierungsstrategie vorweisen als Männer, was als ein Grund für die erhöhte Verletzungsanfälligkeit diskutiert wird. Untersuchungen von Huston & Wojtys (1996) mit einem experimentellen Setup, bei dem die Tibia einem anterioren Translationsstress ausgesetzt wurde, ergaben, dass Männer im Sinne des „arthrokinetischen Reflexbogens" zuerst ihre Hamstrings aktivierten, während Frauen teilweise zuerst ihren Quadriceps aktivierten. Eine Aktivierungsstrategie, die den Stress auf das VKB verstärkt. Eine verspätete Aktivierung der ischiocruralen Muskulatur kann im Hinblick auf die zeitliche Komponente der Verletzung (unmittelbar nach Bodenkontakt) fatale Folgen haben. Kommt eine primäre Quadricepsaktivierung dazu, potenziert dies den Stress auf die ligamentären Strukturen enorm. Crossley et al. (2011) fanden bei einer Studie zur Bewegungsqualität beim einbeinigen Squat heraus, dass die Versuchspersonen, denen eine schwache Bewegungsqualität zugeordnet wurde, nicht nur schwache Hüftabduktoren und Lateralflexoren[7] zeigten, sondern auch eine signifikant spätere Aktivierung des M. glutaeus medius vorwiesen. Eine mangelnde Beinachsen- und/oder Rumpfkontrolle scheint demnach mit einer verzögerten M. glutaeus medius Aktivierungsstrategie einherzugehen. Zazulak et al. (2007b) konnten mit einer groß angelegten Rumpf Propriozeptionsstudie (n = 277) zeigen, dass Athletinnen, die sich später am Kniegelenk verletzten, signifikant schlechtere Winkelreproduktionswerte der Lendenwirbelsäule vorwiesen als Athletinnen, die unverletzt blieben. Die beschriebenen koordinativen Defizite gilt es, mit spezifischen Programmen zu adressieren.

Verletzungsprophylaktische Trainingsprogramme, die auf eine verbesserte neuromuskuläre Kontrolle durch die Stimulierung der propriozeptiven Strukturen abzielen, findet man in der Literatur überwiegend unter den Begriffen „propriozeptives Training“ und „Balance/Gleichgewichts-Training“[8]. Das übergeordnete Ziel besteht im Erarbeiten einer funktionellen Beinachsen- und Rumpfstabilität, während das Bewegungssystem gestört, d. h. aus dem Gleichgewicht gebracht wird, um die neuromuskuläre Reaktionsbereitschaft zu trainieren. Die Störungen erfolgen dabei durch instabile Untergründe aller Art (Kippelbretter, Balance-Pads, Weichbodenmatten...) oder Störungen mittels äußerer Krafteinwirkung (Therabänder, Druck vom Partner...). Die Programme bestehen in der Regel aus bestimmten Übungen, die phasenweise (meistens 3-5 Phasen) progressiv gesteigert werden. Dabei finden sich in den Programmen inhaltlich starke Unterschiede. Manche Programme bestehen aus reinen Balance-Übungen unter relativ statischen bzw. langsam dynamischen Bedingungen wie Einbeinstände, leichte Squats und Wurfübungen auf entsprechend instabilen Unterlagen[9]. Andere Programme verfolgen einen wesentlich dynamischeren Ansatz, in dem sie Sprung- und Landetechniken inklusive Drehungen auf instabilen/weichen Unterlagen („balance mats“) integrieren (Myklebust et al., 2003).

---

[7] Als Lateralflexoren bezeichnet man die seitliche Rumpfmuskulatur.

[8] Weitere Begrifflichkeiten sind „sensomotorisches Training“ und „neuromuskuläres Training“ (Bruhn, 2003). Anmerkung der Autorin: Neuromuskuläres Training wird häufig als übergeordneter Begriff verwendet, für ein Training mit dem Fokus die neuromuskuläre Kontrolle zu verbessern. Dies muss allerdings nicht zwingend die Afferenzen (Propriozeptoren) stimulieren, sondern kann z. B. auch einfach in Form eines Sprungtrainings mit Technikkorrektur durchgeführt werden.

[9] Hierfür stehen eine Vielzahl an Trainingsgräten zur Verfügung wie Kippelbretter, Balance-Pads, Balance-Boards, Wobble-Boards.

Im Hinblick auf die VKB-Verletzungsprophylaxe mittels Balance-Board Übungen als Einzelmaßnahme finden sich in der Literatur divergierende Ergebnisse. So konnten Caraffa et al. (1996) bei männlichen Fußballspielern mit einem 5-phasigen propriozeptiven Training (20 min/Tag) auf verschiedenen Balance- und Wobble-Boards eine signifikante Reduktion der VKB-Verletzungen (0,15/Team, n = 300) in der Interventionsgruppe im Vergleich zur Kontrollgruppe (1,15/Team, n = 300) verzeichnen. Söderman et al. (2000) dagegen fanden bei weiblichen Fußballerinnen mit einem Balance-Board Trainingsprogramm (10-15min/Tag, Heimprogramm) mit sukzessive ansteigendem Schwierigkeitsgrad keine signifikanten Unterschiede zwischen der Interventionsgruppe (n = 121) und der Kontrollgruppe (n = 100). Dies könnte neben dem Schwierigkeitsgrad der Trainingsübungen, die bei letzterer Studie weniger progressiv erscheinen, auch daran liegen, dass bei Heimprogrammen keine professionelle Supervision stattfindet, oder dass Frauen bei Gleichgewichtsübungen möglicherweise prinzipiell bessere Voraussetzungen mitbringen als Männer (Hewett et al., 2010).

In der Regel werden statische Balance-Übungen als ein Baustein neben Lauf-, Kraft- und/oder Plyometrie- und Technikübungen in das Training integriert. Studien, die diesen Ansatz verfolgen, konnten signifikante Reduzierungen von allgemeinen Knieverletzungen nach der Implementierung der Programme nachweisen (Kiani et al., 2010; Olsen et al., 2005; Soligard et al., 2008). Es bleibt offen, wie groß der Anteil der propriozeptiv/koordinativen Übungen an der Wirkung der Programme ist.

Ein progressiverer Ansatz des Trainings im Sinne von Landungen, Richtungswechsel und Drehsprünge auf weichen (instabilen) Untergründen, findet sich bei den Kombinationsprogrammen von Petersen et al. (2005) und Myklebust et al. (2003). Beide konnten mit Stichproben von weiblichen Handballerinnen eine signifikante Reduktion von VKB-Verletzungsraten mit ihren Trainingsprogrammen nachweisen, die sie über einen Zeitraum von einer bzw. zwei Saisons durchführten. Bei Myklebust et al. (2003) gehörte Techniktraining mit zu dem Programm, Petersen et al. (2005) hatten plyometrisches Sprungtraining integriert.

Bei dem Versuch Wirkungsmechanismen zuzuordnen, muss Folgendes berücksichtigt werden. Je dynamischer die Übungen zur muskulären Gelenkstabilisation werden (Ausfallschritte, Sprünge), desto ausgeprägter wird die Kraftkomponente, so dass auch hier, ähnlich wie bei den funktionellen Kraftübungen (Kap. I.2.2), der hauptsächliche Wirkungsmechanismus (Koordination oder Kraft) schwierig zuzuordnen ist. Im Fokus steht hier die Schwerpunktsetzung.

Vor dem Hintergrund, dass die Feedforward-Strategie - die für die Vorprogrammierung der Muskelaktivität bei Landungen nach Sprüngen verantwortlich ist - auf sensorischen Informationserfahrungen basiert, erscheint es sinnvoll, ja geradezu unabdingbar, entsprechend dynamische Übungen in das Training einzubauen. Viele Konzepte erscheinen wenig progressiv und/oder zu sehr als Einzelbaustein ausgerichtet. Ein übergreifendes Konzept, dass ein dynamisches sportspezifisches Beinachsentraining mit dem Fokus auf Abbrems- und Landetechniken auf instabilen Untergründen (v.a. in unvorhersehbaren Situationen) mit verschiedenen koordinativen Druckbedingungen (Präzisions, Komplexitäts-, Ermüdungsdruck…) (vgl. Kap. II.6.3) verbindet, gibt es bisher nicht. In der hier vorliegenden Arbeit wird ein derartiges Konzept vorgestellt und die Auswirkungen auf die Biomechanik von Handballerinnen überprüft.

3 Komplexe Messsyteme und Testverfahren zur Erfassung der biomechanischen Bewegungskontrolle

Die Erfassung und Analyse sportlicher Bewegung aus biomechanischer Sicht erfolgt über die Zerlegung des Bewegungsablaufs in einzelne quantifizierbare biomechanische Bewegungsmerkmale (Schwameder et al., 2013). Dabei wird differenziert zwischen der rein räumlich-zeitlichen Ausprägung der Bewegung, die anhand der *Kinematik* über Weg-Zeit-Parameter, Gelenkwinkelverläufe, Beschleunigung etc. erfasst wird und den bewegungsverursachenden Mechanismen, die mittels der *Dynamik* über Parameter wie Bodenreaktionskräfte, Druckverteilung etc. registriert werden (Schwameder et al., 2013). Stehen bei der Analyse der Dynamik Kräfte an ruhenden Körpern im Fokus, so spricht man von Statik. Demgegenüber steht die Kinetik, die sich mit der Analyse von Bewegung unter der Einwirkung von äußeren Kräften befasst. Die Kinematik und die Dynamik werden von zahlreichen Autoren als *äußere Biomechanik* bezeichnet. Ihr zur Seite steht die *innere Biomechanik*, die auf die internen Funktions- und Steuerungsprozesse von Bewegungen gerichtet ist (Willimczik, 1999).

Die instrumentelle dreidimensionale (3D) Bewegungsanalyse in Kombination mit Kraftmessplatten ist ein etabliertes Messsystem zur Erfassung der Kinematik und Kinetik in der Bewegungswissenschaft. Zur Registrierung der internen Funktions- und Steuerungsprozesse, im Sinne eines „direkten Blicks“ in den Muskel hat sich das Verfahren der Elektromyographie als objektive Forschungsmethode etabliert (Pfeifer & Vogt, 2004). Kapitel I.3.1 gibt einen Einblick in diese beiden Messmethoden, die für die Datenerhebung in der hier vorgelegten Studie verwendet wurden. In Kapitel I.3.2 werden die gängigen dynamisch funktionellen Tests, die im Rahmen der VKB-Verletzungsforschung für die Analyse der biomechanischen Bewegungskontrolle zum Einsatz kommen, dargestellt. Darüber hinaus werden die Anforderungen an eine Testsituation, die der sportspezifischen Risikosituation im Ballsport tatsächlich gerecht wird - vor dem Hintergrund der aktuellen Forschungslage - diskutiert.

3.1 Dreidimensionale Bewegungsanalyse und Elektromyographie als komplexes Messplatzsetting

Eine Messanordnung bestehend aus einer instrumentellen 3D-Bewegungsanalyse inklusive Kraftmessplatten zur Erhebung der Dynamik und einem elektromyographi-

S. Erdrich, *Verletzungsprophylaxe im Leistungssport*,
https://doi.org/10.1007/978-3-658-29371-0_4

schen Messsystem verbindet die vier Hauptgebiete der biomechanischen Messverfahren (Anthropometrie, Kinemetrie, Dynamometrie, Elektromyographie). Durch die Kombination der Verfahren können Bewegungen, Kräfte und Muskelaktivitäten simultan erfasst werden. Ein derartiges Messplatzsetting ermöglicht es, aufgrund des multiparametrischen Messansatzes Bewegungskontrolle äußerst komplex zu erfassen und differenziert zu analysieren.

Die instrumentelle 3D-Bewegungsanalyse ist ein computergestütztes Messverfahren, das über spezielle Infrarotkameras Bewegungen im Raum in der Sagittal-, Frontal- und Transversalebene erfassen und kinematische Parameter wie z.B. Gelenkwinkelverläufe und Geschwindigkeiten berechnen kann. Die Erfassung der Bewegung erfolgt dabei über retro-reflektierende Marker, die an definierten anatomischen Punkten auf der Haut der Probanden angebracht werden und das auftreffende Infrarotlicht an die Kameras zurückwerfen (Bachmann & Gerber, 2008). Anhand der detektierten Markerpositionen kann eine optische 3D-Rekonstruktion sowie die kinematische Berechnung der Bewegung am Computer erfolgen. Die gängige Ergänzung des Systems mit dreidimensionalen Kraftmessplatten ermöglicht zudem, Aussagen über die externen Kräfte, die die Bewegung verursachen (Bodenreaktionskräfte), treffen zu können. Mittels der Berechnungsmethoden der inversen Dynamik, die auf der Datenintegration und –korrelation der Kinematik, der Bodenreaktionskräfte und der probandenspezifischen Anthropometrie beruht, können im weiteren Verlauf Rückschlüsse auf interne Gelenkmomente und Leistungen gezogen werden (Kirtley, 2006). Im Bereich Prävention und Rehabilitation von Sportverletzungen können so z.B. durch den Vergleich mit Normwerten und/oder im Seitenvergleich ungünstige Belastungsverhältnisse und Belastungsstrategien aufgedeckt und optimiert werden. Andererseits bietet die Methode zahlreiche Möglichkeiten sportliche Techniken mit dem Ziel der Leistungsoptimierung zu verändern bzw. perfektionieren.

Die 3D-Bewegungsanalyse wird häufig mit dem Messverfahren der Elektromyographie kombiniert, welches ermöglicht, Muskelaktionspotentiale zu erfassen. Nach Laurig (1983) wird die Elektromyographie (EMG) als *„die Registrierung und Aufzeichnung der bei der Muskelanspannung entstehenden elektrischen Phänomene (myos gr = Muskel, graphie gr. = Aufzeichnung)* (S. 64) definiert. Die elektrische Spannung wird dabei durch folgenden Vorgang erzeugt. Einer Muskelanspannung geht immer eine Aktivierung der alphamotorischen Vorderhornzelle voraus. Diese Aktivierung führt über eine kurzzeitige Spannungsumkehr der erregbaren Muskelfaser zu einem Aktionspotential, das sich bidirektional entlang der Muskelfaser ausbreitet und über die elektromechanische Koppelung den eigentlichen Kontraktionsprozess bewirkt. Das Muskelaktionspotential bildet somit den Ursprung des bioelektrischen Signals (Konrad & Freiwald, 1997; Zwick & Konrad, 1994). In der Bewegungswissenschaft werden die Muskelaktionspotentiale in der Regel mittels der nicht invasiven Oberflächen-EMG Methode anhand bipolarer Ableitungen erfasst. Damit sind Aussagen über das Verhalten einzelner motorischer Einheiten nicht möglich[10]. Die Oberflächen-Elektroden erfassen die Aktionspotentiale der Summe aller unter dem Ableitareal liegenden motorischen Einheiten (Konrad, 2011). Das entstehende Signal wird deswegen auch als Summenaktionspotential oder Interferenzmuster bezeichnet. Das Roh-EMG ist stochastischer Natur (Zufallseinflüssen unterlegen), d. h. dass niemals exakt das gleiche Interferenzmuster entsteht (Konrad & Freiwald, 1997).

Anhand elektromyographischer Ableitungen lassen sich z.B. Aussagen darüber treffen, wie stark ein Muskel aktiv ist oder wie die zeitliche Beziehung einzelner Muskeln zueinander ist. Zudem kann die Veränderung der Muskelaktivität auf Ermüdung und Übung erforscht werden. Neben verschiedenen Ableitbedingungen, wie z.B. der geometrischen Weglänge des Signals, dem Isolationseffekt des subkutanen Fettgewebes und dem Hautwiderstand (Konrad & Freiwald, 1997), unterliegt das EMG-Signal zahlreichen Einflussvariablen, bei denen biologische und nichtbiologische (externe) Störgrößen unterschieden werden. Zu den *biologischen Störgrößen* zählen der sogenannte „cross talk“, das Einstreuen von elektrischen Signalen benachbarter Muskeln, das Überlagern von herznahen EMG-Signalen durch die elektrische Aktivierung des Herzens (EKG) und Hautpotentialdifferenzen infolge der natürlichen Inhomogenität der Haut (De Luca, 1997; Konrad & Freiwald, 1997). Die Gruppe der *nichtbiologischen Störgrößen* umfasst zum einen die *physikalischen Störspannungen* (Bewegungsartefakte), die durch Haut-, Elektroden- oder Kabelbewegungen verursacht werden können und zum anderen die *elektrochemischen und elektromagnetischen Störspannungen.* Letztere können z.B. durch minimale Temperatur- und Hautpräparationsdifferenzen sowie externe Frequenzquellen wie Neonröhren oder das Einstrahlen von 50 Hz Netzbrummen - das die häufigste Ursache elektromagnetischer Störspannungen darstellt - verursacht werden (Wollny, 1993; Zwick & Konrad, 1994).

---

[10] Demgegenüber steht die invasive Methode mittels Nadel-EMG, die Aussagen über das Verhalten einzelner motorischer Einheiten treffen kann.

Aufgrund der stochastischen Natur und Artefaktanfälligkeit des EMGs bedarf es für die quantitative Datenanalyse spezifischer EMG-Signalbearbeitungsschritte, um die Reliabilität und Validität der Ergebnisse zu steigern (Pfeifer & Vogt, 2004). Die klassischen Signalbearbeitungsschritte beinhalten die Vollgleichrichtung, bei der alle negativen Signalanteile durch Betragsbildung positiviert werden, das Glätten oder Filtern, die Normalisierung (Zeit- oder Amplitudennormalisierung) und die Mittelung des EMGs. Als zentrale Analyseparameter unterscheidet man zwischen Amplituden-, Zeit- und Frequenzparametern. Für einen internationalen Vergleich von Ergebnissen ist das Einhalten von Standardrichtlinien, wie sie z.B. im SENIAM Projekt (Hermens et al., 1999) zu finden sind, unabdingbar.

3.2 Dynamisch funktionelle Tests als Abbild der sportspezifischen Risikosituation

In der Literatur finden sich zahlreiche verschiedene Testverfahren und -manöver, anhand derer versucht wird, die sportspezifischen Risikosituationen und die damit verbundenen Gelenkbelastungen abzubilden. Unter den Testverfahren finden sich beidbeinige Sprünge und Landemanöver wie z.B. der Drop Vertical Jump[11], der Stop Vertical Jump[12] und der Drop Land (Chappell et al., 2002; Fong et al., 2013; Hewett, Myer, et al., 2005), einbeinige Sprünge und Landemanöver wie z.B. der Single Leg Drop Jump und Single Leg Drop Land (Mokhtarzadeh et al., 2017; Russell et al., 2006) sowie die verschiedensten Varianten an Richtungswechsel- und Drehmanövern in Form von Side- und Cross-cut-Bewegungen. Die verschiedenen Tests werden zum Teil mit Ballaktionen kombiniert, um einen externen sportspezifischen Fokus zu gewährleisten.

Die Standardisierung der Side- und Cross-cut-Manöver erfolgt in der Regel über die Anlaufgeschwindigkeit (z.B. 4,5 - 5,5 m/s) (Benjaminse et al., 2017; Donnelly et al., 2012) und den Winkel der abrupten Richtungsänderung. Am häufigsten wird die Richtungsänderung im 45° Winkel durchgeführt (Beaulieu et al., 2008; Benjaminse et al., 2017; Donnelly et al., 2012; Pollard et al., 2004; Wilderman et al., 2009). Es finden sich aber auch Richtungsänderungen im 30° Winkel (Besier et al., 2001; Cochrane et al., 2010), 60° Winkel (Besier et al., 2001; Cochrane et al., 2010;

[11] In dieser Arbeit wird der Drop Vertical Jump im nachfolgenden Text mit Drop Jump bezeichnet. Dies ist die in Europa gängige Bezeichnung für den Nieder-Hochsprung.

[12] Der Stop Vertical Jump wird im nachfolgenden Text mit Stop Jump bezeichnet (s. Fußnote 1).

DiStefano et al., 2011) und 90° Winkel (Stark & Ebel, 2016) sowie ohne genaue Angaben (Zebis et al., 2008) oder z.B. einfach als Aufforderung *„cut agressively to the left"* (Brown et al., 2009, S. 1050). Einige Studien untersuchen die drei Anforderungen „straigth run", side-cut" und „cross-cut" als Dreifachwahlreaktionsaufgabe (Überraschungsmoment), um die Komplexität der Belastungssituation zu erhöhen (Beaulieu et al., 2008; Benjaminse et al., 2017; Malinzak et al., 2001).

Als reliables Assessment für die Risiko-Identifizierung von VKB-(Wieder)Verletzungen hat sich in den letzten Jahren der beidbeinige Drop Jump etabliert (vgl. Kap. II.8.4.2). Die Skizzierung des Verletzungsmechanismus hat verdeutlicht, dass sich die Verletzung überwiegend bei einbeinigen Abbrems- und Richtungswechselmanövern sowie beim einbeinigen Landen nach Sprüngen ereignet und die Belastung im Moment des Traumas zu 80-100% auf dem verletzten Bein liegt (vgl. Kap. I.1.2). Obwohl der beidbeinige Drop Jump die Komponenten einbeinige Landung und Richtungswechsel nicht beinhaltet und deswegen häufig als Diagnosetool für VKB-Verletzungen kritisch hinterfragt wird, konnten Hewett, Myer, et al. (2005) mit dieser Testbewegung entscheidende Erkenntnisse für die Identifizierung von VKB-Risiko-Athletinnen erlangen. Sie untersuchten im Rahmen einer prospektiv epidemiologischen Studie mit 205 Athletinnen aus den Sportarten Basketball, Fußball und Volleyball die Biomechanik beim Drop Jump aus der Höhe von 31 cm mittels dreidimensionaler Bewegungsanalyse. Von der Gesamtstichprobe rupturierten sich in den darauffolgenden 13 Monaten 9 Athletinnen das VKB. Die biomechanischen Analysen ergaben, dass die später verletzten Athletinnen durchschnittlich einen 8° stärkeren Valguswinkel ($p < .05$) und ein 2,5-fach höheres Valgusmoment ($p < .001$) als die gesunden Sportlerinnen aufwiesen. Sie zeigten zudem eine 20% höhere Bodenreaktionskraft ($p < .05$) in Kombination mit einer 16% kürzeren Bodenkontaktzeit ($p < .01$). Regressionsanalytisch konnte nachgewiesen werden, dass das Knievalgusmoment einen signifikanten Prädiktor für spätere VKB-Verletzungen darstellte (vgl. Kap. I.1.2). Die Ergebnisse zeigen außerdem, dass nicht nur der Größe der Gelenkmomente, sondern auch der Zeiteinheit in der die Kräfte auf das Muskel-Skelettsystem wirken, eine entscheidende Bedeutung zuzukommen scheint. In neueren Studien von Hewett wird der Drop Jump zunehmend mit einem sogenannten „Überkopf-Ziel" („overhead goal") untersucht, um maximale Sprunghöhen und damit höhere Gelenkbelastungen zu generieren und einen externen Fokus der Athleten/innen zu gewährleisten.

Der Nachweis einer signifikanten kinematischen oder kinetischen Prädiktorvariable für spätere VKB-Verletzungen konnte anhand von Cutting-Manövern bisher nicht erbracht werden. Zebis et al. (2016) fanden allerdings mittels eines prospektiven elektromyographischen Screenings mit weiblichen Athleten (n = 55) heraus, dass alle später verletzten Athletinnen (n = 5) ein signifikant ungünstigeres M. vastus lateralis/M. semitendinosus-Aktivierungsverhältnis vorwiesen als die Athletinnen, die sich nicht verletzten. Dies drückte sich in einer erhöhten M. vastus lateralis Aktivität bei gleichzeitig reduzierter M. semitendinosus Aktivität in der Vorinnervationsphase aus (vgl. Quadriceps-Dominanz, Kap. I.1.2).

Bei der Forderung nach einer möglichst realitätsnahen Abbildung der sportspezifischen Risikosituation scheinen den Versuchsbedingungen *beidbeinig vs. einbeinig*, *erwartbar vs. unerwartbar* und *Ermüdung* eine entscheidende Bedeutung zuzukommen. Wang (2011) konnte anhand von 10 Elite Volleyballspielern nachweisen, dass bei einbeinigen Stop Jumps höhere vertikale Bodenreaktionskräfte generiert werden und höhere anteriore und laterale Scherkräfte auf das Kniegelenk wirken als bei beidbeinigen Stop Jumps. Yeow et al. (2011) zeigten beim Vergleich des einbeinigen Drop Land vs. beidbeinigen Drop Land von einer 60 cm hohen Kiste, dass die einbeinige Landung mit signifikant höheren Bodenreaktionskräften und höheren Valgusmomenten einherging. Die einbeinige Testsituation scheint also höhere Gelenkbelastungen zu forcieren.

Einige Studien konnten zeigen, dass sich die Kinetik der Probanden unter unerwartbaren Konditionen anders präsentiert als bei erwartbaren. Brown et al. (2009) untersuchte 13 Frauen und 13 Männer und verglich erwartbare vs. nicht erwartbare Cutting-Manöver nach einem Vorwärtssprung. Die Probanden zeigten unter unerwarteten Bedingungen signifikant stärkere Hüft- und Knieinnenrotationsmomente als unter erwarteten Bedingungen. Besier et al. (2001) wiesen anhand geplanter vs. ungeplanter Cutting-Manöver mit Männern nach, dass unter ungeplanten Manövern bis zu 2x so hohe Gelenkmomente in der Frontal- und Transversalebene auf das Kniegelenk wirken. Dies könnte ein Grund dafür sein, dass die mangelhafte neuromuskuläre Kontrolle, die im Wettkampf zur Verletzung führt, bei erwartbaren Manövern unter Laborbedingungen nicht aufgedeckt werden kann.

Die meisten Verletzungen ereignen sich zum Ende der Halbzeiten, wenn die Athleten/innen müde sind. In der Literatur finden sich Hinweise, dass Frauen im ermüdeten Zustand ungünstigere Belastungsstrategien als Männer zeigen (Kernozek et al., 2008). Borotikar et al. (2008) fanden heraus, dass die Kombination von Ermüdung und unerwarteten Belastungssituationen fatale Folgen für die neuromuskuläre Kontrolle haben kann. Sie konnten anhand 20 College-Athletinnen bei erwartbaren vs.

unerwartbaren Side-cut-Bewegungen zeigen, dass Ermüdung für beide Versuchsbedingungen zu signifikant weniger Hüftflexion und mehr Hüftinnenrotation beim initialen Bodenkontakt sowie signifikant mehr maximalem Knievalgus und maximaler Knieinnenrotation während der Standphase führte. Eine Belastungsstrategie, die als VKB-gefährdend gilt. Die ermüdungsbedingt veränderte Landebiomechanik war bei den unerwarteten Manövern signifikant stärker ausgeprägt als bei den erwarteten Manövern.

Im Hinblick auf die sportspezifische Risikosituation sollte zudem bedacht werden, dass sich die Verletzung überwiegend in Drucksituationen ereignet, d. h. wenn die Athleten/innen im Ballbesitz im Angriff sind oder einen Gegner, der in Ballbesitz ist, verteidigen (vgl. Kap. I.1.2). Diese Ablenkung könnte möglicherweise für die mangelhafte neuromuskuläre Kontrolle mitverantwortlich sein.

Zusammenfassend kann festgehalten werden, dass für eine realitätsnahe Abbildung der sportspezifischen Risikosituation die Komponenten Drucksituation mit externem Fokus (Ball/Gegner), einbeinige unerwartete Landung (kann durch Wahlreaktionsaufgaben erzeugt werden), unerwartete Richtungswechsel und Ermüdung berücksichtigt werden sollten.

II. EMPIRISCHER TEIL

4 Zielstellung und Hypothesen

Vor dem Hintergrund der alarmierenden VKB-Verletzungsraten - insbesondere im Frauensport (Arendt & Dick, 1995; Myklebust et al., 1997) - hat das Erarbeiten effektiver Präventionsprogramme in den letzten Jahren enorm an Bedeutung gewonnen. Eine Vielzahl an Studien konnte mittlerweile die verletzungsprophylaktische Wirkung von spezifischem neuromuskulärem Training im Sinne einer Reduzierung der biomechanischen Risikofaktoren bei gesunden Sportlerinnen belegen (Kato et al., 2008; Monajati et al., 2016; Myer et al., 2005; Noyes et al., 2005). Die Programme sind in der Regel Kombinationsprogramme aus den Bausteinen plyometrisches Training, Rumpfkraft, Balancetraining, Krafttraining und Geschwindigkeitstraining. Unklar bleibt zum einen, in welchem Ausmaß die verschiedenen Trainingsbausteine die beschriebenen Risikofaktoren beeinflussen und zum anderen, wie sich die Aktivität der gelenkstabilisierenden Muskulatur in Abhängigkeit der verschiedenen Trainingsinhalte verändert.

Das übergeordnete Ziel dieser Studie gilt dem Erforschen der Beeinflussbarkeit biomechanischer Risikofaktoren von VKB-Verletzungen im Ballsport durch spezifische Trainingsprogramme. Konkret beschäftigt sich die Studie damit, die Auswirkungen eines 6-wöchigen kraft- versus koordinationsbetonten Athletiktrainings auf die Kniegelenkstabilität und die neuromuskuläre Aktivierung von Leistungshandballerinnen bei hochdynamischen Belastungen zu analysieren. Als Bezugsgröße für die Kniegelenkstabilität werden Gelenkwinkel und -momente in der Sagittal-, Frontal- und Transversalebene während der Bodenkontaktphase in hochdynamisch funktionellen Belastungssituationen (Drop Jump und modifizierter Heidelberger Sprungkoordinationstest, vgl. Kap. I.6.4.2) untersucht. Als Größe für die neuromuskuläre Aktivierung wird das EMG des M. glutaeus medius, M. vastus medialis, M. biceps femoris und M. gastrocnemius medialis innerhalb bewegungsspezifischer Zeitphasen analysiert.

Neben dem Trainingszustand kann eine Vielzahl von anderen Faktoren die Bewegungsqualität beeinflussen. Eine entscheidende, bisher in der Praxis und Wissenschaft in diesem Kontext eher vernachlässigte Variable, ist die Bewegungsangst (vgl. Kap. II.6.4.3.3). Ergänzend zum Hauptanliegen der Arbeit wird in einer Nebenhypothese der Einfluss von Bewegungsangst auf die Bewegungspräsentation untersucht.

Aus den geschilderten Zusammenhängen ergeben sich folgende Kontrollhypothesen und Haupthypothesen sowie eine Nebenhypothese, die im Anschluss genauer erläutert werden.

S. Erdrich, *Verletzungsprophylaxe im Leistungssport*,
https://doi.org/10.1007/978-3-658-29371-0_5

Hypothesen zur Kontrolle der Trainingsprogramme

Um sicher zu gehen, dass etwaige biomechanische und elektromyographische Veränderungen tatsächlich auf die unterschiedlichen Trainingsschwerpunkte zurückzuführen sind, werden die Trainingseffekte anhand folgender Kontrollhypothesen überprüft.

H1 *Das kraftbetonte Trainingsprogramm führt zu signifikant mehr Kraftzuwachs (a) des Quadriceps und (b) der ischiocruralen Muskulatur als das koordinationsbetonte Trainingsprogramm.*

H2 *Das koordinationsbetonte Trainingsprogramm führt zu signifikant größeren Verbesserungen der Koordination - gemessen an der statischen Gleichgewichtskontrolle in (a) anterior-posteriore und (b) medio-laterale Richtung - als das kraftbetonte Trainingsprogramm.*

Haupthypothesen

Die theoretischen Ausführungen in Kapitel I.1.2 verdeutlichen, dass der VKB-Verletzungsmechanismus ein sehr komplexes Ereignis ist. Als biomechanische Risikofaktoren für Rupturen ohne Fremdeinwirkung werden eine geringe Kniebeugung (oder Hyperextension), ein verstärkter Knievalgus und/oder eine vermehrte Knieinnen/-außenrotation beim plötzlichen Abbremsen von Seitwärts-, Kreuz- oder Drehbewegungen sowie beim Landen nach Sprüngen angegeben (Koga et al., 2010; Russell et al., 2006; Shimokochi & Shultz, 2008). Um Kenntnis darüber zu erlangen, welche Trainingsinhalte zu einer größtmöglichen Reduzierung sportspezifischer Risikofaktoren führen, ist es notwendig, Gelenkwinkel und -momente in allen drei Ebenen zu erheben.

Viele der im theoretischen Teil zitierten Interventionsstudien konnten lediglich eine Veränderung der Kinematik nachweisen, andere zeigen Auswirkungen der Programme auf die Kinematik und die Kinetik (Chappell & Limpisvasti, 2008; Lephart et al., 2005; Lim et al., 2009; Myer et al., 2005). Aufgrund der sehr progressiven Tests wird erwartet, dass sowohl in der Kinematik als auch in der Kinetik Veränderungen zu verzeichnen sein werden. Dem liegt u.a. die Annahme zugrunde, dass sehr anspruchsvolle, höher belastende Tests eine mangelnde dynamische Stabilisationsfähigkeit eher aufdecken können als gering belastende Tests und somit auch schon leichte Verbesserungen gut abgebildet werden können.

Aufgrund der Trainingshäufigkeit (3x/Woche), der „eins-zu-eins“ Betreuung und der Erhebung beider Beine (das nichtdominante Bein könnte aufgrund schlechterer Voraussetzungen einen stärkeren Trainingseffekt haben) wird zudem erwartet, dass in beiden Trainingsgruppen Verbesserungen auftreten. Dabei wird vor dem Hintergrund des funktionellen Inputs angenommen, dass die Verbesserungen in der Koordinationsgruppe stärker ausfallen werden. Aus diesen Schlussfolgerungen ergibt sich für die Studie folgende Haupthypothese, die in je drei Unterhypothesen zur Kinematik und Kinetik gegliedert ist.

H3 Das koordinationsbetonte Trainingsprogramm führt zu größeren Verbesserungen der Kniegelenkstabilität als das Kraftprogramm.

H3.1 Das Koordinationstraining führt zu einer stärkeren Zunahme (a) der maximalen Knieflexion und (b) des sagittalen Bewegungsausmaßes als das Krafttraining.

H3.2 Das Koordinationstraining führt zu einer stärkeren Abnahme (a) des maximalen Knievalguswinkels und (b) des frontalen Bewegungsausmaßes als das Krafttraining.

H3.3 Das Koordinationstraining führt zu einer stärkeren Abnahme (a) der maximalen Knieinnenrotation und (b) des transversalen Bewegungsausmaßes als das Krafttraining.

H3.4 Das Koordinationstraining führt zu einer stärkeren Abnahme des maximalen externen Knieflexionsmoments als das Krafttraining.

H3.5 Das Koordinationstraining führt zu einer stärkeren Abnahme des maximalen externen Knievalgusmoments als das Krafttraining.

H3.6 Das Koordinationstraining führt zu einer stärkeren Abnahme des maximalen externen Knieinnenrotationsmoments als das Krafttraining.

Da die neuromuskuläre Aktivierung die Grundlage der äußerlich sichtbaren Bewegungs-präsentation darstellt, wird erwartet, dass die Veränderungen der Kniekinematik und -kinetik mit einer veränderten neuromuskulären Aktivierungsstrategie einhergehen. Zebis et al. (2016) konnten nach einem 12-wöchigen spezifischen neuromuskulären Trainingsprogramm (3x/Woche, 15 min.) keine Veränderung der Kinematik und Kinetik bei einem standardisierten Side-cut-Manöver nachweisen. Sie stellten aber ein verändertes Aktivierungsverhältnis des M. vastus lateralis und M. semitendinosus, in Richtung einer signifikanten Reduktion desselben, fest. Das Trainingsprogramm scheint somit einen Einfluss auf das neuromuskuläre Aktivierungsmuster gehabt zu haben, ohne dass sich dies in einer messbaren Bewegungsmodifikation niedergeschlagen hat. Vor diesem Hintergrund wird auch für den Fall, dass die beiden Interventionsprogramme zu keiner Modifizierung der Lande-/Abdruckstrategie führen sollten, eine trainingsbedingt intern veränderte Bewegungsansteuerung erwartet.

Die vier abgeleiteten Muskeln sorgen für die Stabilität der Beinachse, eine saubere Patellaführung und eine Entlastung der ligamentären Strukturen (VKB) beim Landen und plötzlichen Richtungswechseln (vgl. Kap. II.5.2). Theoretisch sind zwei trainingsbedingte Adaptationsmechanismen denkbar. Eine erhöhte Aktivität im Sinne einer Mehraktivierung motorischer Einheiten, um eine bessere Gelenkstabilität zu gewährleisten oder eine geringere Aktivität im Sinne einer Ökonomisierung des vorhandenen Kraftpotentials. Aufgrund der praktischen Erfahrungen der Autorin wird für alle Muskeln eine erhöhte Aktivität nach der Intervention erwartet, von der angenommen wird, dass sie aufgrund der Trainingsspezifik in der Koordinationsgruppe stärker ausfallen wird. Daraus leitet sich folgende Haupthypothese zur neuromuskulären Aktivierung ab, die muskel- und phasenspezifisch überprüft wird.

H4: Das Koordinationstraining führt innerhalb bewegungsspezifischer Zeitphasen zu einer stärkeren Zunahme der elektromyographischen Aktivität ausgewählter Hüft- und Beinmuskeln als das Krafttraining.

Nebenhypothese

Die Erfassung von Bewegungsangst im Bereich der VKB-Verletzungsprophylaxe ist bisher ein eher unbeschriebenes Blatt. Kvist et al. (2005) konnten bei Patienten 3-4 Jahre nach VKB-Rekonstruktion nachweisen, dass eine stärkere Bewegungsangst mit einer schlechteren subjektiv beurteilten Kniefunktion einherging. Patienten, die nicht zu ihrem prätraumatischen Aktivitätslevel zurückkehrten, zeigten signifikant mehr Bewegungsangst als die Patienten, denen eine Rückkehr zu ihrem ursprünglichen Level gelang. Ob sich Bewegungsangst ungünstig auf das Bewegungsverhalten von gesunden Sportlern/innen auswirkt, im Sinne einer schlechteren Bewegungspräsentation, ist weitestgehend unerforscht. Als Blick über den Tellerrand soll in dieser Studie geprüft werden, ob sich Bewegungsangst bei gesunden Sportlerinnen in der Bewegungsqualität niederschlägt. Wenn dem so wäre, wäre es absolut notwendig, diese mit den verletzungspräventiven Trainingsprogrammen genauso zu adressieren wie die biomechanische Performance. Zudem gäbe es damit ein weiteres Tool, Risiko-Athletinnen anhand entsprechender Fragebögen im Vorfeld zu identifizieren. Aus den geschilderten Schlussfolgerungen leitet sich die abschließende Nebenhypothese ab.

H5: Bei Probanden mit mehr Bewegungsangst lässt sich eine schlechtere Bewegungspräsentation - (a) weniger Kniebeugung, (b) mehr Knievalgus, (c) mehr Knieinnenrotation - als bei Probanden mit weniger Bewegungsangst nachweisen.

5 Konzeptioneller Rahmen

Das Kapitel II.5. beschreibt den konzeptionellen Rahmen, in den die Arbeit eingebettet ist. In Kapitel II.5.1 werden zunächst die Rahmenbedingungen dargestellt. In Kapitel II.5.2 werden die Vorüberlegungen und Vortests der Untersuchung genauer erläutert. Dabei stehen neben der Modifizierung des Heidelberger Sprungkoordinationstests (Kap. II.5.2.1) die Festlegung der Positionen für die maximalen Willkürkontraktionen (MVC) und die Auswahl der abgeleiteten Muskeln im Fokus. Das Kapitel II.5.3 stellt das Studiendesign dar und veranschaulicht die Durchführung des Projekts. Abschließend wird ein kurzer Überblick über die Abbruchkriterien sowie ethische und rechtliche Aspekte der Studie gegeben (Kap. II.5.4).

5.1 Rahmenbedingungen

Um dem medizinischen Hintergrund der Fragestellung sowie den umfangreichen Messanordnungen zur Erfassung von Bewegungsverhalten und internen Steuerungsprozessen gerecht zu werden, bedarf es eines komplexen Untersuchungssettings. Die Vorarbeit umfasste zahlreiche Vorgespräche mit Ärzten, dem Leiter des favorisierten Bewegungsanalyselabors und verschiedenen weiblichen 2. Bundesligamannschaften. Untersuchungen mit Sportlerinnen auf einem derartigen Leistungsniveau sind häufig schwer realisierbar, da trotz mittlerweile erschlagender Nachweise im Bereich der Verletzungsprophylaxe (vgl. Kap. I.2.1), Trainer oft nicht bereit sind Trainingszeiten ihrer Spielerinnen zu „opfern". Einen weiteren wichtigen Aspekt für das Gelingen von Interventionsstudien stellt neben der Bereitschaft des Trainers die Compliance der Sportlerinnen dar. In der medizinischen Forschung spricht man von einer guten Compliance, wenn 80% der verordneten Behandlung – in diesem Fall 80% des Interventionsprogrammes – wahrgenommen werden (La Valley, 2003). Sind die Teilnehmerinnen von vorneherein eher skeptisch und demotiviert, wird es schwierig, die Compliance über sechs bis acht Wochen aufrecht zu erhalten.

Die Wahl fiel letztendlich auf die 1. Damen Handballmannschaft der TSG Ketsch, die zum Zeitpunkt der Aquise in der 2. Bundesliga spielte. Die Spielerinnen waren sehr motiviert und gaben an, bisher wenig im Athletikbereich hinsichtlich systematischem Kraftaufbau- bzw. Koordinations- und Stabilisationstraining gemacht zu haben. Ein weiterer Pluspunkt war die Möglichkeit, ein in der Nähe gelegenes Studio nutzen zu dürfen, dessen verantwortliche Leitung des Kraftraumes damit einverstanden war, dass die Athletinnen ausschließlich von der Autorin beim Krafttraining betreut wurden. Zudem stand hier eine extra Trainingsfläche zur Verfügung, auf der

S. Erdrich, *Verletzungsprophylaxe im Leistungssport*,
https://doi.org/10.1007/978-3-658-29371-0_6

Koordinationszirkel durchgeführt werden konnten, ohne den normalen Trainingsbetrieb zu stören. Die spezifischen Trainingsmaterialien für die Halleneinheiten der Koordinationsgruppe stellte das Institut für Sport und Sportwissenschaft der Universität Heidelberg zur Verfügung. Einige Wochen nach den Vorgesprächen und der Entscheidung an der Studie teilzunehmen, zog die Mannschaft am Ende der Saison 2011/2012 aus sportlichen Gründen zurück, so dass sie sich zum Zeitpunkt des Studienstarts in der Vorbereitung für die 3. Bundesliga befand und aus diesem Grund unter neuer Zusammensetzung in die Saison ging (vgl. Kap. II.7.1).

5.2 Vorüberlegungen und Vortests

Die Vorüberlegungen und Vortests umfassten neben der Modifizierung des Heidelberger Sprungkoordinationstests, der ein extra Kapitel gewidmet ist, die Auswahl der abgeleiteten Muskeln sowie die Festlegung der MVC-Positionen.

Auswahl der abgeleiteten Muskeln
Um ein möglichst differenziertes Bild der neuromuskulären Kontrolle zu erhalten, umfasste das Messprotokoll zunächst sieben Muskeln pro Bein (M. glutaeus medius, M. rectus femoris, M. vastus medialis, M. vastus lateralis, M. semitendinosus, M. biceps femoris, M. gastrocnemius medialis). Die Datenerhebung stellte sich anhand mehrerer Pilotmessungen jedoch als zu zeitaufwendig für die Probandinnen heraus. Nach Optimierung des Messprotokolls fiel die Auswahl der abgeleiteten Muskeln auf den M. glutaeus medius (GluM), den M. vastus medialis (VM), den M. biceps femoris (BF) und den M. gastrocnemius medialis (GM). An dieser Stelle werden die Funktionen der ausgewählten Muskeln (Kapandji, 2001; Schünke et al., 2005) im Zusammenhang mit ihrer Bedeutung für die Thematik der Studie beschrieben. Die Tabelle 6 in Kapitel II.6.5.3.1 veranschaulicht die anatomische Lage der Muskeln und stellt ihre Funktionen zusammenfassend dar.

Der ***M. glutaeus medius (GluM)*** ist Teil der dorsolateralen Gesäßmuskulatur. Er entspringt an der glutealen Seite der Darmbeinschaufel und setzt am Trochanter major des Femurs an. Als eingelenkiger Muskel bewirkt er eine Abduktion im Hüftgelenk und stabilisiert das Becken beim Gehen, Laufen und Springen, indem er ein Absinken desselben auf der Spielbeinseite verhindert. Der vordere Anteil bewirkt außerdem eine Innenrotation und Flexion und der hintere Teil eine Außenrotation und Extension im Hüftgelenk. Aufgrund seiner Lage und Funktion wirkt er dem Kollabieren des Knies zur Körpermitte (Knievalgus) entgegen. Er gilt als wichtigster Stabilisator der

Beinachse im Einbeinstand und ist vor diesem Hintergrund für die VKB-Verletzungsprophylaxe von entscheidender Bedeutung.

Der ***M. vastus medialis (VM)*** liegt auf der Innenseite des Oberschenkels und gehört zur Muskelgruppe des großen vierköpfigen Kniestreckers, dem M. quadriceps femoris, der außerdem aus den Muskelanteilen M. rectus femoris (RF), M. vastus lateralis (VL) und M. vastus intermedius (VI) besteht. Der VM entspringt zusammen mit dem VL und VI am Oberschenkelknochen und inseriert über eine gemeinsame Sehne, in die die Patella eingelagert ist, an der Tuberositas tibiae am vorderen Schienbein. Als eingelenkiger Muskel bewirkt der VM ausschließlich die Kniegelenksstreckung, d. h. er verhindert die Beugung des Kniegelenks bei exzentrischer Arbeit. Er ist kräftiger als der VL und sorgt mit seinem Übergewicht dafür, *„dass die Patella nicht nach lateral luxiert"* (Kapandji, 2001, S. 136). Bei einer ausgeglichenen Kontraktion des VM und VL entsteht eine Zugkraft, die in Richtung Oberschenkelachse wirkt. Dominiert der VL über einen insuffizienten VM, entsteht eine nach außen verlagerte Zugkraft, durch die die Patella nach lateral entweicht (Geiger, 1997; Kapandji, 2001). Häufig wird bei dem Thema der VKB-Verletzungsprohpylaxe der VL bzw. sein Verhältnis zum M. semitendinosus (s.u.) betrachtet. Eine mangelnde Bewegungsqualität der Beinachse in der Frontal- und Transversalebene - im Sinne eines/r vermehrten Knievalgus/-innenrotation - geht allerdings häufig mit einer Tendenz zur Patellalateralisierung einher. Damit liegt die Bedeutung des VM für diese Studie auf der Hand. Der VM steht hier im Fokus, da er für eine saubere Patellaführung sorgt und es ein Ziel des Koordinationstrainings ist, diese durch eine stabile Beinachse zu gewährleisten bzw. zu erarbeiten.

Der ***M. biceps femoris (BF)*** bildet zusammen mit dem M. semitendinosus (ST) und M. semimembranosus (SM) die ischiocrurale Muskulatur (Kniebeuger). Sein langer Kopf „Caput longum" ist zweigelenkig und entspringt am Tuber ischiadicum (Sitzbein). Der kurze Kopf „Caput breve" ist eingelenkig und hat seinen Ursprung an der Rückseite des Oberschenkelknochens. Beide Köpfe setzen gemeinsam am Caput fibulae (Wadenbeinköpfchen) unterhalb des Kniegelenks an. Der BF streckt das Hüftgelenk und beugt das Kniegelenk. Die Wirkung des Caput longum im Kniegelenk wird durch die Hüftgelenkstellung beeinflusst. Eine Hüftgelenkbeugung bewirkt eine Vordehnung des Caput longum des BF und erhöht damit seine Beugewirkung im Kniegelenk. Umgekehrt wird bei gestrecktem Knie die Extensionswirkung des BF im Hüftgelenk erhöht. Da er lateral der vertikalen Drehachse inseriert, wirkt er im Kniegelenk außerdem als Außenrotator, d. h. unter Anspannung bringt er das Tibiaplateau nach außen. Dies resultiert in einer Unterschenkelauswärtsdrehung, so dass die Fußspitze nach lateral schaut (Kapandji, 2001). Vereinzelt wird in der Literatur auch eine außenrotatorische Wirkung des BF auf das Hüftgelenk angegeben (Hermens et al., 1999; Valerius et al., 2006).

Frauen werden in der Fachliteratur häufig als „Quadriceps dominant" (Hewett et al., 2010) bezeichnet, da sie beim Landen und Abbremsen eine stärkere Aktivierung des Quadriceps zeigen als Männer. Die verstärkte Zugkraft in der Sagittalebene resultiert in einem vermehrten VKB-Stress. Die ischiocrurale Muskulatur schützt das VKB, indem sie der anterioren Translation der Tibia entgegenwirkt und damit die ligamentären Strukturen entlastet. Ihre Bedeutung für die Verletzungsprophylaxe liegt damit auf der Hand. In vielen Präventionsstudien wird der innere Teil der ischiocruralen Muskulatur, der ST (s.o.), abgeleitet. Neben seiner VKB entlastenden Funktion in der Sagittalebene, bremst er die oben beschriebene Außenrotation des Unterschenkels indem er das Tibiaplateau nach innen dreht und schützt dadurch *„den Kapsel-Bandapparat des Standbeines vor einer Überbeanspruchung bei einer heftigen Drehung des Körpers zur medialen Seite"* (Kapandji, 2001, p. 142). Die Auswahl des BF für diese Studie stützt sich auf seine Funktion als Hüftaußenrotator. Dies erscheint der Autorin als äußerst interessant, da eine Hüftaußenrotation wiederum dem Kollabieren des Knies zur Körpermitte entgegenwirkt und somit die Bewegungsqualität der Beinachse in der Transversalebene verbessert.

Der ***M. gastrocnemius medialis (GM)*** liegt auf der Rückseite des Unterschenkels und bildet zusammen mit dem M. gastrocnemius lateralis (GL) den M. gastrocnemius. Er entspringt am medialen Condylus des Femurs und der Kniegelenkskapsel und inseriert mit dem GL und dem M. soleus in der Achillessehne, am Tuber calcanei (Fersenbein). Die M. gastrocnemii spielen als Kniebeuger keine große Rolle, sie haben eher eine stabilisierende Wirkung auf das Kniegelenk. Ihre Wirksamkeit auf das Sprunggelenk hängt unmittelbar vom Maß der Beugung im Kniegelenk ab. Bei voller Kniestreckung sind sie aufgrund der Verlagerung des Muskelursprungs passiv gedehnt und damit besonders effektiv. *„Ein Teil der Kraft des M. quadriceps femoris wird sozusagen auf das Sprunggelenk übertragen"* (Kapandji, 2001, S. 206). D. h. Bewegungsabläufe, die eine Kniestreckung bei gleichzeitiger Plantarflexion verlangen (z.B. Abdruckphase), begünstigen den Einsatz des GM und GL. Der GM ist für die vorliegende Studie von besonderem Interesse, da er zum einen als der am weitesten distal gelegene Muskel der entscheidende Muskel für die Vorinnervation ist. Zum anderen stabilisiert er den Calcaneus in der Frontalebene, um ein Absinken des Fußlängsgewölbes und eine konsekutiv folgende Innenrotation des Unterschenkels (VKB-Stress) zu vermeiden.

Maximale Willkürkontraktionen
Für die Festlegung der MVC-Positionen waren folgende zwei Gegebenheiten ausschlaggebend. Zum einen sollte die Position anatomisch sinnvoll sein, um eine möglichst maximale Rekrutierung der motorischen Einheiten zu gewährleisten. Zum anderen sollte sie die Möglichkeit bieten, die aufgebrachte Kraft des entsprechenden Muskels mittels einer dafür angefertigten Testvorrichtung (Stahlgestell, vgl. Kap. II.6.5.3.2) erfassen zu können.

Eine häufig verwendete Position für die Referenzkontraktion des GluM ist die Seitenlage. Diese erwies sich für die hier vorgestellte Studie als ungünstig, da die Probandinnen bei dieser Ausführung auf den Elektroden des GluM der Gegenseite und dem seitlich gebündelten Kabelbaum gelegen hätten (vgl. Abbildung 15a). Zudem war mit der hier verwendeten Testvorrichtung keine Erhebung des Kraftoutputs möglich. Die MVC-Messung des GluM wurde deswegen in Rückenlage mit aufgestützten Unterarmen durchgeführt. Der Widerstand, gegen den die Athletinnen das Bein zur Seite wegdrücken sollten, war auf Höhe des Kniegelenks positioniert, um eine synergistische Aktivität des M. tensor faszie latae (weitestgehend) auszuschließen. Für den VM und den BF erwies sich eine Sitzposition mit einem 90° Hüft- und 90° Kniewinkel als am praktikabelsten. Der „Kraftaufnehmer“ wurde distal am Unterschenkel angebracht. Positionen, bei denen optimalere Überlappungen der Aktin-Myosin-Einheiten gegeben sind, ließen sich nicht zufriedenstellend standardisieren, da zu viele Ausweichmöglichkeiten für die Probandinnen bestanden. Bei der Erhebung der Referenzkontraktion des GM ist aufgrund seiner Funktion (s.o.) ein gestrecktes Kniegelenk wichtig. Die MVC-Messung dieses Muskels wurde in stehender Position auf einer Kraftmessplatte bei 10° Dorsalflexion des Sprunggelenks durchgeführt. Die Probandinnen waren über den Schultern fixiert, um eine Veränderung des Winkels im Sprunggelenk während der Datenerhebung auszuschließen. Die Durchführung und genaue Testvorrichtung der vier MVC-Messungen finden sich in Kapitel II.6.5.3.2.

5.2.1 Die Modifizierung des Heidelberger Sprungkoordinationstests

Um Aussagen darüber treffen zu können, ob ein Training zur Reduzierung der in der Theorie erläuterten biomechanischen Risikofaktoren führt (vgl. Kap. I.1.2), muss das entsprechende Testverfahren der Komplexität der realen Risikosituation im Sport

Rechnung tragen. Da es nach dem Wissensstand der Autorin bisher keinen standardisierten Test im Rahmen des VKB Risiko-Screenings gibt, der die Komponenten Zeitdruck, Überkopf-Ballaktion, einbeinige Landung und plötzlicher Richtungswechsel verbindet, entstand die Idee solch eine komplexe Testbewegung für die hier vorgestellte Studie zu entwerfen. Hierfür bot es sich an, den Heidelberger Sprungkoordinationstest von Kuni et al. (2008) zu modifizieren. Dieser Test beinhaltet - bis auf den Zeitdruck - die oben genannten Anforderungen, erschien aufgrund seiner ursprünglichen Ausführung jedoch nicht ballsportartspezifisch genug. Bei der ursprünglichen Ausführung steht die Versuchsperson im Stand unter einem Ball mit integriertem Ballschalter. Aus dieser Ausgangsstellung springt sie beidbeinig ab, schlägt den Ball überkopf und muss nach der einbeinigen Landung auf einer Kraftmessplatte direkt im 90° Winkel randomisiert nach links oder rechts weiterspringen, um wieder auf demselben Bein zu landen. Die Weitersprungrichtung wird durch ein Lichtsignal auf dem Boden vorgegeben, das automatisch durch den Ballkontakt ausgelöst wird (Ballschalter), sobald dieser geschlagen wird. Leuchtet kein Lichtsignal auf, muss die Versuchsperson zwei bis drei Sekunden auf dem Landebein stabilisieren (Kuni et al., 2008).

Anhand zahlreicher Pilotmessungen entstand der in Kapitel II.6.4.2.2 dargestellte modifizierte Heidelberger Sprungkoordinationstest (mHDST). Die Vorarbeiten und -überlegungen umfassten das Anfertigen des zweiphasigen akustischen Signals, das Festlegen des Anlaufs, das Auslösen des Lichtsignals über die Lichtschranke anstatt des Ballschalters, den Absprungabstand zur Kraftmessplatte sowie die Ballhöhe und den Winkel der Weiterlaufrichtung. Nach mehreren Pilotmessungen erwies sich ein Abstand von 1/3 der Körpergröße von der Absprungstelle bis zur Kraftmessplatte als sinnvoll. Dieser Abstand gewährleistet eine Vorwärtsbewegung beim Sprung in der Luft, ermöglichte gleichzeitig aber - für den Fall, dass keine Lampe aufleuchtete - dennoch sauber stabilisieren zu können, ohne bei der Landung nach vorne umzufallen. Auch die Höhe des Balles (eine Handbreit über dem ausgestreckten Arm) hatte zum Ziel, eine gewisse Dynamik beim Sprung einzufordern und gleichzeitig zu gewährleisten, dass die komplexe Bewegungsanforderung „Kraftmessplatte treffen und in die entsprechende Richtung weiterlaufen“ realisiert werden konnte. Die Lichtsignale wurden auf Augenhöhe der Probandinnen angebracht, anstatt auf dem Boden, um die reale Spielsituation „Fokus auf den Gegner“ abbilden zu können. Die Weiterlaufrichtung wurde in Anlehnung an zahlreiche andere Studien zu diesem Thema gewählt (Pollard et al., 2004; Wilderman et al., 2009), um eine Vergleichbarkeit der Ergebnisse zu gewährleisten. Das zweiphasige akustische Signal erlaubte zum einen, möglichst wenig während der Datenaufzeichnung zu sprechen, zum anderen sollte es dadurch, dass es synchron mit der Datenaufzeichnung startete, ermöglichen, die Latenzzeit vom akustischen Startsignal bis zur ersten Muskelaktivität zu berechnen. Aufgrund der sehr komplexen Bewegungsanforderung stellte sich aber heraus, dass eine Berechnung der Latenzzeit sehr kritisch zu betrachten wäre und aus diesem Grund in dieser Studie nicht realisiert wurde.

5.3 Studiendesign und Durchführung

Die vorliegende Arbeit umfasst eine prospektiv experimentelle Pilotstudie mit Prä-Post-Design (3. Bundesliga Handballerinnen, n = 13) und eine Test-Retestreliabiltätsanalyse (Sportstudentinnen, n = 6). Zur Beantwortung der Fragestellungen wurde ein interdisziplinäres Untersuchungssetting kreiert, indem eine Kooperation zwischen dem Institut für Sport und Sportwissenschaft der Universität Heidelberg, der Atos Klinik Heidelberg und dem Orthopädischen Universitätsklinikum Heidelberg geschlossen wurde.

Die Interventionsstudie mit den Leistungshandballerinnen erstreckte sich insgesamt über einen Zeitraum von zehn Wochen. Die Trainingsintervention mit den Schwerpunkten Kraft versus Koordination betrug sechs Wochen. Beide Programme wurden von der Autorin selbst durchgeführt. In den ersten beiden Wochen des Untersuchungszeitraums fand die Baseline-Datenerhebung (Prä-Test) statt. Diese umfasste eine klinische Untersuchung der Kniegelenke, einen Gleichgewichts- und einen Krafttest, die Sprungdiagnostik mittels Bewegungsanalyse und Elektromyographie sowie Fragebögen zur subjektiven Kniefunktionsfähigkeit und Bewegungsangst. Darauf folgte ein Interventionszeitraum von sechs Wochen mit 16 Trainingseinheiten[13] à 50 Minuten pro Gruppe. In den zwei anschließenden Wochen nach der letzten Trainingseinheit erfolgten die Post-Messungen. Die einmalige klinische Untersuchung fand für alle Probandinnen am ersten Tag der Prä-Testphase statt. Die isokinetischen Kraftmessungen wurden aus logistischen Gründen jeweils am ersten Tag der zweiwöchigen Prä- und Post-Test Datenerhebungsphase durchgeführt, so dass sich für alle Probandinnen ein Abstand von acht Wochen zwischen der ersten und der zweiten Kraftmessung ergab. Bei der restlichen Datenerhebung wurde bestmöglich darauf geachtet, dass für die Athletinnen ein annähernd gleicher Abstand zwischen Prä- und

[13] In der ersten und vierten Woche fanden aufgrund anderweitiger Verpflichtungen der Mannschaft nur 2 Trainingseinheiten statt.

Post-Test (7,3 ± 0,8 Wochen) bestand. Die Abbildung 3 verdeutlicht das Studiendesign der Interventionsstudie.

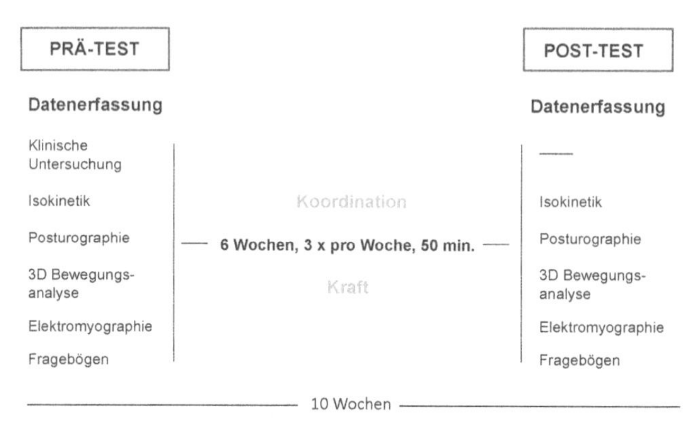

Abbildung 3: Studiendesign der Interventionsstudie

Die Interventionsstudie enthält keine klassische Kontrollgruppe, da dies mit der Größenordnung einer Handballmannschaft nicht realisierbar ist. Zudem ist es im Leistungssport ethisch schwierig zu vertreten, einen Teil der Mannschaft kein spezifisches Training in der Vorbereitungszeit durchführen zu lassen. Stattdessen absolvierten sechs Sportstudentinnen, die sich auf einem sehr hohen Aktivitätslevel befanden, innerhalb von zwei Wochen wiederholt die spezifischen Sprungtests zur Erfassung der Kinematik und Kinetik in sportspezifischen Belastungssituationen (Haupthypothesen). Die Daten der Sportstudentinnen dienen dem Überprüfen der dynamisch funktionellen Assessments auf ihre Test-Retestreliabilität bezüglich der für diese Studie erhobenen Gelenkwinkel und -momente. Anhand der Test-Retest-Differenzen kann zudem bestimmt werden, inwieweit eine veränderte Bewegungspräsentation beim Post-Test tatsächlich auf die jeweilige Intervention zurückzuführen ist oder ob sich diese nur im Bereich der normalen Variabilität der Bewegung befindet. Die Sportstudentinnen erhielten vor den Messungen ebenfalls eine klinische Untersuchung, durchliefen den Kraft- und den Gleichgewichtstest und machten Angaben zur subjektiven Kniegelenkfunktion und Bewegungsangst. Diese Gruppe wird im Weiteren der Arbeit als Reliabilitätsgruppe bezeichnet. Die Datenerhebung der Reliabilitätsgruppe wurde jeweils in Abstimmung mit den individuellen Zeitplänen der Probandinnen, dem verantwortlichen Arzt und dem Belegungsplan des Bewegungsanalyselabors terminiert.

Die Ein- und Ausschlusskriterien für beide Studien finden sich in Kapitel II.6.1.

5.4 Abbruchkriterien, Ethische und Rechtliche Aspekte

Individuelle Abbruchkriterien für die Studienteilnahme waren fehlende Compliance der Probandinnen sowie unregelmäßiger Trainingsbesuch. Es bestand Teilnahmepflicht an mindestens ¾ des Interventionsprogrammes (12 von 16 Trainingseinheiten) sowie den Vor- und Nachtests. Das Einhalten dieses Mindesttrainingsumfangs konnte bei unvorhergesehenen Terminschwierigkeiten auch durch maximal zwei Eigendurchführungen des Programmes (nach Anleitung der verantwortlichen Trainerin) erreicht werden. Ein weiteres individuelles Abbruchkriterium stellte der Widerruf der Zustimmung der Probanden zur Studienteilnahme dar. Es gab keine *allgemeinen Abbruchkriterien.*

Die Untersuchung wurde in Übereinstimmung mit der Deklaration von Helsinki in ihrer aktuellen Fassung durchgeführt. Die Teilnahme der Probandinnen an der Studie war freiwillig (Anhang 1). Die Probandinnen wurden vor Studienbeginn schriftlich und mündlich über Wesen und Tragweite der geplanten Untersuchung, insbesondere über den möglichen Nutzen für ihre Gesundheit und eventuelle Risiken, aufgeklärt (Anhang 2). Ihre Zustimmung konnte jederzeit, ohne Angaben von Gründen und ohne Nachteile, zurückgezogen werden. Die Studie wurde von der Ethikkommission der Medizinischen Fakultät Heidelberg unter der Nummer: 2-254/2012 genehmigt.

6 Material und Methodik

Im folgenden Kapitel (Kap. II.6.1) wird zunächst das Probandenkollektiv beschrieben. Kapitel II.6.2 gibt einen Einblick in die Inhalte der klinischen Untersuchung der Kniegelenke der Probandinnen, die Voraussetzung für die Studienteilnahme war. Es folgt die Beschreibung der Trainingsinhalte der beiden spezifischen Interventionsprogramme (Kap. II.6.3) und die Darstellung der eingesetzten Assessmentverfahren. In den anschließenden Abschnitten wird die Messtechnik und Datenerfassung (Kap. II.6.5) sowie die Auswertungsstrategie und die Art und Weise der Datenverarbeitung (Kap. II.6.6) beschrieben. Das vorletzte Kapitel widmet sich der kritischen Betrachtung der Fehlermaße (Kap. II.6.7). Abschließend wird die Statistische Datenanalyse (Kap. II.6.8) erläutert.

6.1 Probandenstichprobe

Die Gesamtstichprobe setzte sich aus 19 Probandinnen im Alter von 18-40 Jahren zusammen. Davon bildeten 13 weibliche 3. Bundesliga Handballerinnen die Interventionsgruppe (IG). Die Spielerinnen der IG wurden vor der Eingangsanalyse mittels paarweiser Parallelisierung - gematcht bzgl. Alter, Größe, Gewicht, Klinik der Kniegelenke und subjektiver Kniegelenksfunktionsfähigkeit - zwei unterschiedlichen Trainingsgruppen zugelost (Kraftgruppe = KR_G vs. Koordinationsgruppe = KO_G). Um sicher gehen zu können, dass ein verändertes Bewegungsmuster beim Post-Test tatsächlich auf die Intervention zurückzuführen ist, wurde anhand von sechs gesunden Sportstudentinnen - gematcht bzgl. Alter, Größe, subjektiver Kniefunktionsfähigkeit und Aktivitätslevel - die Test-Retestreliabilität der im Fokus stehenden biomechanischen Parameter überprüft und die Tag-zu-Tag Variabilität derselben berechnet (vgl. Kap. II.7.2). Dafür wurden die Sportstudentinnen (Reliabilitätsgruppe = R_G) innerhalb von zwei Wochen (7,3 ± 3,6 Tage) ohne Intervention wiederholt getestet. Die Probandinnen der R_G mussten ein Mindestaktivitätslevel der Stufe 6 des Tegner Aktivitätsscores aufweisen, um zu gewährleisten, dass sie über gute koordinative und konditionelle Fähigkeiten verfügten und mit Bewegungen bzw. Belastungen im Dehnungs-Verkürzungs-Zyklus vertraut waren. Es galten nachfolgende Ein- und Ausschlusskriterien.

Ein- und Ausschlusskriterien

Voraussetzung zur Teilnahme an der Studie war für alle Probandinnen eine klinische Untersuchung beider Kniegelenke, bei der u.a. Parameter wie Gelenkerguss, aktive

S. Erdrich, *Verletzungsprophylaxe im Leistungssport*,
https://doi.org/10.1007/978-3-658-29371-0_7

und passive Beweglichkeit, Bandstabilität und Knorpelgesundheit im Seitenvergleich erhoben wurden (IKDC 2000, vgl. Kap. II.6.2). Die Ergebnisse dieser Untersuchung ermöglichten eine Einteilung der Kniegelenke im Seitenvergleich in die vier Untergruppen: normal, fast normal, abnormal und deutlich abnormal. Zu den *Ausschlusskriterien* zählten operative Eingriffe an der unteren Extremität innerhalb der letzten 5 Monate, Sehnen, Band- oder Knorpelverletzungen der unteren Extremität innerhalb der letzten 3 Monate, Muskelverletzungen an der unteren Extremität innerhalb der letzten 6 Wochen, kardiovaskuläre Erkrankungen sowie unregelmäßiger Trainingsbesuch (vgl. Kap. II.5.4).

Das Consort Flow Diagramm (Schulz et al., 2010) verdeutlicht die Gewinnung, Zusammensetzung und Veränderung der Stichprobe im Studienverlauf (Abbildung 4).

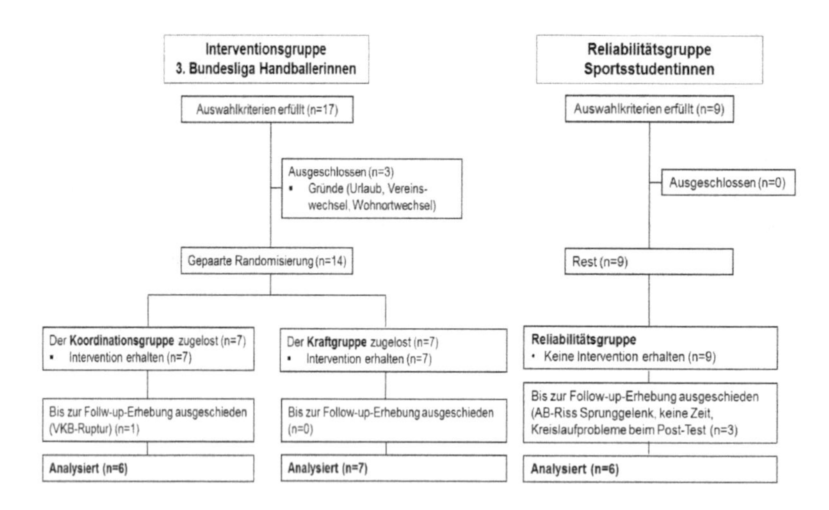

Abbildung 4: Consort Flow Diagram nach Schulz et al. (2010) zur Verdeutlichung der Gewinnung, Zusammensetzung und Veränderung der Stichprobe im Studienverlauf. VKB-Ruptur = Vordere Kreuzbandruptur, AB-Riss = Außenbandriss

Die Größe der Fallzahl begründet sich auf der Tatsache, dass die Studie im Bereich des Leistungssports durchgeführt wurde. Die Überprüfung der Wirksamkeit der Trainingsinhalte sollte innerhalb einer Mannschaft stattfinden, um zu gewährleisten, dass alle Sportlerinnen dasselbe Grundlagentraining absolvierten. Thematisch ähnliche Studien weisen Fallzahlen in vergleichbarer Größenordnung auf (Greska et al., 2012;

Pfile et al., 2013; Zebis et al., 2008). Bei der Ergebnisdarstellung wird die kleine Fallzahl berücksichtigt und sowohl für die Gruppeneffekte als auch die Prä-post-Veränderungen innerhalb der Gruppen jeweils die Effektstärken mitberechnet. Effektstärken sind im Gegensatz zu Teststatistiken, weitestgehend unabhängig von der Stichprobengröße. Sie gelten als Maß, um die praktische bzw. klinische Relevanz von statistisch signifikanten Ergebnissen qualitativ beurteilen zu können (Fröhlich & Pieter, 2009; Leonhart, 2004) (vgl. Kap. II.6.8).

6.2 Klinische Untersuchung

Die erhobenen klinischen Daten und die durchgeführten Tests basierten auf dem „2000-Formblatt zur Untersuchung des Knies“ des International Knee Document Committee (IKDC) 2000[14] (vgl. Anhang 3). Diese spezifische klinische Untersuchung findet im Seitenvergleich statt und ermöglicht eine Einteilung der Kniegelenke in die vier Untergruppen (IKDC-Grade): normal (kein Unterschied, Grad A), fast normal (leichter Unterschied, Grad B), abnormal (mäßiger Unterschied, Grad C) und deutlich abnormal (deutlicher Unterschied, Grad D). Das Ergebnis diente als ein Merkmal für die gematchte Randomisierung, um sicher zu gehen, dass Unterschiede in der Bewegungsqualität nicht auf die Klinik, sondern tatsächlich auf die Bewegungskontrolle zurückzuführen sind.

Bei der Befunderhebung werden zunächst Informationen zu Allgemeiner Laxizität (vermindert, normal, erhöht), Beinachsenstellung (Varus, normal, Valgus), Patellastellung (baja, normal, alta,) und Subluxation/Dislokation der Patella (zentriert, subluxierbar, subluxiert, disloziert) sowie das passive und aktive Bewegungsausmaß erhoben. Diese Daten dienen als Basisinformationen, sie gehen nicht in die Bewertung für die IKDC-Grad-Einstufung ein. Die eigentliche Untersuchung umfasst sieben Befundgruppen 1. Erguß, 2. Passives Streckdefizit, 3. Ligamentuntersuchung (u.a. Lachman Test, totale anterior-posteriore Translation, Pivot Shift etc.), 4. Kompartmentbefunde (Krepitation anterior sowie mediales und laterales Kompartment), 5. Transplantatentnahme-Morbidität, 6. Röntgenbefund, 7. Funktionstest (Hüpfen auf einem Bein, Ergebnisdokumentation in % der gegenüberliegenden Seite). Die Diagnostik im Seitenvergleich (Δ Rechts-Links) führt zu der entsprechenden

[14] **IKDC COMMITTEE**: AOSSM: Anderson, A., Bergfeld, J., Boland, A., Dye, S., Feagin, J., Harner, C., Mohtadi, N., Richmond, J., Shelbourne, D., Terry, G. ESSKA: Staubli, H., Hefti, F., Hoher, J. Jacob, R., Mueller, W., Neyret, P. APOSSM: Chan, K., Kurosaka, M.

IKDC-Grad-Einschätzung. Der am meisten von der Norm abweichende Befund in einer Gruppe bestimmt die Gruppenbewertung. In die Abschlussbeurteilung gehen nur die ersten drei Befundgruppen ein. Bei der Datenerhebung für diese Studie wurde auf die Kategorie 5 und 6 verzichtet, was sich demnach nicht in der Abschlussbewertung niederschlägt. Die Abschlussbewertung richtet sich nach der Befundgruppe, die am schlechtesten bzw. abnormalsten bewertet wird.

Zusätzlich wurde in dieser Studie eine klinische Untersuchung der Menisken durchgeführt. Die Untersuchung beinhaltete einen Druckschmerztest des medialen und lateralen Gelenkspalts sowie den Apley-Grinding und den McMurray Test (Berrsche & Schmitt, 2014).

6.3 Trainingsprogramme

Die Handballerinnen wurden mittels paarweiser Randomisierung einer der beiden Trainingsgruppen Kraft vs. Koordination zugelost. Beide Gruppen absolvierten 3x/Woche ein zeitidentisches Trainingsprogramm von 50 Minuten. Für eine saubere Vergleichbarkeit wurde darauf geachtet, dass der Fokus auf den gleichen Muskelgruppen lag. Die Spielerinnen durften nebenher kein weiteres Training - auch keinen zusätzlichen Freizeit-Ausgleichssport - durchführen, um auftretende Effekte ausschließlich auf das Interventionsprogramm zurückführen zu können. Viele vergleichende Interventionsstudien führen beim fehlenden Nachweis von Unterschieden beim Post-Test als möglichen Grund die Ähnlichkeit der Übungen in beiden Gruppen an. So können Squats z.B. mit dem Trainingsziel der neuromuskulären Kontrolle (Stabilität der Beinachse) oder als Kraftübung (Dosierung über Zusatzgewicht, Wiederholungsanzahl) durchgeführt werden. Um Überschneidungen in den Trainingsübungen zu vermeiden, wurde mit der KR_G ein rein gerätegestütztes Krafttraining in einem Studio durchgeführt, das für die untere Extremität lediglich für die beiden Trainingsübungen „Wadendips“ und „Beinpresse“ das Training in der geschlossenen kinetischen Kette vorsah. Die Koordinationsgruppe absolvierte ein progressives funktionelles Beinachsentraining zur Verbesserung der neuromuskulären Kontrolle, das mit zahlreichen Trainingsmaterialien wie Kippelbrettern, Steps, Hanteln, Therabändern, Weichbodenmatte etc. in der Halle der Mannschaft durchgeführt wurde. Die Programme wiesen folgende Struktur auf.

Krafttraining

Im Handballsport müssen die Spielerinnen über einen langen Zeitraum kräftemäßig fit sein. Vor dem Hintergrund der Periodisierung des begleitenden Krafttrainings

(Einteilung des Trainings in einzelne Trainingsblöcke) (Fleck & Kraemer, 2014) ist es sinnvoll, das Krafttraining in der Aufbauphase mit einem *Hypertrophietraining* zu beginnen. Ziel dieses ersten Blocks ist es, die Maximalkraft über die Dimension „Muskelquantität“ (Hottenrott & Hoos, 2013) zu steigern. Als Methode der Wahl für optimale Hypertrophie-Effekte wird in der Literatur die Methode „wiederholter submaximaler Krafteinsätze bis zur Ermüdung“ (Hottenrott & Hoos, 2013, S. 473), auch als „repeated effort method“ (Zatsiorsky & Kraemer, 2006, S. 81) bezeichnet, empfohlen. Diese wurde für das Krafttraining der unteren Extremität der Handballerinnen verwendet, das 2 x/Woche stattfand.

Die „repeated effort method“ ist gekennzeichnet durch das Überwinden eines submaximalen Widerstands bis zur vollständigen muskulären Ausbelastung. Den wesentlichen Trainingsreiz für die Stimulation der Hypertrophie stellt dabei die *Trainingsintensität* dar (Fry, 2004; Schoenfeld, 2010). Diese wird üblicherweise über die Prozentangabe zur Maximalkraft, d. h. prozentual zu dem Gewicht, das maximal 1 x Mal bewegt werden kann (% 1 „repetition maximum“ [%1RM]), oder über die maximale Anzahl an Wiederholungen, die mit einem gegebenen Gewicht ausgeführt werden können, („RM load“) (Fry, 2004; Schoenfeld, 2010) definiert. Für einen optimalen Hypertrophie-Effekt wird eine Intensität von 65-85% des 1 RM (Hottenrott & Hoos, 2013) und/oder eine moderate Wiederholungsanzahl von 6-12 Wiederholungen empfohlen (Kraemer et al., 2002; Schoenfeld, 2010). Da in diversen Studien zwischen der Größe des zu überwindenden Gewichts - ausgedrückt in % 1 RM - und der Anzahl an Wiederholungen bis zur vollständigen muskulären Ausbelastung kein fester Zusammenhang nachgewiesen werden konnte (Fröhlich, 2002; Hoeger et al., 1990; Zatsiorsky & Kraemer, 2006), wurde die Trainingsintensität in dieser Studie über die Kenngröße „RM load“ definiert.

Wird die Trainingsintensität über eine festgelegte Wiederholungszahl gesteuert, schlagen Kraemer et al. (2002) eine Steigerung von 2-10% des Gewichts als *Progression* vor, sobald der Trainierende an zwei aufeinanderfolgenden Trainingseinheiten 1-2 Wiederholungen mehr als die geforderte Wiederholungsanzahl absolvieren kann. Hinsichtlich des *Volumens* konnte mittlerweile mehrfach nachgewiesen werden, dass Trainingsprotokolle mit mehreren Trainingssätzen einem Einsatztraining im Hinblick auf Kraft- und Hypertrophie-Effekte überlegen sind (Krieger, 2009; Schlumberger et al., 2001). Als *Trainingsfrequenz* werden mindestens 2-3 Trainingseinheiten pro Woche für Fortgeschrittene empfohlen (Kraemer et al., 2002). Nicht zuletzt haben die gewählten *Pausenintervalle* und die *Bewegungsgeschwindigkeit,* mit der die Wiederholungen ausgeführt werden, einen Einfluss auf die spezifische Trainingsadaptation.

Als optimal im Hinblick auf die ablaufenden Stoffwechselprozesse, die eine anabole Reaktion fördern, werden moderate Pausenzeiten zwischen 60-90 Sekunden angesehen (Schoenfeld, 2010). Im Vergleich zu konzentrischen und isometrischen Kontraktionen scheinen exzentrische Kontraktionen einen größeren Effekt auf das Muskelwachstum zu haben (Farthing & Chilibeck, 2003; Higbie et al., 1996). Dies wird laut Schoenfeld (2010) hauptsächlich auf die größere muskuläre Spannung unter exzentrischer Belastung zurückgeführt. Er empfiehlt konzentrische Wiederholungen mit einer moderaten Geschwindigkeit von 1-3 Sekunden und exzentrische Wiederholungen etwas langsamer mit Geschwindigkeiten zwischen 2-4 Sekunden auszuführen.

Das Hypertrophietraining für die untere Extremität der KR_G wurde in Anlehnung an die aktuelle Forschungslage konzipiert (Tabelle 2). Vor Beginn des Trainings wärmten sich die Spielerinnen 5 Minuten bei 70-80 RPM („rounds per minute"; Umdrehungen pro Minute) auf dem Fahrradergometer auf. Am Ende des Trainings folgte eine kurze Dehneinheit der Fuß-, Knie- und Hüftgelenks umspannenden Muskulatur.

Tabelle 2: Inhalte und Methoden des Krafttrainings der unteren Extremität

Hypertrophietraining Bein-/Hüftmuskulatur		
Muskulatur (Geräte)	**Methode***	
Knieextensoren (Kniestrecker)	Intensität:	1.-3. Woche: 10 RM
Knieflexoren (Kniebeuger)		4.-6. Woche: 7 RPM
gesamte Beinkette (Beinpresse)	Progression:	5% Steigerung/Woche
Beinabduktoren (Abd-/Addukionstrainer)	Volumen:	3 Serien
Beinadduktoren (Abd-/Adduktionstrainer)	Pausenintervall:	60 Sekunden
Hüftextensoren (Gesäßtrainer)	Wdhl. Geschwindigkeit:	Exzentrisch - konzentrisch ca. 1,5"-2,5"
Wadenmuskulatur (Wadentrainer)	Trainingsfrequenz:	2 x/Woche

* vgl. Zatsiorsky & Kraemer (2006) ("repeated effort method"); Kraemer et al. (2002) ("progression models in resistance training"); Schoenfeld (2010) ("mechanics of muscle hypertrophy"). RM = "repetition maximum"

Für die dritte Trainingseinheit in der Woche wurde der Schwerpunkt auf die Rumpfkraft gelegt. Die aktuelle Studienlage zu VKB Verletzungen zeigt, dass der Rumpfstabilität, insbesondere bei Frauen, eine entscheidende Rolle im Hinblick auf die Prävention der Verletzung zukommt (Zazulak et al., 2007a, 2007b). Genau aus diesem Grund und da eine gute Rumpfkontrolle untrennbar mit einer funktionell achsengerechten Gelenkbelastung der unteren Extremität verbunden ist - also im Koordinationstraining mitberücksichtigt wird - ist die Einbeziehung dieser Muskulatur in das Krafttraining für eine saubere Vergleichbarkeit der beiden Programme wichtig.

Die Intensität für die Rumpfeinheit wurde insgesamt etwas moderater angesetzt. Das Hypertrophietraining erfolgte anhand der „submaximal effort method" (Zatsiorsky &

Kraemer, 2006, S. 81), bei der ein submaximales Gewicht über eine mittlere Wiederholungsanzahl bewegt wird, allerdings nicht bis zur muskulären Ausbelastung. Die Spielerinnen sollten mit 10 Wiederholungen in einem anstrengenden bis sehr anstrengenden Bereich trainieren und dementsprechend nach Gefühl das Gewicht selber steigern. Die trainierten Muskelgruppen sowie die Trainingsgeräte und die Methode für das Rumpfprogramm sind in Tabelle 3 dargestellt. Vor dem Gerätetraining wärmten sich die Spielerinnen 5 Minuten mit einer Frequenz von ca. 140 Schritten/Min. (mit Armeinsatz) auf dem Crosstrainer auf. Am Ende des Trainings folgte eine kurze Dehneinheit der Muskulatur, die die Wirbelsäule umspannt.

Tabelle 3: Inhalte und Methoden des Krafttrainings für den Rumpf

Hypertrophietraining Rumpfmuskulatur		
Muskulatur (Geräte)	**Methode***	
Rumpfextensoren (Davidtrainer)	Intensität:	10 Wdhl. ohne Ausbelastung
Rumpfflexoren (Bauchtrainer)	Progression:	Steigerung nach Gefühl
Lateralflexoren (Davidtrainer)	Volumen:	3 Serien
Rumpfrotatoren (Rotationstrainer)	Pausenintervall:	60-90 Sekunden
Brustmuskulatur (Multifunktionpresse/Brust)	Wdhl. Geschwindigkeit:	Exzentrisch langsamer als konzentrisch
Interscapulär (Butterfly reverse)	Trainingsfrequenz:	1 x/Woche

* in Anlehnung an Zatsiorsky & Kraemer (2006) ("submaximal effort method")

Koordinationstraining

Vor dem Hintergrund, dass vor allem sehr schnelle, kurz dauernde Bewegungen mit einem erhöhten Verletzungsrisiko einhergehen (Haas, 2006), scheint der Beinachse besonders in hochdynamischen Belastungssituationen eine entscheidende Bedeutung zuzukommen. Das koordinative Training ist in diesem Sinne als (Um)Lernprozess zu verstehen. Genau hier liegt die Stärke des anschließend erläuterten Trainingskonzeptes.

Die KO_G absolvierte ein *progressives funktionelles Beinachsentraining* zur Verbesserung der neuromuskulären Kontrolle mit dem Ziel, die funktionelle sportspezifische Gelenkstabilität, insbesondere in risikoreichen, unvorhersehbaren Situationen wie abruptes Abstoppen, plötzlicher Richtungswechsel etc. abrufen zu können. Das durchgeführte Training basiert auf einem Konzept, das aus der praktischen Arbeit der Autorin heraus über die Jahre entstanden ist. Ihm liegt die Annahme zugrunde, dass bestehende, eingeschliffene Bewegungsmuster (unsaubere Beinachse) nur „stabil korrigierbar" sind, wenn der Übende das von ihm Geforderte versteht, am eigenen Körper erspürt und dem Bewegungssystem durch wiederholtes und variantenreiches

Üben genügend Raum und Zeit für den Automatisierungsprozess zur Verfügung gestellt wird. Das Trainingskonzept verbindet den Prozess des *motorischen Lernens* in ausgeruhtem Zustand mit dem *Abrufen des Erlernten in sportspezifischen Bewegungsmustern* unter zahlreichen Druckbedingungen (Variabilitäts-, Zeit-, Komplexitätsdruck, etc. (Roth, 1999), vgl. Tabelle 4) bis hin zum *Umsetzen der neu erworbenen Gelenkstabilität in sportspezifischen Risikosituationen* im ermüdeten Zustand.

Zu Beginn des Trainings steht das „Erfahrbar machen" der Beinachse und der Grundstabilität (Ganzkörperstabilität) im Vordergrund. Das Erspüren der verschiedenen Muskelgruppen, die für die aktive Sicherung der Beinachse sowie die Rumpfstabilität verantwortlich sind, stellt einen zentralen Baustein dar. Für einen sauberen Transfer des Erlernten in sportspezifische gefährliche Situationen, ist es unabdingbar, dass sich der Übende bewusst ist, welche Muskelgruppen zur dynamischen Sicherung der Beinachse beitragen. Dies erlaubt ihm auch während des Übungsprozesses immer wieder selbst korrigierend einzugreifen und seine Bewegungspräsentation zu optimieren. Vor dem Hintergrund der Trainingsspezifik und dem Wissen, dass sich die meisten Kreuzbandverletzungen beim Abstoppen, Landen und plötzlichen Richtungswechseln ereignen erfolgt der Transfer zur dynamischen Stabilisation so zügig wie möglich, ohne die Bewegungsqualität aus den Augen zu verlieren. Die *Progression* ergibt sich dabei aus dem stetig ansteigendem Schwierigkeitsgrad der verlangten Bewegungsfertigkeiten/Übungen in Kombination mit den von Roth (1999) vorgeschlagenen Druckbedingungen zur Schulung der koordinativen Kompetenzen (Präzisions-, Variabilitäts-, Organisations-, Komplexitäts-, Zeit- und Belastungsdruck) (vgl. Tabelle 4). So entsteht aus der Grundübung „reaktive Beinarbeit" unter Zuhilfenahme des Variablitäts-, Zeit- und Organisationsdrucks z.B. die Übung: maximal schnelle, reaktive Beinarbeit mit einem Höhenunterschied des rechten und des linken Beines (re. auf Step) plus externem Widerstand (Therabandzug oberhalb vom Knie in Richtung x-Bein), während gleichzeitig ein Ball gepasst wird. Aus der Bewegungssequenz Ballannahme, Körpertäuschung, Sprungwurf (= Komplexitätsdruck) kann mithilfe des Variabilitätsdrucks beispielsweise folgende Übung kreiert werden: Ballannahme, Körpertäuschung auf eine instabile Unterlage, Sprungwurf mit ¼ Drehung (Rotationsstabilität) bei gleichzeitigem „Schubser".

Während der 6-wöchigen Trainingsphase werden einerseits die Grundübungen wie der Einbeinstand, Kniebeugen, langsam dosiertes Abstoppen etc. mit zahlreichen Variationen immer wieder aufgegriffen, um das Erlernte zu Verfestigen. Andererseits werden im Sinne eines „overload Trainings" bewusst VKB-belastende Situationen geschaffen (z.B. seitliches Abstoppen als Niedersprung mit Ballaktion), um entsprechend adäquate neuromuskuläre Adaptationen zu forcieren.

Das Konzept basiert nicht auf einzelnen Übungen, es profitiert vielmehr von einer großen Variabilität von Übungen, die hinsichtlich des motorischen Lernprozesses methodisch aufeinander aufbauen. Die Tabelle 4 gibt einen Überblick über die Inhalte und Methoden des koordinativen Trainings. Die Themen - jeweils zwei Trainingseinheiten standen schwerpunktmäßig unter demselben Thema - bildeten das Kernstück der Trainingseinheit, sie stellten nicht die ausschließlichen Inhalte dar. Das Training begann immer mit einer 10-minütigen Erwärmung, die auf das Stundenthema ausgerichtet war. Am Ende erfolgte in der Regel eine kurze, sehr intensive Belastungsphase (z.B. Weichbodenmatte, Rebounds) die mit einer Grundübung, z.B. „Ball passen im Einbeinstand“, einer kleinen Dehneinheit, oder einer mentalen Nachbereitung abgeschlossen wurde.

Die Abbildungen 5, 6 und 7 zeigen verschiedene koordinative Übungen unterschiedlicher Schwierigkeitsgrade, die vom Lernprozess her dem Beginn, der Mitte und dem Ende der Trainingsphase zuzuordnen sind. Das Konzept wird seit 2014 in der weiblichen Handball-Nachwuchsförderung erprobt und weiterentwickelt. Eine Veröffentlichung des Konzeptes als Praxis-Handbuch (für Trainer, Sportwissenschaftler, Ärzte und Physiotherapeuten) nach Einarbeitung der durch diese Arbeit erworbenen Erkenntnisse ist geplant.

Abbildung 5: Koordinationstraining zu Beginn. „Erfahrbar machen“ der Beinachse, Rumpfstabilität. Statische Stabilisation und dynamische Stabilisation am Ort

Tabelle 4: Inhalte und Methoden des Koordinationstrainings

<table>
<tr><th colspan="5">Verletzungsprophylaktisches Koordinationstraining</th></tr>
<tr><th>TE</th><th>Thema</th><th>Inhalte</th><th></th><th>Methodik</th></tr>
<tr><td>1
2</td><td>„Erfahrbar machen“ der Beinachse, Muskuläre Grundspannung erspüren</td><td>Beinachse erarbeiten, Muskelgrundspannung zur Sicherung der Sprung-, (M. tibialis posterior!) Knie- und Hüftgelenkstabilität (M. glutaeus medius!) erspüren/ verdeutlichen, Lernen am Kontrast, Ganzkörperstabilisation</td><td rowspan="9">Progression ↓</td><td rowspan="9">Präzisionsdruck = übergeordnete Druckbedingung[a]
Das Einhalten einer „sauberen Beinachse“ wird bei allen Übungen verlangt!

Zusätzliche koordinative Druckbedingungen / Progression
Variabilitätsdruck
- Variation der Informationsgebung (akustisch, optisch, taktil)
- Variation der Bewegungsausführung (Augen auf/zu, ohne/mit Arme, langsam/schnell …)
- Veränderung der äußeren Bedingungen (wackliger Untergrund, schräge Ebene, externe Widerstände …)
-> System „stören!!“ => provoziert neuromuskuläre Reaktionsbereitschaft!
Organisationsdruck
- Simultanes Kombinieren von Bewegungsfertigkeiten:
Komplexitätsdruck
- Sukzessives Kombinieren von Bewegungsfertigkeiten
Zeitdruck
- Zeitminimierung, bzw. Geschwindigkeitsmaximierung

Sonderrolle:
Motivation (bester Lernverstärker[c])
Ermüdung (zu Beginn dosiert einsetzen, am Ende unabdingbar!)[d]</td></tr>
<tr><td>3</td><td>Koordinationszirkel[b]</td><td>Thematisch passend zu TE 1 + 2</td></tr>
<tr><td>4
5</td><td>Siehe TE 1, 2, mit gesteigerter Dynamik</td><td>Wiederholung stat. Beinachse, Ganzkörperstabilisation, Beginn mit einb. Kniebeugen. Erarbeiten der Stabilität aus der Vorwärts- und Seitwärtsbewegung, Beginn mit Sprüngen: beidb. (mit Schubsen) und einb. alternierend</td></tr>
<tr><td>6</td><td>Koordinationszirkel</td><td>Thematisch passend zu TE 4 + 5</td></tr>
<tr><td>7
8</td><td>Erarbeiten des Dehnungs-Verkürzungs-Zyklus</td><td>DVZ beidb. und einb. erarbeiten durch sukzessive Verkürzung der Standphase. Einführung einb. Sprünge mit Absprung/Landung auf demselben Bein. Einb. lateralen DVZ erarbeiten, Dynamik/Anforderungen der einb. Sprünge steigern (plus Drehung, plus Schubsen)</td></tr>
<tr><td>9
10</td><td>Anpassen an verschiedene Untergründe</td><td>Verschiedene Untergründe im direkten Wechsel erfahren. Aufgreifen der stat. Stabilisation (Haltephasen), über die langsam dynam. (aus der Fortbewegung sowie Kniebeugen), bis zur schnellen dynam. Stabilisation mit Skippings, Seit- und Kreuzsprüngen</td></tr>
<tr><td>11</td><td>Koordinationszirkel</td><td>Thematisch passend zu TE 9 + 10</td></tr>
<tr><td>12
13</td><td>Reagieren auf den Partner/ Gegner und Orientierung im Raum</td><td>Auf das Kommando der Trainerin/des Partners reagieren in Form von Richtungswechseln, bzw. handballtypischen Abstoppbewegungen plus Ball sowie Täuschmanöver (Gegner zumachen, oder an ihm vorbeiziehen), Einführung: beidb. abspringen, einb. Landen</td></tr>
<tr><td>14</td><td>Koordinationszirkel</td><td>Thematisch passend zu TE 12 + 13</td></tr>
<tr><td>15
16</td><td>Komplexe Sprungstabilisierung in sportspezifischen Risikosituationen</td><td>Volleyball Block unter Einwirkung externer Kräfte, Tennis Abstoppbewegung/Kreuzschritt plus Ausholbewegung unter Ermüdung, Handball Sprungwurf mit kurzfristiger Richtungsvorgabe für die Landung (Überraschungsmoment). Side- und cross-cut Bewegungen mit Ballaktion. Ermüdung provozieren!</td><td></td><td></td></tr>
<tr><td colspan="5">Die Progression ergibt sich aus dem ansteigenden Schwierigkeitsgrad der geforderten Fertigkeiten in Kombination mit den unterschiedlichen Druckbedingungen!
In allen Übungsstunden wurden zahlreiche Materialien wie Kippelbretter, Therabänder, Tennisbälle, Hanteln, Rebounds, Steps und Weichbodenmatten verwendet</td></tr>
</table>

a = Die koordinativen Druckbedingungen finden sich bei Roth (1998). Die Sonderstellung des Präzisionsdrucks (übergeordnet) wurde hier aufgrund der Thematik vorgenommen. Diese Druckbedingung kann aber auch z.B. im Sinne von „präzise“ auf einer bestimmten Markierung landen, verwendet werden etc.; *b* = Dudel et al. (1996, nach Freiwald et al., 1997). *d* = auch als Belastungsdruck bei Roth (1989) zu finden.

Abbildung 6: Koordinationstraining mittlere Phase. Umsetzen des Erlernten in sportspezifische Bewegungsmuster (sportartübergreifend)

Abbildung 7: Koordinationstraining gegen Ende der Trainingsphase. Komplexe Sprungstabilisierung in handballspezifischen Risikosituationen

6.4 Assessmentverfahren

Das Kapitel beschreibt die eingesetzten Testverfahren. Als erstes werden die Assessmentverfahren dargestellt, die dazu dienten, die sogenannten Trainingsprogramm-Kontrollvariablen zu erheben (Kap. II.6.4.1). Es folgt die Darstellung der dynamisch funktionellen Tests zur Erfassung der Bewegungspräsentation (Gelenkwinkel und –momente) in sportlichen Belastungssituationen (Kap. II.6.4.2). In Kapitel II.6.4.3 werden die verwendeten Fragebögen erläutert, anhand derer die Informationen zu Aktivitätslevel, alten Verletzungen, subjektiver Kniefunktion etc. gewonnen wurden.

Der zeitliche Ablauf der Datenerhebung ist im Messprotokoll im Anhang einzusehen (Anhang 4).

Alle Tests wurden barfuß durchgeführt. Dies hatte für die statische Gleichgewichtsmessung und die dynamisch funktionellen Tests den Hintergrund, den Einfluss von unterschiedlichen Schuhmaterialien auf die erhobenen Parameter auszuschließen. Die Assessmentverfahren wurden standardisiert in der hier vorgestellten Reihenfolge absolviert. Bei allen Tests wurde das dominante Bein, definiert als das Sprungbein, zuerst getestet.

6.4.1 Trainingsprogramm-Kontrollvariablen

Die Hypothesen, dass in Abhängigkeit der Trainingsprogramme eine stärkere bzw. geringere Bewegungsmodifikation hinsichtlich ausgewählter kinematischer, kinetischer und elektromyographischer Parameter stattfindet, basieren auf der Annahme, dass die beiden Programme zu unterschiedlichen Trainingseffekten führen. Um zu überprüfen, ob dies tatsächlich der Fall war, wurden die motorischen Fähigkeiten Kraft und Koordination, die die Schwerpunkte der beiden Programme ausmachen, als Kontrollvariablen miterhoben. An dieser Stelle muss angemerkt werden, dass es keinen einzelnen Test gibt, um die motorische Grundfähigkeit „Koordination" zu messen. Deswegen wird in dieser Studie als abhängige Variable für die Koordination, die statische Gleichgewichtskontrolle erhoben, die eine Teilkomponente der Bewegungskoordination darstellt.

6.4.1.1 Isokinetische Maximalkraft

Zur Bestimmung der Maximalkraft der Probandinnen wurde ein isokinetischer Krafttest am Biodex System 3 durchgeführt (vgl. Kap. II.8.5.1). Das Testprotokoll umfasste die Messung der konzentrischen Maximalkraft (5 Wiederholungen, 60°/s) und der konzentrischen Kraftausdauer (15 Wiederholungen, 180°/s) der Oberschenkelstreck- und -beugemuskulatur. In die Auswertung dieser Studie geht nur die Maximalkraftmessung ein.

Standardisierte Testdurchführung
Die Kraftmessungen fanden in der offenen kinetischen Kette in sitzender Position statt (Abbildung 8). Die Probandin wurde so auf dem Isokineten positioniert, dass die Rotationsachse des Dynamometers während der Testbewegungen sauber mit der Kniegelenksdrehachse (lateraler Epicondylus des Femurs) übereinstimmte. Die Maximalkraftmessung beinhaltete fünf Kontraktionen bei denen das Knie aus 90° Beu-

gung maximal kräftig in die volle Streckung gebracht werden sollte (Quadricepsaktivität), um dann direkt wieder bis auf 90° gebeugt zu werden (Aktivität der ischiocruralen Muskulatur). Nach einer Minute Pause folgte die Kraftausdauermessung mit 15 maximal schnellen Kontraktionen in demselben Bewegungsausmaß. Die Bewegungsanweisung für die Maximalkraftmessung war „so stark wie möglich" und für die Kraftausdauermessung „so stark und so schnell wie möglich", gegen den entsprechenden Widerstand zu drücken.

Die Athletinnen wurden am Oberschenkel-, Becken und Oberkörper mit Gurten fixiert um Ausweichbewegungen zu vermeiden. Während der Messungen waren die Athletinnen angewiesen die Arme vor der Brust verschränkt zu halten, um einen Einsatz derselben und damit eine Kraftsteigerung auszuschließen (Stumbo et al., 2001). Um die Versuchspersonen mit der Bewegung vertraut zu machen, wurden für beide Winkelgeschwindigkeiten 3-5 submaximale Testbewegungen absolviert. Ein standardisiertes verbales Feedback diente dem Ziel, die maximale Ausbelastung der Probandinnen zu gewährleisten. Die individuellen Sitz- und Dynamometereinstellungen wurden für die Post-Testanalyse dokumentiert.

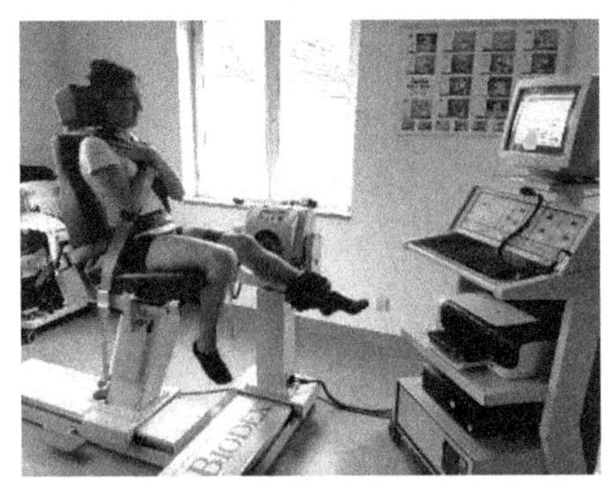

Abbildung 8: Isokinetische Maximalkraftmessung des Quadriceps und der ischiocruralen Muskulatur in der offenen kinetischen Kette am Biodex System 3

6.4.1.2 Posturale Kontrolle

Die Messung der statischen Gleichgewichtskontrolle erfolgte anhand des Einbeinstandtests auf einer Kraftmessplatte. Die Probandinnen mussten 3 x 20 Sekunden mit geschlossenen Augen stabil auf der Kraftmessplatte stehen, dabei wurde der Verlauf des Angriffspunkts der Bodenreaktionskräfte (Center of Pressure, CoP) in anterior-posteriore (a/p) und medio-laterale (m/l) Richtung aufgezeichnet (vgl. Kap. II.6.5.1). Der CoP ist ein häufig verwendeter Index für die Gleichgewichtskontrolle im Stehen (Ruhe et al., 2011).

Standardisierte Testdurchführung

Die Probandin stand zunächst hinter der Kraftmessplatte. Auf ein Kommando von Seiten der Testleitung war sie aufgefordert, die Ausgangsposition auf der Kraftmessplatte einzunehmen. Dabei galt folgende Standardisierung: Stehen im Einbeinstand, das Standbein ca. 30° flektiert, das Spielbein ca. 45° flektiert und die Arme vor der Brust verschränkt (Abbildung 9). Um sicher zu gehen, dass keine Störsignale im Sinne von Kraftstößen - die durch das Drauftreten auf die Kraftmessplatte entstehen - mit in die Auswertung eingingen, wurde die Messung erst dann begonnen, wenn die Probandin subjektiv sicher und ruhig stand. Um dies zu gewährleisten, sollte ein Punkt auf Augenhöhe an der Wand fixiert werden. Sobald die Versuchsperson eine stabile Position eingenommen hatte, war sie aufgefordert, die Augen zu schließen und das Kommando „jetzt" laut auszusprechen. Der Einbeinstand mit geschlossenen Augen wurde ab dem Zeitpunkt des selbstgewählten Kommandos für 20 Sekunden aufgezeichnet. Ein kurzzeitiges Absetzen des Spielbeines war zu Stabilisierungszwecken erlaubt, sollte aber, wenn möglich, verhindert werden. Pro Versuchsperson wurden 3 Durchgänge aufgezeichnet. Es waren 1-3 Übungsdurchgänge erlaubt, um sich mit dem Test vertraut zu machen.

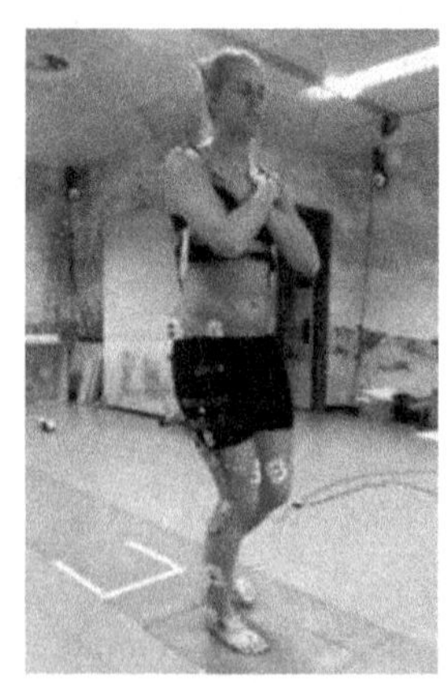

Abbildung 9: Einbeinstandtest auf einer Kistler Kraftmessplatte zur Ermittlung der statischen Gleichgewichtskontrolle

6.4.2 Dynamisch funktionelle Tests

Vor dem Hintergrund der überwiegend „non-contact“ VKB-Verletzungen ist in der Funk-tionsdiagnostik in den letzten Jahren zunehmend die Bewegungskontrolle in sportspezifischen Belastungssituationen in den Fokus der Forschung gerückt. Als dynamisch funktionelle Testverfahren wurden in dieser Studie der Drop Jump (DJ) und der modifizierte Heidelberger Sprungkoordinationstest (mHDST) eingesetzt.

Der beidbeinige DJ (Niederhochsprung) hat sich in der Sprungdiagnostik in den letzten Jahren als reliables Assessmentverfahren zur Einschätzung des VKB-(Wieder)Verletzungsrisikos etabliert (Ford et al., 2003; Hewett, Myer, et al., 2005; Paterno et al., 2010). Er beinhaltet den sogenannten Dehnungs-Verkürzungszyklus (DVZ), der Auskunft gibt über die Reaktivkraft der Athleten/innen und zudem die Möglichkeit bietet, Belastungsstrategien der Beinkette während maximal schneller Bewegungsabläufe standardisiert zu analysieren. Für den Drop Jump mit Armeinsatz konnten Ford et al. (2007) gute bis exzellente Reliabilitäten (Klassifikation nach Fleiss, 1986) der maximalen Gelenkwinkel und -momente während der Bodenkontaktphase für alle drei Ebenen nachweisen. Die Test-Retestreliabilität des DJs ohne Armeinsatz (Ausführung in dieser Studie) ist Teil dieser Arbeit. Da die Literatur zeigt, dass sich „non-contact“ VKB-Verletzungen häufig beim einbeinigen Landen und Richtungswechseln ereignen (vgl. Kap. I.1.2), sollten Testverfahren zur Überprüfung von Trainingseffekten dieser komplexen Belastungssituation Rechnung tragen. Dafür wurde der Heidelberger Sprung-Koordinationstest modifiziert (vgl. Kap.II.5.2.1), mit dem Ergebnis einer realitätsnahen Abbildung der sportspezifischen Risikosituation. Die Test-Retestreliabilität wird im Rahmen dieser Arbeit analysiert.

6.4.2.1 Drop Jump

Der Drop Jump (DJ) ist ein Niederhochsprung, der aus unterschiedlichen Höhen durchgeführt wird. Bei der Ausführung ohne Armeinsatz wird der kurze DVZ untersucht, der durch Bodenkontaktzeiten < 200ms charakterisiert ist (Güllich & Schmidtbleicher, 1999). In Anlehnung an Hewett, Myer, et al. (2005) und Ford et al. (2007) wird in dieser Studie eine Kastenhöhe von 30 cm verwendet und eine Ausgangsposition der Füße mit einem Abstand von 35 cm zwischen den Zehenmarkern gewählt.

Standardisierte Testdurchführung

Die Probandin stand auf einer 30 cm hohen Kiste mit einem Abstand zwischen den Zehenmarkern (Caput des Os metatarsale II) von 35 cm (s.o). Die Fußspitzen zeigten über die Kante. Auf Kommando von Seiten der Versuchsleitung („und los") ließ sich die Versuchsperson ohne sichtbaren Absprung vom Kasten auf zwei davorliegende Kraftmessplatten fallen, um dort möglichst schnell (minimale Bodenkontaktzeit) maximal hoch abzuspringen. Die Hände waren auf den Beckenkämmen abgestützt, um eine Beeinflussung der Sprunghöhe durch etwaigen Armeinsatz zu vermeiden (vgl. Abbildung 10a-c). Die Probandinnen durften zunächst ohne, dann mit EMG Kabel 3-5 Probesprünge absolvieren, um sich mit der Bewegungsausführung und dem Equipment vertraut zu machen und um den Einfluss von Lerneffekten zu limitieren. Das Messprotokoll beinhaltete 2 x 8 Drop Jumps mit einer intraseriellen Pause von 15 Sekunden (neu positionieren) und einer interseriellen Pause von 3 Minuten (Ermüdungseffekte ausschließen). Ein standardisiertes verbales Feedback („die Platte ist heiß"; „bis zur Decke"; „maximal schnell und maximal hoch") diente der Motivation der Athletinnen, um eine möglichst optimale Ausführung der verlangten Bewegung zu erreichen.

(a)

(b)

(c)

Abbildung 10a-c: Beidbeiniger Drop Jump. **(a)** Ausgangsstellung. Die Versuchsperson steht auf einer 30 cm hohen Kiste mit einem Abstand von 35 cm zwischen den Zehenmarkern. **(b, c)** Auf Kommando lässt sie sich ohne sichtbaren Absprung von der Kiste auf zwei davorliegende Kraftmessplatten fallen, um von dort möglichst schnell maximal hoch abzuspringen. Die Landung der zweiten Flugphase erfolgt wieder auf den beiden Kraftmessplatten.

6.4.2.2 Modifizierter Heidelberger Sprungkoordinationstest

Der mHDST, modifiziert von Erdrich & Kuni, nach Kuni et al. (2008) ist ein einbeiniger Sprungtest auf Kommando mit Schlagen eines Balles überkopf und Überraschungsfaktor bezüglich der auf die Landung folgenden Bewegungsrichtung (Dreifachwahlreaktionsaufgabe mit randomisierten Richtungswechseln). Der mHDST ermöglicht aufgrund seiner Komplexität (Zeitdruck, Überkopf-Ballaktion, einbeinige

Landung, plötzlicher Richtungswechsel) die ballsportspezifische Risikosituation für VKB-Verletzungen abzubilden.

Standardisierte Testdurchführung

Die Ausgangsposition war der beidbeinige Stand in Erwartungshaltung (Abbildung 11a-d). Ein zweiphasiges akustisches Signal, das mit dem dreidimensionalen Bewegungsanalysesystem synchronisiert war, signalisierte der Versuchsperson mit einem ersten hohen Ton sich bereit zu halten. Es folgte randomisiert zwischen 1-3 Sekunden ein zweiter tiefer Ton, mit dem die Datenaufzeichnung automatisch startete und auf den die Versuchsperson so schnell wie möglich reagieren sollte (Zeitdruck). Die Probandin war nun aufgefordert aus zwei Schritten Anlauf einbeinig abzuspringen (Auslösen des rechten oder linken Lichtsignals über eine Lichtschranke), einen Ball überkopf zu schlagen und wieder auf dem Absprungbein auf der Kraftmessplatte zu landen („jump-land“). Von dort erfolgte ein direktes Weiterlaufen im 45° Winkel in einem dafür am Boden markierten Tunnel mit einer Breite von 30 cm in die Richtung des Lichtsignals („side-cut“ oder „cross-cut“) bzw. ein Stabilisieren auf dem Landebein („stabilize“), wenn kein Lichtsignal aufleuchtete. Um die Dynamik über den kompletten Sprungtest aufrechtzuerzuerhalten, wurden die Side- und Cross-cut-Manöver unmittelbar nach der Landung über Schaumstoffbalken mit Durchmessern von 10 x 12 cm ausgeführt (vgl. Abbildung 11a-d). Die Athletinnen waren zudem angewiesen mindestens zwei Schritte auszulaufen. Entsprechend der obigen Beschreibung

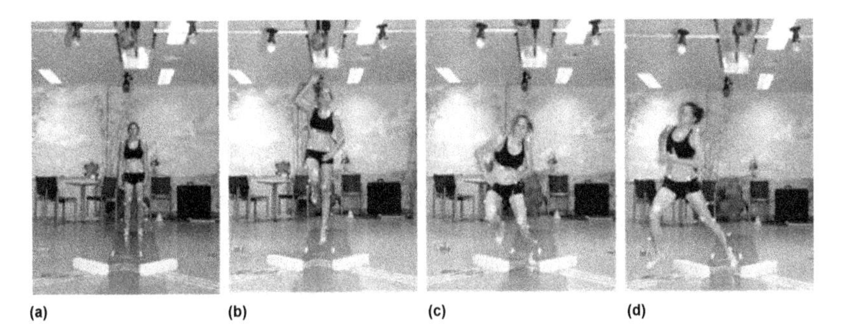

Abbildung 11a-d: Modifizierter Heidelberger Sprungkoordinationstest. **(a)** In der Ausgangsstellung ist kein Lichtsignal aktiviert. Nach dem Ertönen des akustischen Signals erfolgt der Anlauf. Das Lichtsignal (re., li., keins) wird durch eine Lichtschranke ausgelöst, wenn die Versuchsperson vom Boden abspringt, um den Ball überkopf zu schlagen. **(b)** In der Landephase hat die Probandin die Möglichkeit sich mental auf die weiterlaufende Richtung einzustellen. **(c, d)** Nach der Landung stabilisiert die Versuchsperson entweder in der Mitte (kein Lichtsignal) oder führt unmittelbar ein Side-cut-Manöver (re. Lichtsignal, s. Abbildung), bzw. ein Cross-cut-Manöver (li. Lichtsignal) im 45° Winkel durch.

besteht der mHDST aus den drei Konditionen „jump-land-side-cut" (JL-SC), „jump-land-stabilize" (JL-Stab) und „jump-land-cross-cut" (JL-CC). Die Abbildung 11a-d zeigt den Bewegungsablauf exemplarisch für die Kondition JL-SC. Das Messprotokoll umfasste für jedes Bein 40 Sprünge mit intraseriellen Pausen von 20-30 Sekunden (Ausgangsposition wieder einnehmen) und einer interseriellen Pause beim Seitenwechsel des Beines von 5 Minuten. Für jedes Bein wurde ohne und mit EMG-Equipment eine ausreichende Zahl an Probesprüngen absolviert,damit die Probandinnen mit der Bewegungsaufgabe vertraut waren und um den Einfluss von Lerneffekten zu minimieren. Ein standardisiertes verbales Feedback („erst landen, dann Richtungswechsel"; „so schnell wie möglich"; „beim Richtungswechsel zum Kamerakabel blicken" (entsprach der neuen Laufrichtung)) diente der Motivation der Athletinnen, um eine möglichst optimale Ausführung der verlangten Bewegung zu erreichen.

6.4.3 Fragebögen zu Klinik, Funktion und Bewegungsangst

Die Bewegungsqualität in einer sportlichen Belastungssituation ist neben dem Trainings-zustand und der Bewegungserfahrung von vielen weiteren physischen und psychischen Faktoren abhängig, wie z.B. alten Verletzungen, aktuellen Beschwerden oder Schmerzen, subjektivem Stabilitätsgefühl etc.. Für eine saubere Analyse der Daten sollten deswegen zusätzlich Fragebögen eingesetzt werden, um Kenntnis darüber zu erlangen, ob bei den zu vergleichenden Gruppen von denselben Voraussetzungen hinsichtlich bestimmter Merkmale ausgegangen werden kann. Folgende Fragebögen wurden für diese Studie verwendet.

6.4.3.1 Allgemeiner Fragebogen

Bei dem allgemeinen Fragebogen handelte es sich um einen Fragebogen, der in der Arbeitsgruppe entstanden ist. Er diente dazu Informationen über die sportliche Aktivität (Art und Umfang), Beindominanz, Beschwerden und Verletzungen sowie das subjektive Empfinden der Probandinnen bzgl. Stabilität (Knie- und Sprunggelenk), Schmerzen und Motivation (Skala von 0-10) zu erfassen (vgl. Anhang 5).

6.4.3.2 Lysholm Score und Tegner Aktivitätsskala

Der Lysholm Score nach Lysholm & Gillquist (1982) ist eines der am häufigsten in der Literatur verwendeten subjektiven Bewertungssysteme nach Knie-Bandverletzungen und -Operationen (Pfeifer, 1996). Da die Studie im Bereich des Leistungssports durchgeführt wird, ist davon auszugehen, dass die Spielerinnen in der Vergan-

genheit durchaus schon einmal ernsthafte Verletzungen erlitten haben. Um Funktionseinschränkungen, die möglicherweise im Bereich des Kniegelenks zurückgeblieben sind, abbilden zu können, macht es daher Sinn, einen in der klinischen Praxis etablierten Kniescore zu verwenden. Der spezifische Fragebogen für Kniebandinstabilitäten wurde ursprünglich dafür konzipiert, im Rahmen einer klinischen Untersuchung vom Arzt erhoben zu werden (Lysholm & Gillquist, 1982). Durch die Modifizierung von Tegner & Lysholm (1985) (hier verwendete Fassung) wurde aus ihm ein reines „Patient Reported Outcome Instrument". Die modifizierte Fassung beinhaltet Fragen zu physischer Funktion, Schmerzen und Symptomen, die in folgende acht Befragungsblöcke gegliedert sind: Hinken, Belastung, Treppen steigen, in die Hocke gehen, Instabilität, Schmerz, Schwellung und Blockierung (vgl. Anhang 6). Bei Symptomfreiheit oder vollständiger Gelenkfunktion erreicht der Patient/Proband die Höchstpunktzahl für den entsprechenden Befragungsblock. Die maximale Gesamtpunktzahl (= keinerlei Beeinträchtigung des Kniegelenks) sind 100 Punkte. Bei einer Punktzahl < 65 Punkte wird die Kniefunktion als „poor" (schwach), bei 65-83 Punkten als „fair" (moderat), bei 84-94 Punkte als „good" (gut) und bei > 95 Punkten als „excellent" (exzellent) bewertet.
Da Limitationen der Kniegelenksfunktion durch ein unbewusst niedriges Aktivitätsniveau maskiert werden können, sollte das Endergebnis des Lysholm Scores immer in Relation zum jeweiligen Aktivitätsniveau des Patienten/Probanden gesehen werden (Tegner & Lysholm, 1985). Dieses kann anhand des Tegner Aktivitätsscores ermittelt werden - einer Skala von 0-10 bei der jeder Wert ein spezifisches Aktivitätslevel kennzeichnet (Tegner & Lysholm, 1985) (vgl. Anhang 7).

6.4.3.3 TAMPA Scale for Kinesiophobia (TSK-11)

Die Tampa Scale for Kinesiophobia (TSK, Kori, Miller und Todd, 1990; Miller, Kori & Todd, 1991) ist ein Fragebogen zur Erfassung der subjektiv beurteilten Bewegungsangst (Kinesiophobie) bzw. Angst vor (Wieder)Verletzung. Kori et al. (1990) beschreiben Kinesiophobie als *„...an excessive, irrational and debilitation fear of physical movement and activity resulting from a feeling of vulnerability to painful injury or re-injury"* (S. 394). Die Tampa Skala ermöglicht, die Bewegungsangst und das daraus resultierende Angst-Vermeidungsverhalten zu quantifizieren. Sie wird weit verbreitet bei Patienten mit chronisch muskuloskeletalen Schmerzen bzw. Menschen mit einem hohen Risiko dafür, eingesetzt (Roelofs et al., 2007). Das Erfassen von Bewegungsangst gehört seit Jahrzehnten zur standardisierten Diagnostik und Therapieevaluation von Patienten mit chronischen Rückenschmerzen. Das Erforschen derselben im Zusammenhang mit VKB-Verletzungen ist noch ein relativ junges Forschungsfeld. 2005 entwickelten Woby, Roach, Urmsten & Watson aus dem ursprünglich 17 Items umfassenden Fragebogen eine valide und reliable gekürzte Fassung mit 11 Items (TSK-11). Die einzelnen Items werden auf einer Antwortskala von 1 bis 4 (Likert-Typ, 1 = überhaupt nicht einverstanden, keine Bewegungsangst; 4 = völlig einverstanden, große Bewegungsangst) abgefragt. Die Mindestpunktzahl sind 11 Punkte (= keine Bewegungsangst), die maximal erreichbare Punktzahl beträgt 44 Punkte (= starke Bewegungsangst), d. h. je höher der erreichte TSK-11 Score, desto ausgeprägter die Bewegungsangst. Für die hier vorliegende Studie wurde die gekürzte Fassung, TSK-11 (Woby et al., 2005) von Mayáns (2009) ins Deutsche übersetzt (vgl. Anhang 8).

6.5 Datenerfassung

Das Kapitel II.6.5 widmet sich der Datenerfassung. In Anlehnung an das vorherige Kapitel Assessmentverfahren folgt die Darstellung folgender Struktur. In Kapitel II.6.5.1 wird zunächst die Datenerfassung der beiden Trainingsprogramm-Kontrollvariablen Maximalkraft und statisches Gleichgewicht mittels Isokinetik und Posturographie beschrieben. Es folgt die Beschreibung des verwendeten 3D-Bewegungsanalysesystems, um die Kinematik und Kinetik in sportlichen Belastungssituationen zu erfassen (Kap. II.6.5.2). Dies beinhaltet neben der reinen Messtechnik auch die vorbereitenden Maßnahmen in Abhängigkeit des verwendeten Marker-Modells, wie die Erhebung der spezifischen anthropometrischen Daten, das Markerplacement und die statische Aufnahme zur Justierung des globalen und lokalen Koordinatensystems (Kap. II.6.5.2.1). Das letzte Kapitel (II.6.5.3) widmet sich der Datenaufzeichnung mittels der Elektromyographie (EMG). Neben der Beschreibung des verwendeten technischen Equipments stehen hier die abgeleiteten Muskeln und die Elektrodenapplikation (Kap.II. 8.5.3.1) sowie die MVC-Standardisierung als Normierungsgrundlage der EMG Signale (Kap. II.6.5.3.2) im Vordergrund.

6.5.1 Isokinetik und Posturographie

Isokinetik

Die konzentrische Maximalkraft wurde mit einem isokinetischen Dynamometer, Modell Biodex System 3 (Biodex Medical, Inc., Shirley, NY) erfasst. Die Maximalkraftmessung erfolgte mit einer Winkelgeschwindigkeit von 60°/s (5 Wiederholungen). Das Messprotokoll umfaste außerdem eine Kraftausdauermessung mit einer Winkelgeschwindigkeit von 180°/s (15 Wiederholungen), die nicht in die Analyse dieser Studie mit eingeht. Die interserielle Pause zwischen den beiden Winkelgeschwindigkeiten betrug eine Minute. Die Kalibrierung und die Sitzpositionierung wurden entsprechend den Herstellerangaben durchgeführt. Es erfolgte keine Schwerkraftkorrektur.

Posturographie
Die Messung der statischen Gleichgewichtskontrolle erfolgte anhand des Einbeinstandtests auf einer 40 x 60 cm großen Kistler Kraftmessplatte (Typ 9286AA, Kistler, Winterthur, CH) mit einer Aufnahmefrequenz von 1080 Hz. Die Kraftmessplatte verfügt über einen externen Verstärker und einen Analog-Digital-Wandler mit einer Auflösung von 16 Bit. Während des Einbeinstands mit geschlossenen Augen (3 x 20 Sek.) wurde der Verlauf des Angriffspunktes der Bodenreaktionskräfte (Center of Pressure, CoP) in anterior-posteriore (a/p) und medio-laterale (m/l) Richtung aufgezeichnet. Die Fußlängsachse wurde dabei auf die x-Achse der Kraftmessplatte ausgerichtet, so dass die x-Achse der a/p Schwankung und die dazu rechtwinklig verlaufende y-Achse der m/l Schwankung entsprach. Die Datenaufzeichnung des dominanten und nichtdominanten Beines erfolgte jeweils im Wechsel, so dass die interserielle Pause durch den Seitenwechsel gegeben war.

6.5.2 Dreidimensionale Bewegungsanalyse

Die kinematische Datenerfassung erfolgte anhand eines markerbasierten 12 Kamera Vicon-Bewegungsanalyse Systems (Model 612, Vicon Motion Systems Ltd., Oxford, GB) mit einer Aufnahmefrequenz von 120 Hz und der dazugehörigen Software Vicon Workstation®. Mithilfe der Infrarotkameras dieses Systems (Serie M, Auflösung 1.6 Megapixel) können retro-reflektierende Marker mit einer Messgenauigkeit von 1.8 mm im Raum erfasst werden. Die Kameras waren in ca. 2,50 m Höhe im Bewegungsanalyselabor angebracht und so aus/ eingerichtet, dass ein ca. 6 x 2,50 x 2 m großer Messraum um die Kraftmessplatten zuverlässig erfasst werden konnte. Für die hier vorgestellte Studie wurden Marker mit einem Durchmesser von 14 mm verwendet, die gemäß des „Plug-in Gait" (PiG) Marker-Modells an anatomisch markanten Punkten an den Probandinnen fixiert wurden (vgl. Kap. II.6.5.2.1). Um eine kontinuierliche dreidimensionale Dateninformation zu gewährleisten, muss ein Marker zu jedem Messzeitpunkt von mindestens zwei Kameras detektiert werden (Kirtley, 2006).

Vor jeder Datenerhebung erfolgte eine statische und dynamische Kalibrierung des Messsystems nach Richtlinien der Herstellerfirma, um den Ursprung des globalen

Koordinatensystems für den Messraum festzulegen und eine möglichst exakte Messgenauigkeit (+/- 1.8 mm) zu gewährleisten. Sofern die Messsystemanordnung nach der Kalibrierung nicht mehr verändert wird, ist nach Chiari et al. (2005) davon auszugehen, dass die instrumentell bedingten Messfehler bei stereographischen Bewegungsanalysen gering sind.

Zur Erfassung der kinetischen Daten wurden zwei in den Boden eingelassene, 40 x 60 cm große, Kistler Kraftmessplatten (Typ 9286 und Typ 9286AA, Auflösung 16 Bit, Kistler, Winterthur, CH) mit einer Aufnahmefrequenz von 1080 Hz verwendet[15]. Diese waren mit dem Bewegungsanalysesystem zeitsynchronisiert und lagen im Blickfeld desselben. Die Kraftmessplatten messen mittels piezoelektrischer Sensoren die von außen auf den Bewegungsapparat einwirkenden Kräfte und geben diese in Form von Bodenreaktionskräften in allen drei Raumrichtungen (Fx, Fy, Fz) wieder (Schwameder et al., 2013). Die dreidimensionale Aufzeichnung der Bodenreaktionskräfte war zum einen Voraussetzung um mittels der 3D Bewegungsanalytik mit dem Modell der inversen Dynamik die Gelenkmomente berechnen zu können. Zum anderen dienten die Kraftmessplatten zur Bestimmung der Bodenkontaktphase und als Trigger für die EMG-Daten (vgl. Kap. II.6.6.3).

Zur subjektiven Kontrolle der Bewegungsausführung wurden alle Testbewegungen zusätzlich mit einer digitalen Videokamera (Sony, 25 Hz) aus der Frontalansicht gefilmt. Die Videos ermöglichten bei der späteren Datenauswertung eine qualitative Beurteilung der jeweiligen Bewegungsausführung im direkten Vergleich mit dem dreidimensionalen Marker-Modell und dem visualisierten Kraftvektor.

Von der Kriteriumsbewegung DJ wurden zweimal acht Sprünge (insgesamt 16 Sprünge) aufgenommen mit intraseriellen Pausen von 15 Sekunden und einer interseriellen Pause von drei Minuten. Von der Kriteriumsbewegung mHDST wurden für jedes Bein 40 Sprünge aufgenommen mit intraseriellen Pausen von 20-30 Sekunden und einer interseriellen Pause beim Seitenwechsel des Beines von 5 Minuten. Aufgrund der Komplexität des mHDSTs und den eher kleinen Kraftmessplatten (40 x 60 cm) war eine Anzahl von 12 Sprüngen pro Kondition (JL-SC, JL-Stab, JL-CC) inklusive einiger Puffersprünge erforderlich, um mindesten drei erfolgreiche Sprünge pro Kondition zu erhalten. Die Definition, wann der DJ bzw. die Sprung-Landemanöver als erfolgreich angesehen wurden, findet sich im nächsten Kapitel (Kap. II.6.6.2).

---

[15] Beide Modelle verfügen über dieselben Sensoren und Analog-Digital-Wandler mit derselben Auflösung (16 Bit). Ein Unterschied stellt der Verstärker dar, der bei der Kraftmessplatte des Typs 9286 integriert ist und bei der Platte des Typs 9286AA extern liegt. Dies hatte für die Datenaufzeichnung keine Relevanz.

6.5.2.1 Plug-in Gait Marker-Modell

Die kinematischen und kinetischen Messungen wurden anhand des PiG Marker-Modells durchgeführt. Das PiG Modell ist ein von Helen Hayes modifiziertes minimales Marker-Set der unteren Extremitäten, das aufgrund seiner Praktikabilität sehr häufig in der 3D-Bewegungsanalyse verwendet wird (Kirtley, 2006, S. 55). Es basiert auf einem ursprünglichen Modell von Kadaba et al. (1990) und Davis et al. (1991).

Zunächst erfolgte die Erhebung und Dokumentation der für das PiG Modell benötigten spezifischen anthropometrischen Daten, den sogenannten „subject measurements". Auf der Grundlage dieser probandenspezifischen Maße können später, zusammen mit der statischen Aufnahme, über ein spezielles biomechanisches Modell die Gelenkzentren und Gelenkachsen sowie die Rotation des Oberschenkels bestimmt werden. Die subject measurements umfassen folgende Variablen: Größe (cm), Gewicht (kg), Beinlänge (re./li., cm), Kniebreite (re./li., cm), Sprunggelenksbreite (re./li., cm) und die Tibia Torsion („tibial torsion") für beide Beine (°). Die Tibia Torsion kennzeichnet das Maß der Rotation der Tibia im Vergleich zum Femur (Schienbeindrehung).[16]

Die Probandinnen wurden daraufhin nach einem festgesetzten Protokoll bilateral mit sechs retro-reflektierenden Markern (14 mm) an der unteren Extremität und drei Beckenmarkern ausgestattet. Um die Möglichkeit zu haben auch Oberkörperbewegungen aufzeichnen zu können, wurden das Marker-Modell im Bewegungsanalyselabor der Orthopädischen Universitätsklinik zusätzlich um vier Oberkörpermarker erweitert (vgl. Abbildung 12). Die anatomischen Bezugspunkte für die exakte Markeranbringung sind in Tabelle 5 einzusehen. Die Marker wurden nach Palpation der anatomischen Bezugspunkte mit doppelseitigem Klebeband auf denselben angebracht. Aufgrund der Dauer der Untersuchung von 4,5 h erfolgte eine zusätzliche Fixierung durch hypoallergenen Klebevlies (Fixomull® stretch, $BSN_{medical}$). Anhand der Markeranordnung ergeben sich verschiedene Segmente, die jeweils als rigide Elemente angesehen werden und über Gelenkzentren verbunden sind. Für eine dreidimensionale Analyse der Gelenkbewegung, muss jedes Segment über mindestens drei nicht kollinear angeordneten Marker definiert werden (Kirtley, 2006; Schwameder et al., 2013). Um dies für das Unterschenkelsegment zu gewährleisten, wurden für die Tibiamarker sogenannte „Wand-Marker" verwendet. Diese Marker

[16] Gemessen wird der Fußöffnungswinkel in Bauchlage, bei 90° gebeugtem Knie- und Sprunggelenk in neutraler Fußposition.

sind an ca. 5,5 cm langen Stäben befestigt und garantieren so, dass der Tibiamarker nicht auf der Geraden zwischen dem Marker des lateralen Malleolus und der lateralen Femurkondyle liegt (vgl. Abbildung 12, Frontalansicht).

Tabelle 5: Plug-in Gait Markerplatzierung und -bezeichnung (Vicon, 2010)

Markerplatzierung	Bezeichnung
Fuß und Unterschenkel	
Caput des Os metatarsale II	L/RTOE
lateraler Malleolus	L/RANK
Calcaneus	L/RHEE
laterale Tibia[a]	L/RTIB
Oberschenkel und Becken	
laterale Femurkondyle*	L/RKNE
Femurdiaphyse[b]	L/RTHI
Spina iliaca anterior superior	L/RASI
Os Sacrum (S2)	SACR
Oberkörper	
Processus Spinosus C7	C7
Sternoclavicular[c]	CLAV
laterale Acromionkante	L/RSHO

a = gedachte Linie zw. lateralem Malleolus und lateraler Femurkondyle
b = gedachte Linie zw. lateraler Femurkondyle und Trochanter major
c = zw. die Sternoclavicular Gelenke, unterhalb der Fossa jugularis
* wird erst nach der KAD Aufnahme angebracht (vgl. S. 79)

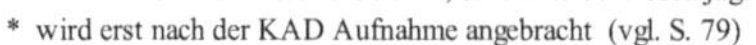

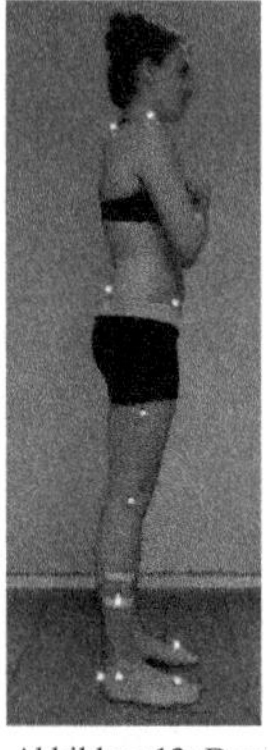

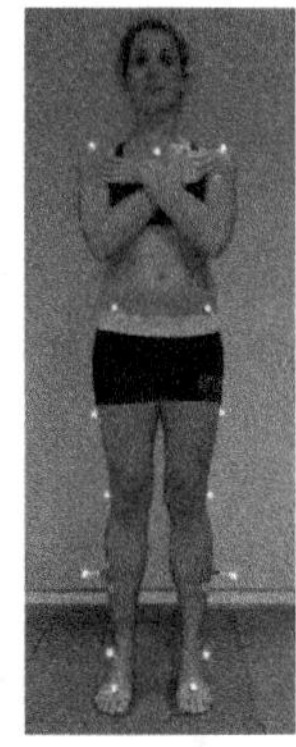

Abbildung12: Darstellung der Markerplatzierung, Seiten- und Frontalansicht (Probandin der R_G) [17]

Die Abbildung 13 verdeutlicht die durch das Marker-Setup entstandenen verschiedenen Segmente. Da die Marker äußerlich auf der Haut angebracht werden, benötigt das PiG-Modell zur Berechnung der Gelenkzentren die zuvor erhobenen individuellen anthropometrischen Daten. Anhand dieser, und der Markerpositionen, können mithilfe von speziellen biomechanischen Formeln - auf der Grundlage von anthropometrischen Mittelwertsdaten - die Hüft-, Knie- und Sprunggelenkzentren kalkuliert werden. In die Kalkulation des Hüftgelenkzentrums gehen beispielsweise die Abstände zwischen den beiden Spinaemarkern und dem Sacrummarker (S2) sowie die Beinlänge der jeweiligen Versuchsperson ein (Davis et al., 1991).

Vor Beginn der dynamischen Messungen erfolgte eine statische Aufnahme („Gait KAD static"), um das Gelenkkoordinatensystem mit dem globalen Koordinatensystem des Labors auszurichten. Anhand der statischen Aufnahme und den „subject

[17] Anmerkung: Die offizielle Bezeichnung des Unterschenkelmarkers ist „Tibiamarker". Die Darstellung der Markerplatzierung verdeutlicht, dass er an der lateralen Fibula angebracht wird (Vicon, 2010), so dass die Bezeichnung „Fibulamarker" hier eigentlich stimmiger wäre.

measurements“ kann das Modell neben den Gelenkzentren (s.o.) die Knie- und Sprunggelenksachse im Raum bestimmen sowie die Oberschenkelrotation („thigh rotation“) berechnen. Für die statische Aufnahme wird eine Markertripode, das sogenannte „Knee Alignment Device“ (KAD) am medialen und lateralen Epicondylus des Femurs angelegt. Diese knöchernen Referenzpunkte definieren die Flexions/Extensions Kniegelenksachse (vgl. Abbildung 14).

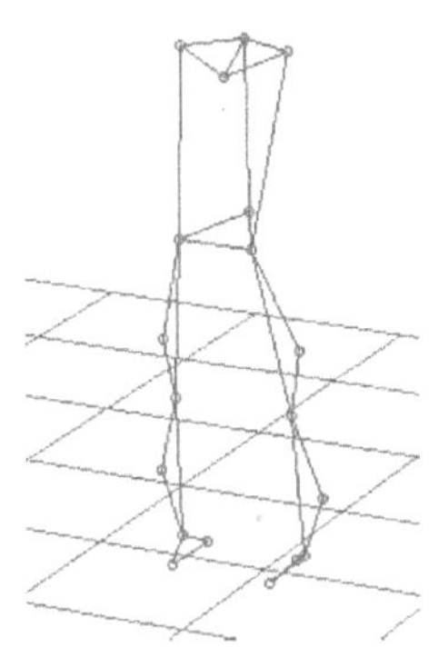

Abbildung 13: Visualisierung des dreidimensionalen Marker-Modells in der Vicon Workstation® (einfache statische Aufnahme)

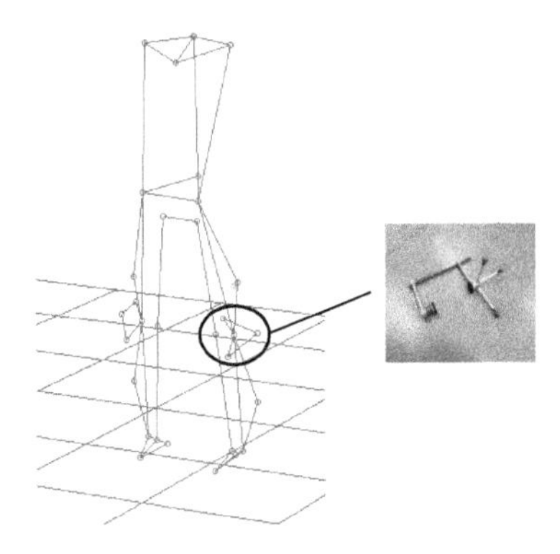

Abbildung 14: Visualisierung des dreidimensionalen Marker-Modells in der Vicon Workstation® nach Berechnung der Gelenkzentren und -achsen anhand der statischen KAD-Aufnahme. Das Foto zeigt das "Knee Alignement Device" (KAD), dass an der medialen und lateralen Femurkondyle angebracht wird.

Mithilfe des KADs kann zudem der „thigh rotation offset“ (= Versatz des Oberschenkelrotationswinkels aufgrund eines ungenau platzierten Oberschenkelmarkers) berechnet und damit die Lage des Kniegelenkzentrums in der Transversalebene korrigiert werden. Die Abbildung 14 verdeutlicht die Lage der Gelenkzentren in Relation zu den auf der Haut angebrachten Markern. Nach erfolgreicher KAD-Aufnahme wurde die Markertripode wieder entfernt und am lateralen Femurkondylus, an exakt derselben Stelle an der die Tripode positioniert war, der Kniemarker angebracht. Damit waren die Vorbereitungen der kinematischen und kinetischen Datenerfassung abgeschlossen und es konnte mit den eigentlichen Messungen begonnen werden.

6.5.3 Elektromyographie

Simultan zur 3D-Bewegungsanalyse erfolgte eine bilaterale Ableitung der Oberflächen-Elektromyogramme vier ausgewählter Muskeln der unteren Extremität (ein

Hüftmuskel, drei Beinmuskeln). Die Aufzeichnung erfolgte mittels einer 16-Kanal EMG-Anlage (Biovison, Wehrheim, DE) mit einer Abtastrate von 1080 Hz. Dies entspricht dem Neunfachen der Auf-nahmefrequenz der 3D-Bewegungsanalyse, um die Synchronisierbarkeit der Daten zu gewährleisten. Zur Erfassung der Signale wurden bipolare Ag/AgCl Einmal-Oberflächenelektroden der Firma Ambu vom Typ Blue Sensor Mini (NF-00-S/25) verwendet. Nassgel-Elektroden haben grundsätzlich gute Leitbedingungen, d. h. sie zeigen geringe Hautwider-standswerte (Konrad, 2011). Der Einsatz von selektiven, kleinen Elektroden kann zudem Cross-Talk deutlich minimieren (Kamen, 2014).

6.5.3.1 Abgeleitete Muskeln und Elektrodenapplikation

Die elektromyographischen Ableitungen erfolgten am M. glutaeus medius (GluM), M. vastus medialis (VM), M. biceps femoris (BF) und M. gastrocnemius medialis (GM) beider Beine. Eine genaue Beschreibung der anatomischen Lage und Funktion der Muskeln sowie deren Bedeutung für das Studienthema findet sich in Kapitel II.5.2. Die Hautpräparation und Elektrodenapplikation wurden gemäß Empfehlungen elektromyographischer Standardliteratur und den Leitlinien des Europäischen Standardisierungsprojekts „Surface Electromyography for Non-Invasive Assessment of Muscles“ (SENIAM) von Hermens et al. (1999) durchgeführt. Die nachfolgende Tabelle 6 veranschaulicht zusammenfassend die Lage und Funktion der abgeleiteten Muskeln und gibt einen Überblick über die entsprechende Elektrodenpositionierung nach den SENIAM Richtlinien.

Für eine zuverlässige Reproduzierbarkeit elektromyographischer Daten ist eine exakte Bestimmung und Kennzeichnung der Elektrodenableitpunkte unabdingbar. Diese wurden durch aktives Anspannen der entsprechenden Muskeln in standardisierten Positionen gemäß des SENIAM Projekts ermittelt und unter zu Hilfenahme einer eigens angefertigten Schablone (Interelektrodenabstand 2 cm) mit wasserfestem Stift markiert. Die Probandinnen waren angewiesen, die Markierungen der Ableitpunkte 8 Wochen lang täglich sowie vor und nach dem Duschen nachzutragen, um eine Übereinstimmung der Ableitpositionen beim Post-Tests mit denen des Prä-Tests zu gewährleisten (Laurig, 1983). Die entsprechenden Hautstellen wurden daraufhin sorgfältig großflächig rasiert und mit abrasiver Reinigungspaste (Everi, Spes Medica, S.R.L. Genova, Italien) behandelt (Konrad, 2011). Die Beseitigung von Haaren, Fett und abgestorbenen Hautpartikeln hat zum einen das Ziel, den Haut-Elektrodenwiderstand zu senken und zum anderen eine gute Haftung der Elektrode zu gewährleisten (Hermens et al., 1999; Konrad, 2011). Durch eine korrekte Präparation der

Tabelle 6: Anatomische Lage und Funktion der vier abgeleiteten Muskeln sowie Elektrodenpositionierung (Hermens et al., 1999; Kapandji, 2001; Schünke et al., 2005; Valerius et al., 2006)

	M. glutaeus medius	**M. vastus medialis**	**M. biceps femoris**	**M. gastroc. medialis**
Anatomische Lage				
Funktion	- HüftABD - Stabilisierung des Beckens in der Frontalebene - *Vorderer Anteil:* HüftFLEX und -IRO - *Hinterer Anteil:* HüftEXT und -ARO	- KnieEXT	- *Langer Kopf:* - HüftEXT und -ARO - *langer und kurzer Kopf* KnieFLEX und -ARO	- SprunggelenkFLEX (oberes SG) - Inversion (unteres SG) - KnieFLEX
Elektroden-positionierung	- Bei 50% der Strecke auf der Linie zwischen der Crista iliaca und dem Trochanter major	- Bei 80% der Strecke auf der Linie zwischen der Spina iliaca anterior superior und medialem Kniegelenkspalt vor dem medialen Seitenband	- Bei 50% der Strecke auf der Linie zwischen dem Tuber ischiadicum und lateralem Tibiacondylus	- Auf der prominentesten Stelle des Muskelbauchs

EXT = Extension; FLEX = Flexion; ABD = Abduktion; IRO = Innenrotation; ARO = Außenrotation; SG = Sprunggelenk.

Die Abbildung des M. gastrocnemius medialis ist modifiziert.

Elektrodenableitstelle können Artefakte erheblich minimiert werden (vgl. Kap. II.6.7). Nach kurzer Einwirkzeit wurden die Überreste der abrasiven Reinigungspaste vorsichtig mit einem sauberen Papiertuch entfernt. Auf das Einreiben mit Alkohol wurde verzichtet, um ein reaktives Austrocknen der Haut und einen dadurch wiederum negativ bedingten Einfluss auf den Hautwiderstand zu vermeiden. Die Elektrodenplatzierung erfolgte parallel zur Muskelfaserrichtung auf den zuvor markierten Ableitpositionen mit einem Interelektrodenabstand von 2 cm (Cram & Kasman, 1998; Hermens et al., 1999). Die Referenzelektrode wurde rechts neben dem Marker am Sacrum fixiert (Abbildung 15a-d). Aufgrund des langen Messprotokolls wurden die Elektroden zusätzlich mit hypoallergenem Klebeflies (Fixomull® stretch, 15cm x 10 cm, BSNmedical) fixiert, um Bewegungsartefakte aufgrund von Elektrodenverschiebungen (Zipp, 1989) bzw. ein Ablösen derselben aufgrund vermehrter Schweißproduktion zu verhindern. Dabei wurde darauf geachtet, dass das Klebeband nicht über den Elektrodenableitpunkten lag. Der aus den Vorverstärkern entstandene Kabelbaum wurde an der Außenseite der Gelenke verlegt und in einem kleinen Rucksack auf dem Rücken gebündelt (vgl. Abbildung 15d). Zur Vermeidung von

Kabelartefakten wurden die Ableitkabel mit hautfreundlichem Pflaster (Leukofix, 2,5cm x 5m, BSNmedical) fixiert und sofern nötig, durch Schlaufen in Elektrodennähe zugentlastet (Pfeifer & Vogt, 2004; Zipp, 1989) (vgl. Abbildung 15c). Nach korrekter Anbringung des Messequipments war für die Probandinnen absolute Beinfreiheit gegeben.

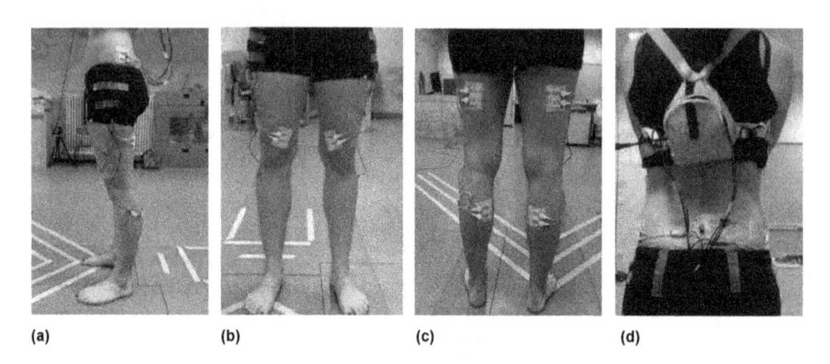

Abbildung 15a-d: Platzierung der Oberflächenelektroden gemäß den SENIAM Leitlinien (Hermens et al., 1999). **(a)** M. glutaeus medius **(b)** M. vastus medialis **(c)** oben: M. biceps femoris, unten: M. gastrocnemius medialis **(d)** Referenzelektrode am Sakrum

Am Ende der vorbereitenden Maßnahmen wurden alle Elektroden anhand standardisierter, isolierter Bewegungen hinsichtlich Signalvalidität und -qualität sowie möglicher Artefakte kontrolliert (Konrad, 2011). Bei Bedarf wurden die Elektroden ausgetauscht. Dabei wurde auf eine sorgfältige Neupräparation des Bereichs um die markierten Ableitstellen geachtet.

6.5.3.2 Maximale Willkürkontraktionen

Da die mikrovoltskalierten Amplitudenwerte sehr stark von individuellen anthropomorphen Faktoren (Muskelfaserlänge, Unterhautfettgewebe etc.) und den jeweiligen Messbedingungen abhängen, ist bei interindividuellen Vergleichen die Normierung der Daten an einem standardisierten Referenzwert unabdingbar (Cram & Kasman, 1998; Gruber et al., 2009; Konrad, 2011; Pfeifer & Vogt, 2004; Soderberg & Knutson, 2000). Als Normierungsgrundlage wurde das Verfahren der MVC unter isometrischen Bedingungen gewählt. Dabei diente für drei der erfassten Muskeln ein speziell für diese Studie angefertigtes Stahlgestell, das auf einer Kraftmessplatte angebracht wurde, zur Erfassung des Kraftoutputs (N). Anhand der Kraft-Zeitkurve konnte überprüft werden, ob die Probandinnen ihre Maximalkraft erreicht hatten und diese ohne Krafteinbrüche (Kraftplateau) halten konnten (vgl. Kap. II.6.6.3). Die Abbildung 16a-d veranschaulicht die vier MVC-Positionen entsprechend der vier abgeleiteten Muskeln. In Kapitel II.5.2 wird die Festlegung der Positionen begründet.

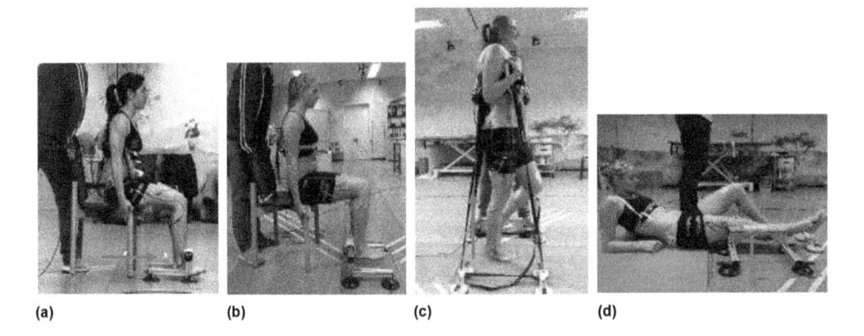

(a) (b) (c) (d)

Abbildung 16a-d: Positionen für die muskelspezifischen maximalen Willkürkontraktionen. **(a)** M. vastus medialis **(b)** M. biceps femoris **(c)** M. gastrocnemius medialis **(d)** M. glutaeus medius. Das Stahlgestell diente der Erfassung, der während der MVC aufgebrachten, Kraft (Newton), die als Kraft-Zeitkurve in der Software Vicon Workstation® visualisiert wurde. Die verbale Instruktion war in folgende Anweisungen untergliedert: 1) „Kein Kontakt" (zum Stahlgestell) 2) „Kontakt aufnehmen" 3) „und maximal Druck geben... fest...fest...fest... und halten." 4) „fertig".

Das Messprotokoll umfasste pro Muskel zwei *maximale* Willkürkontraktionen à 6 Sek., gefolgt von zwei *kontinuierlich progressiv* ansteigenden Willkürkontraktionen à 10 Sek., bei denen die Probandinnen angewiesen waren, ihre Kraft in einer feststehenden Geschwindigkeit sukzessiv bis 100% zu steigern. Für die EMG Normierung dieser Studie wurden die 100%igen MVCs verwendet.[18] Vor der Datenaufzeichnung erfolgten zwei Probeversuche pro Kondition, um die Versuchspersonen mit dem Test vertraut zu machen und dadurch eine möglichst optimale Rekrutierung der motorischen Einheiten zu gewährleisten (Merletti, 1999). Den Probandinnen wurde genügend Zeit gegeben, um sich zwischen den MVCs angemessen zu erholen. Die MVCs wurden standardisiert in der Reihenfolge durchgeführt, die in der Abbildung 16a-d dargestellt ist. Alle Probandinnen wurden mit den gleichen verbalen Instruktionen angewiesen bzw. angefeuert (vgl. Abbildung 16a-d). Zeigte sich bei der Kontrolle der Aufnahmen kein Kraftplateau, wurde die Aufnahme wiederholt.

[18] In der weiteren Datenanalyse können submaximale MVCs als Normierungsgrundlage analysiert werden.

6.6 Auswertungsstrategie und Datenverarbeitung

Das Kapitel II.6.6 beschreibt die methodenspezifische Auswertung und Verarbeitung der erfassten Rohdaten sowie die für die Hypothesenprüfung ausgewählten Parameter. Das Vorgehen wird in Kap. II.6.6.1 kurz für die Kontrollvariablen Maximalkraft und statisches Gleichgewicht erläutert. Für die Kinematik und Kinetik (Kap. II.6.6.2) sowie die Elektromyographie (Kap.II.6.6.3) erfolgt eine detailliertere Beschreibung der Datenauswertung, Datenverarbeitung und Parametrisierung. Die statistische Weiterverarbeitung wurde für alle Parameter mit der Statistik Software IBM SPSS Statistics (Version 23) durchgeführt (vgl. Kap. II.6.8).

6.6.1 Isokinetik und Posturographie

Isokinetik

In die Auswertung der hier vorgestellten Studie gingen fünf Wiederholungen der konzentrischen isokinetischen Maximalkraft des Quadriceps und der ischiocruralen Muskulatur bei einer Winkelgeschwindigkeit von 60°/s ein. Als dynamographischer Parameter für die Hypothesenprüfung wurde das über fünf Wiederholungen gemittelte maximale, am Körpergewicht normierte, Drehmoment (Nm/kg) verwendet (= relatives Drehmoment). Die Wahl fiel auf das relative maximale Drehmoment, um einen Einfluss des Körpergewichts, im Sinne von höheren Kraftwerten bei schwereren Athletinnen, auszuschließen. Dieser Parameter wurde von der Biodex Software automatisch berechnet.

Posturographie

Die Ermittlung der Gleichgewichtsparameter erfolgte anhand der Aufzeichnung des CoP Verlaufs in a/p und m/l Richtung (vgl. Kap.II.6.5.1). Bei den Messungen war es den Probandinnen erlaubt das Spielbein zu Stabilisierungszwecken kurz abzusetzen, dies sollte aber möglichst vermieden werden. In die Auswertung gingen die ersten beiden erfolgreichen trials ein, bei denen es den Probandinnen gelang vom selbst gegebenen Startkommando 10 Sekunden lang (Zouita Ben Moussa et al., 2009) ohne Absetzen des Spielbeines einbeinig zu stabilisieren. Nach visueller Kontrolle der ungefilterten und mit verschiedenen Tiefpassfiltern bearbeiteten CoP Daten wurde ein 5 Hz TP Filter (Butterworth, 4. Ordnung) zur Bearbeitung des Signals gewählt. Die cutoff Frequenz von 5 Hz ermöglichte eine sinnvolle Filterung des Signals bei gleichzeitiger Erhaltung der Charakteristik der Kurve (vgl. Abbildung 17a, b).
Als Gleichgewichtsparameter für die Hypothesenprüfung wurde das über zwei trials gemittelte maximale Bewegungsausmaß in a/p und m/l Richtung (mm) berechnet.

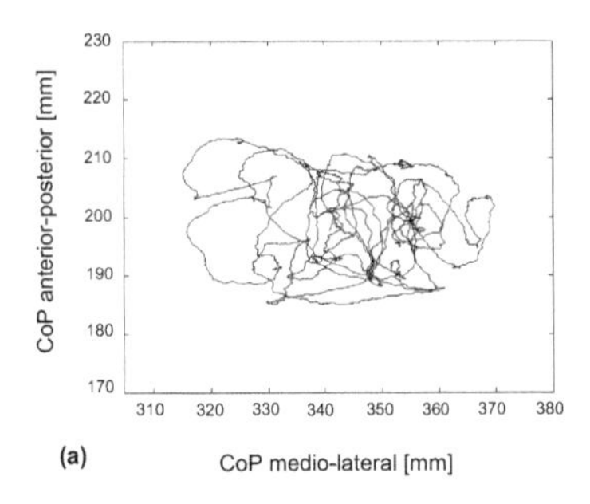

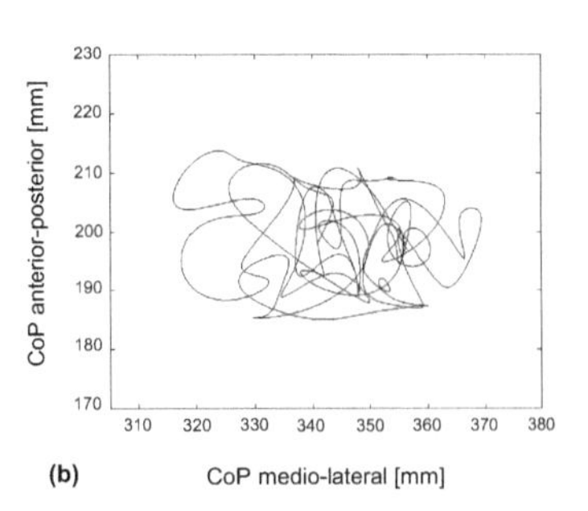

Abbildung 17a, b: Center of Pressure (CoP) Verlauf in anterior-posteriore (a/p) und medio-laterale (m/l) Richtung **a)** Ungefiltertes Signal **b)** Mit 5 Hz Tiefpass (Butterworth, 4. Ordnung) gefiltertes Signal

Um den möglichen Einfluss der Körpergröße auf die CoP Parameter zu kontrollieren, im Sinne eines größeren maximalen CoP Bewegungsausmaßes bei größeren Athletinnen (Steffen & Nilstad, 2017), wurden die Ergebnisse an der Körpergröße normiert (mm/cm) (Chiari et al., 2002; Era et al., 1996).

6.6.2 Dreidimensionale Bewegungsanalyse

Von der Kriteriumsbewegung DJ wurden zwei Mal acht Sprünge (insgesamt 16 Sprünge) aufgenommen. Der Drop Jump galt als erfolgreich, wenn die Probandin die Bewegungsanweisung „Fallenlassen" umsetzte (d. h. kein sichtbarer Absprung zu verzeichnen war), jeder Fuß eine Kraftmessplatte traf und die Versuchsperson nach der zweiten Flugphase wieder auf den Kraftmessplatten landete.

Von der Kriteriumsbewegung mHDST wurden für jedes Bein 40 Sprünge aufgenommen. Der mHDST galt als erfolgreich, wenn die Versuchsperson korrekt auf das akustische Signal reagierte, das Licht über die Lichtschranke ausgelöst wurde (dies bedingte ein Treffen der Absprungmarkierung), der Ball getroffen wurde, die Landung auf der Kraftmessplatte gelang[19] und der 45° Richtungswechsel in dem dafür vorhergesehenen Tunnel erfolgte[20]. Bei der Kondition „jump-land-stabilize" musste die Landung mit dem ganzen Fuß auf der Kraftmessplatte erfolgen und stabil gehalten werden. Versuche bei denen ein Zwischenhüpfer erfolgte, oder der Fuß nach der Landung noch einmal versetzt wurde, wurden als ungültig markiert.

[19] Da die Kraftübertragung aufgrund der kurzen Stützphase auf dem Vorfuß erfolgte, wurde eine Landung als erfolgreich toleriert, wenn die vorderen 2/3 des Fußes auf der Kraftmessplatte landeten.
[20] Mindestens die Hälfte des Fußes musste innerhalb des Tunnels liegen.

Um einen allgemeinen Einblick in die kinematischen und kinetischen Kurvenverläufe zu bekommen - vor allem auch vor dem Hintergrund, dass für den mHDST mit 40 Aufnahmen pro Bein sehr viele trials nötig waren, um mindestens drei erfolgreiche Sprung-Landemanöver zu erhalten - wurden alle Sprünge bearbeitet und visualisiert. Dies ermöglichte während der Auswertung stichprobenmäßig zu kontrollieren, ob bei den Aufnahmen gegen Ende generell eine schlechtere Bewegungspräsentation (z.B. mehr Valgus) zu verzeichnen war als bei den frühen Aufnahmen in ausgeruhtem Zustand (vgl. Kap. II.8.2.1).

Die Nachbearbeitung der mit dem Vicon Bewegungsanalysesystems erhobenen kinematischen und kinetischen Rohdaten erfolgte überwiegend mit der systemeigenen Software Vicon Workstation® (Version 4.6) sowie mit eigens im Labor geschriebenen Matlab-Routinen (MATLAB, R2009a). Die Datenverwaltung und -organisation wurde in der Vicon Workstation® über die sogenannte Eclipse gemanagt. Hier wurden die Probandinnen unter hausinternen Identifikationsnummern geführt und die Daten in Anlehnung an das Messprotokoll strukturiert. Die Eclipse diente außerdem dazu, spezifische Informationen wie getestete Seite(n), verwendete Kraftmessplatte(n), EMG Kanalbelegung etc. zu dokumentieren, auf die softwaretechnisch im weiteren Auswertprozess zurückgegriffen werden konnte.

Als erster Nachbearbeitungsschritt in der Workstation® erfolgte nach Eingabe der jeweiligen „subject measurements“ die Berechnung der Gelenkachsen und -zentren anhand des *statischen Modells* und der KAD-Aufnahme (vgl. Kap. II.6.5.2.1). Daraufhin wurden die Marker in allen „c3d-trials“ (3D Aufnahmen) gelabelt, d. h. ihrer entsprechenden PiG-Bezeichnung zugeordnet (z.B. LKNE = linkes Knie, vgl. Kap.II.6.5.2.1). Sofern sich bei der Durchsicht der Daten Lücken in den Trajektorien fanden, wurden diese mit speziellen Rechenmodellen bis maximal 15 Frames gefüllt. In wenigen Ausnahmefällen wurde diese Grenze vereinzelt auf 30 Frames hochgesetzt. Beim Auffüllen von Lücken in den Trajektorien ist Vorsicht geboten, da das Auffüllen einer zu hohen Frameanzahl zu beträchtlichen Verfälschungen der Messergebnisse führen kann (Alimusaj, 2005). Des Weiteren mussten Artefakte, die zu einer Verzerrung des 3D rekonstruierten Marker-Modells führten, gelöscht und trials aus diversen Gründen (z.B. doppelte Markererkennung) anhand definierter Rekonstruktionsparameter rekonstruiert werden.

Es folgte das Festlegen des auszuwertenden Bewegungszeitraumes, indem sogenannte „Events“ gesetzt wurden. Da die Software Workstation® primär für die Ganganalyse ausgelegt ist, war dabei darauf zu achten, dass immer mindesten drei Events in einem trial gesetzt wurden (≙ einem Gangzyklus[21]), um die Routine Auswert-Softwaretools verwenden zu können. Die Eventsetzung für diese Studie hatte zum Ziel, die Bodenkontaktphase zu definieren und erfolgte nach folgender Struktur:

Drop Jump:

1. Event: Erstkontakt (Initial Contact, IC) auf der Kraftmessplatte nach dem Fallenlassen vom Kasten; Beginn der Bodenkontaktphase
2. Event: Verlassen der Kraftmessplatte (Toe Off, TO); Ende der Bodenkontaktphase
3. Event: IC auf der Kraftmessplatte nach der zweiten Flugphase

mHDST:

1. Event: IC auf der Kraftmessplatte nach dem Schlagen des Balles über Kopf; Beginn der Bodenkontaktphase
2. Event: Verlassen der Kraftmessplatte (TO); Ende der Bodenkontaktphase
3. Event: 10 Frames (rein auswerttechnisch begründet) nach dem TO

Der IC wurde als der Zeitpunkt definiert, an dem die vertikale Bodenreaktionskraft erstmalig 30 N (Newton) überstieg. Analog dazu wurde die Bodenkontaktphase als beendet gesehen, wenn die vertikale Bodenreaktionskraft weniger als 30 N betrug (Abbildung 18). Nach Festlegung des Schwellenwerts wurden die Events automatisch durch eine Pipelinefunktion von der Software erzeugt. Alle Events wurden visuell kontrolliert und gegebenenfalls manuell korrigiert bzw. optimiert.

Als letzter Bearbeitungsschritt innerhalb der Vicon Workstation® erfolgten mittels des *dynamischen Modells* die Berechnungen der Kinematik und Kinetik, inklusive der inversen Dynamik, der ausgewählten dynamischen Aufnahmen. Durch die Rechenmethode der inversen Dynamik ist es möglich, anhand von Kinematik, Bodenreaktionskräften und spezifischer Anthropometrie, Rückschlüsse auf intern resultierende Gelenkkräfte und –momente zu ziehen (Huber et al., 2009).

Die Daten wurden daraufhin mit der laboreigenen Visualisierungssoftware „MoMo“ (Motion Modeller, Jan Simon) für die einzelnen Versuchspersonen in Form von

[21] Ein Gangzyklus setzt sich aus einer Stand- und Schwungphase desselben Fußes (Doppelschritt) zusammen und wird in der klassischen Ganganalyse über folgende drei Events definiert: 1) Intial Contact (IC) = initialer Bodenkontakt, Beginn der Standphase; 2) Toe Off (TO) = Fuß verlässt den Boden am Ende der Standphase, Beginn der Schwungphase; 3) IC = Initialer Bodenkontakt nach Schwungphase, Beginn der nächsten Standphase (Götz-Neumann, 2003; Perry, 2003).

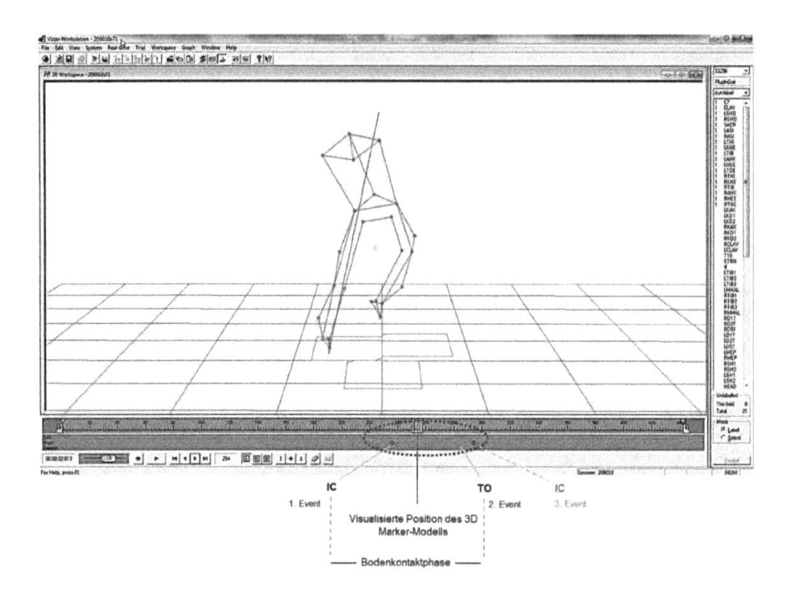

Abbildung 18: Eventsetzung in der Vicon Workstation ®. 1. Event = IC (Initialer Bodenkontakt, vGRF > 30 N), 2. Event = TO (Toe Off, Verlassen der Kraftmessplatte, vGRF < 30 N). 3. Event = 10 Frames nach dem TO (rein auswerttechnisch begründet). Frontalansicht zum Zeitpunkt der maximalen Knieflexion beim modifizierten Heidelberger Sprungkoordinationstest - Kondition „jump-land-side-cut"

zeitnormalisierten Einzel- und Mittelwertkurven grafisch dargestellt und zur weiteren Analyse exportiert. Im Falle von extrem abweichenden Einzelkurven wurden die c3d-trials und die frontalen Videoaufnahmen nochmal begutachtet um sicher zu gehen, dass alle Kriterien für einen erfolgreichen Sprung gegeben waren. Sofern dies der Fall war, ging der trial in die statistische Analyse mit ein und wurde nicht im Sinne eines Ausreißers aussortiert. Ergab die wiederholte Videoanalyse eine Verletzung der Auswahlkriterien, wurde stattdessen der nächste erfolgreiche Sprung in die Analyse aufgenommen. Nachdem der Auswahlvorgang abgeschlossen war, konnten die kinematischen und kinetischen Parameter für die Hypothesenprüfung anhand der Matlab-Routine „GDMiner" (Gait Data Miner, Dimitrios Patikas, 2006) berechnet werden.

In Anlehnung an die in Kapitel I.1.2 beschriebenen biomechanischen Risikofaktoren bei VKB-Verletzungen, wurden folgende Parameter für die Hypothesenprüfung ausgewählt (vgl. Tabelle 7). Die Abbildung 19a, b veranschaulicht die Definition der kinematischen Variablen (Vicon, 2017).

Tabelle 7: Parametrisierung der kinematischen und kinetischen Daten

Ebene	Kinematische Parameter (°)	Kinetische Parameter (Nm/kg)
Sagittalebene	- maximaler Knieflexionswinkel - sagittales Kniebewegungsausmaß	- maximales Knieflexionsmoment
Frontalebene	- maximaler Knievalguswinkel - frontales Kniebewegungsausmaß	- maximales Knievalgusmoment
Transversalebene	- maximaler Knieinnenrotationsswinkel - transversales Kniebewegungsausmaß	- maximales Knieinnenrotationsmoment

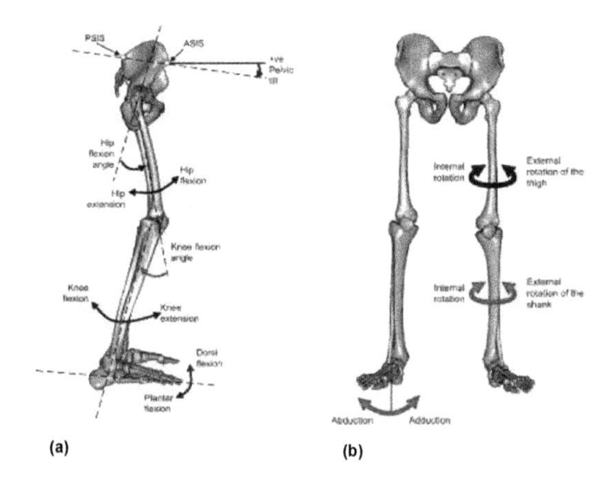

Abbildung 19a, b: Definition der kinematischen Variablen (rot markiert). **(a)** Knieflexion/ -extension (Sagittalebene) **(b)** Knieabduktion/-adduktion (≙ Knievalgus/-varus, Frontalebene) und Knieinnen-/-außenrotation (Transversalebene) (modifiziert nach Vicon, 2017, S. 78. Reproduktion mit freundlicher Genehmigung. Copyright © 2016-17 Vicon Motion Systems Ltd.

In die statistische Analyse des DJs gingen die Mittelwerte oben genannter Parameter der ersten sechs erfolgreichen Sprünge ein. Aufgrund der hier gewählten Bewegungsausführung „ohne Armeinsatz" erfolgt die Hypothesenprüfung für den DJ nur in der Frontal- und Transversalebene. Bei einer derartigen Ausführung wird aufgrund der kurzen Bodenkontaktzeit nicht erwartet, dass die Probandinnen nach der Intervention mehr Knieflexion zeigen. Tendenziell wird sogar eher das Gegenteil erwartet. In die statistische Analyse des mHDSTs gingen pro Kondition die Mittelwerte oben genannter Parameter der ersten drei erfolgreichen Sprung-Landemanöver ein.

Die grafische Visualisierung der zeitnormalisierten Gruppenmittelwertskurven (101 Datenpunkte) (vgl. Kap. II.7.3.2.1 und II.7.3.2.2) erfolgte anhand des Matlab-Tools „IViT“ (Individual Visualization Tool, Dimitrios Patikas, 2006).

6.6.3 Elektromyographie

Das EMG-Signal ist von Natur aus stochastisch und unterliegt einer Vielzahl von biologischen und nichtbiologischen Einflussfaktoren (Farina et al., 2002; Konrad, 2011; Merletti et al., 2001; Zipp, 1989). Für eine quantitative Datenanalyse bedarf es daher einer EMG-spezifischen Signalverarbeitung, um die Reliabilität und Validität der zu analysierenden Parameter zu steigern (Konrad, 2011; Pfeifer & Vogt, 2004).

Die Signalverarbeitung der EMG-Rohdaten erfolgte mit verschiedenen speziell für dieses Projekt im Labor entwickelten Software Tools in Matlab (R2009a, MathWorks®). Die Signalbearbeitungsschritte umfassten das Filtern und Vollgleichrichten; Berechnen der Analyseparameter sowie die MVC Normalisierung und Mittelung der Analyseparameter über mehrere Bewegungszyklen. Um Signalanteile, die außerhalb des physiologischen Frequenzbandes liegen, zu eliminieren (Gruber et al., 2009), wurden alle EMG-Daten (Nutzsignal und MVC) mit einem 20-500 Hz Butterworth-Bandpassfilter (2. Ordnung) gefiltert. Die Wahl des Filters erfolgte anhand der optischen Kontrolle des Signals unter Anwendung verschiedener Filter und in Anlehnung an thematisch ähnliche Studien, vor allem im Hinblick auf die hohe Dynamik der Kriteriumsbewegungen. Als Grundlage für die spätere amplitudenbezogene Auswertung wurden alle Signale vollgleichgerichtet (= Invertierung aller negativen Signalanteile) (Pfeifer & Vogt, 2004; Winter, 1990). Die Quantifizierung der EMG-Aktivität erfolgte anhand der mittleren Amplitude (meanEMG) innerhalb spezifischer funktioneller Zeitphasen des DVZ, die im Weiteren erläutert werden. Die vertikale Bodenreaktionskraft diente als Trigger der EMG-Daten, dies ermöglichte die zeitphasenbezogene Auswertung der Signale.

Wie in Kapitel I.2.3 erläutert kommt der Vorinnervationsphase und der Phase der reflexinduzierten Aktivität im Hinblick auf die Prävention von VKB-Verletzungen eine besondere Bedeutung zu. Zum einen stellt die zentralnervöse Feedforward-Strategie (Vorinnervation) die zentrale Einflussgröße dar, um Verletzungen zu verhindern. Louie et al. konnten schon 1987 (nach Pfeifer, 1996) zeigen, dass sowohl willkürliche als auch reflektorische Reaktionen auf destabilisierende Kräfte zu langsam sind, um Gelenkstabilität aufrechtzuerhalten. Zum anderen ereignet sich die VKB-Ruptur in der Regel in der frühen Landephase, ca 40 ms nach initialem Bodenkontakt

(Koga et al., 2010), ein Zeitraum, der der innerhalb der reflexinduzierten Aktivitätsphase liegt. Vor diesem Hintergrund wurde das EMG des Nutzsignals in Anlehnung an Gollhofer et al. (1990) in folgende funktionelle Zeitphasen unterteilt: Voraktivität (VOR, definiert als die Periode 150 ms vor Bodenkontakt, (vgl. Pfeifer & Banzer, 1999), reflexinduzierte Aktivität (RIA, 30-120 ms nach Bodenkontakt) und totale EMG Aktivität über die gesamte Standphase (STAND ≙ Bodenkontaktphase). Die Abbildung 20 veranschaulicht exemplarisch die phasenspezifische Einteilung des Elektromyogramms für die dynamisch funktionellen Tests.

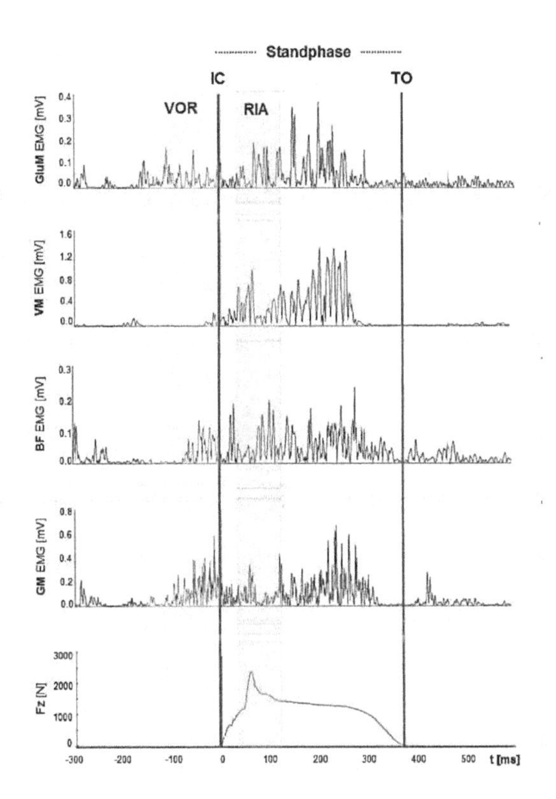

Abbildung 20: Darstellung der analysierten Bewegungsphasen. Gleichgerichtetes und gefiltertes EMG (20-500 Hz) einer Probandin beim mHDST – Kondition „jump-land-side-cut". GluM = M. glutaeus medius, VM = M. vastus medialis, BF = M. biceps femoris, GM = M. gastrocnemius medialis, Fz = vertikale Bodenreaktionskraft. IC = Initial Contact, TO = Toe off, VOR (Vorinner-vationsphase) = Periode 150 ms vor Bodenkontakt; RIA (Phase der reflexinduzierten Aktivität) = 30-120 ms nach Bodenkontakt (in Anlehnung an Gollhofer et al., 1990). Die Abbildung basiert auf nicht normalisierten Daten, d. h. es kann lediglich das Muster der Kurven verglichen werden, nicht die absoluten Werte.

Die MVC-Daten wurden wie folgt bearbeitet. Anhand eines speziellen Tools in Matlab („mvcg") konnten die MVC-Signale der zwei Messungen mit der synchronisierten Kraft-Zeitkurve visualisiert (vgl. Kap. II.6.5.3.2) und das jeweils für die Normierung zu verwendende Zeitfenster bestimmt werden. Für die Normierung wurde das meanEMG eines Zeitfensters aus 1000 Datenpunkten berechnet, an der Stelle des trials, an der das stabilste Maximalkraftplateau zu sehen war (Aragao et al., 2015). Ziel dieses Verfahrens war es eine stabile Reproduktion des MVC-Innervationsniveaus zu gewährleisten. Das Zeitfenster wurde visuell-manuell bestimmt, dabei wurde darauf geachtet, dass es im mittleren Bereich des aufgezeichneten Signals lag (vgl. Abbildung 21).

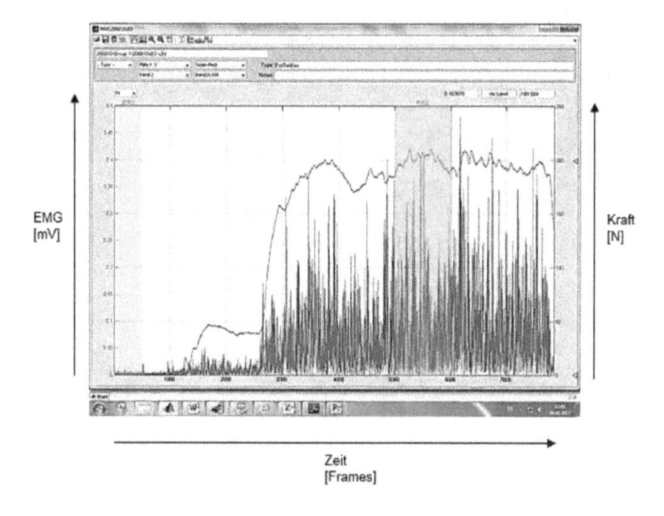

Abbildung 21: Maximale isometrische Willkürkontraktion des M. vastus medialis (dominante Seite). Die synchrone Aufzeichnung des EMG-Signals und der Kraft-Zeitkurve ermöglicht es, das MVC Signal als Normierungsgrundlage über ein Zeitfenster von 1000 Frames zu berechnen, zu einem Zeitpunkt, an dem die Probandin ein stabiles Kraftplateau zeigt.

Die Normierung des Nutzsignals (meanEMG_{Sprung}) erfolgte an dem MVC-Referenzwert (meanEMG_{MVC}) der beiden Messungen mit dem höheren Innervationsniveau. Der Normierungsvorgang wurde phasen- und muskelspezifisch für jeden einzelnen trial durchgeführt:

$$\frac{\text{meanEMG}_{Sprung}}{\text{meanEMG}_{MVC}} = \text{meanEMG}_{norm}$$

Abschließend wurde das meanEMG$_{norm}$ über mehrere Bewegungszyklen einer Versuchsperson gemittelt. In die statistische Analyse ging das über sechs (DJ) bzw. drei (mHDST) trials gemittelte phasenspezifische meanEMG$_{norm}$ ein (vgl. Tabelle 8).

Tabelle 8: Parametrisierung der elektromyographischen Daten. Phaseneinteilung in Anlehnung an (Gollhofer et al., 1990)

Elektromyographische Parameter
Phasenbezogenes meanEMG$_{norm}$ für die - Vorinnervationsphase (Periode 150 ms vor Bodenkontakt) - Reflexinduzierte Aktivitätsphase (30-120 ms nach Bodenkontakt) - Standphase (Bodenkontaktphase)

meanEMG$_{norm}$ = MVC normalisierte mittlere Amplitude

6.7 Fehlermaße

Für die Interpretation der Ergebnisse ist es wichtig sich der Fehlermaße der verwendeten Methoden bewusst zu sein. Die Genauigkeit der Daten hängt zum einen von der technischen Variabilität der verwendeten Messsysteme/-geräte und zum anderen von der biologischen Variabilität der beteiligten Individuen (Untersucher/Versuchspersonen) ab. Im Folgenden werden die Fehlerquellen für das Messverfahren der 3D-Bewegungsanalyse und der Elektromyographie gesondert erörtert.

Dreidimensionale Bewegungsanalyse

Eine erste Fehlerquelle bei instrumentellen Bewegungsanalysen stellen - neben den Mess-ungenauigkeiten der Messsysteme (Chiari et al., 2005) - inkorrekte und ungenaue Markerplatzierungen auf der Haut dar (Baudet et al., 2014; Della Croce et al., 2005; Sutherland, 2002). Eine fehlerhafte Markerplatzierung wirkt sich über das Marker-Modell, das von den detektierten Positionen ausgeht, auf die Kalkulation der Gelenkzentren und damit weiter auf die Gelenkwinkel aus. Arbeiten von Ramakrishnan &Kadaba (1991) bei denen die Flexions-/Extensionsachse des Kniegelenks gezielt in der Transversalebene variiert wurde (± 15°, in 5° Schritten), konnten zeigen, dass die Kniewinkel in der Sagittalebene relativ wenig davon beeinflusst wurden. Die Ergebnisse in der Frontal- und Transversalebene dagegen, waren in Abhängigkeit des sagittalen Kniewinkels, mit größeren Fehlern behaftet („cross-talk" Effekt). Ramakrishnan und Kollegen beobachteten, dass sich der Messfehler des Valgus-/Varuswinkels mit zunehmender Kniebeugung vergrößerte. Im Gegensatz zum Messfehler des Rotationswinkels, der bei geringer Kniebeugung sehr präsent war - fast genauso groß, wie der provozierte Fehler in der Achsenbestimmung - und mit zunehmender Kniebeugung abnahm (vgl. Abbildung 22). Die Abbildung verdeutlicht, dass eine zu sehr nach innenrotierte Knie-Flexions-/Extensionsachse in einer vermehrten Varus- bzw. Außenrotationsstellung und eine zu sehr nach außenrotierte Achse dementsprechend in einer vermehrten Valgus- bzw. Innenrotationsstellung resultiert. Schon ein kleiner Fehler von 5° Achsabweichung führt in Abhängigkeit des sagittalen Kniewinkels zu offensichtlich fehlerhaften Winkeln in der Frontal- und Transversalebene.

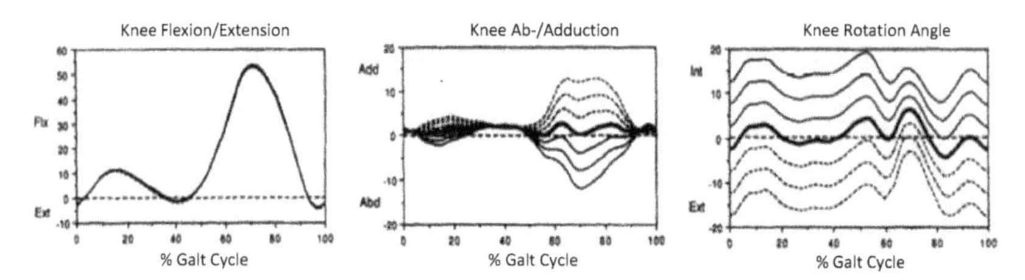

Abbildung 22: Variation in knee joint angles (Euler Model) of a representative normal subject corresponding to internal (dotted lines) and external (solid thin lines) perturbation of the knee flexion-extension axis in steps of 5°. Reference data are shown as solid thick lines. The outermost curves correspond to a perturbation of 15° in flexion-extension axis (Ramakrishnan & Kadaba, 1991, p. 971). Reprinted with friendly permission. Copyright © 1991 Elsevier Ltd.

Auch Mok et al. (2015) konnten in einer methodologischen Studie zeigen, dass schon geringe Veränderungen im Markerplacement zu signifikant veränderten Knievalguswinkeln führen. Da dem Modell der inversen Dynamik als Ursprungsgrößen die Kinematik und die Bodenreaktionskräfte zugrunde liegen, setzen sich fehlerhafte Winkelberechnungen aufgrund ungenau platzierter Marker in den Berechnungen der Kinetik fort. Vor diesem Hintergrund sollten die Ergebnisse der Frontal- und Transversalebene mit Vorsicht interpretiert werden, da sie mit größeren Fehlern behaftet sind als die der Sagittalebene. Um Messfehler aufgrund einer unzuverlässigen Markeranbringung zu minimieren, wurde die Klebung immer von der gleichen Person (Testleitung) und nach dem gleichen methodischen Vorgehen durchgeführt.

Als kritischste und größte Fehlerquelle bei stereographischen Bewegungsanalysen werden Markerbewegungen durch Hautverschiebungen im Bezug zur knöchernen Struktur, sogenannte „soft tissue artifacts“ angesehen (Gao & Zheng, 2008; Leardini et al., 2005; Lucchetti et al., 1998). Die Bewegungen der Marker in Relation zum Skelett können durch Formveränderungen der elastischen Bindegewebsstruktur, oder Muskelkontraktionen hervorgerufen werden. Laut Leardini et al. (2005) sind sie abhängig von der jeweiligen Bewegungsaufgabe und scheinen nicht zwischen Subjekten reproduzierbar zu sein. „Soft tissue artifacts“ und der zuvor beschriebene kinematische „cross-talk“ Effekt sind die Hauptgründe dafür, dass die instrumentelle 3D-Bewegungsanalyse trotz ihrer Wiederholbarkeit, die tatsächliche Skelett-Gelenkkinematik - im Vergleich zu röntgenologischen Techniken - nicht akkurat abbilden kann (Chua et al., 2016). Hinzu kommt, dass sich Markerbewegungen mit zunehmender Dynamik verstärken. Reinschmidt et al. (1997) konnten durch Untersuchungen, bei denen Kniewinkel in allen drei Ebenen anhand von „bone pin markern“ (Knochenstifte mit Markern) und Hautmarkern verglichen wurden, stärkere Markerbewegungsartefakte beim Rennen als beim Gehen nachweisen. Benoit et al. (2006) zeigten durchschnittliche absolute Fehler zwischen Haut- und Knochenmarkern von bis zu 4,4° (Valgus-/Varuswinkel) und 13 mm (anterior-posteriore Translation) beim Gehen und bis zu 13,1° (Valgus-/Varuswinkel) und 16,1 mm (anterior-posteriore Translation) bei cutting Manövern. In Bezug auf die drei Betrachtungsebenen zeigen in vivo Studien eine gute Übereinstimmung der Knochen- und Hautmarker für die Sagittalebene, jedoch nur eine schwache Übereinstimmung für die Frontal- und Transversalebene (Benoit et al., 2006; Leardini et al., 2005; Reinschmidt et al., 1997). Diese Fehlerquelle haftet allen optischen Messsystemen an, die mit Hautmarkern arbeiten und kann vom Untersucher nicht ausgeschlossen werden. Um zu vermeiden, dass aufgrund von sehr unterschiedlichen Ausführungen der geforderten Testbewegung unterschiedlich starke Markerbewegungsartefakte provoziert werden, sollte auf eine gute Teststandardisierung (Absprungweite, Sprunghöhe etc.) geachtet werden. Dies wurde bei der hier vorliegenden Studie berücksichtigt.

Eine weitere Unsicherheit der Daten ergibt sich aus den Modellen zur Berechnung der Kinematik und Kinetik. Unterschiedliche Rechenmodelle führen zu unterschiedlichen Ergebnissen (Nair et al., 2010). Dies sollte beim Vergleich der Ergebnisse mit anderen Studien bedacht werden.

Die Kinematik und Kinetik wurde innerhalb der Bodenkontaktphase analysiert, die durch das Setzen von Events definiert wird. Auch hier können Fehler auftreten. Als Schwellenwert für Beginn und Ende der Bodenkontaktphase wurde eine Krafteinwirkung von 30 N auf den Kraftmessplatten (1080 Hz) festgelegt (vgl. Kap. II.6.6.2). Die Events wurden über eine Pipelinefunktion automatisch von dem Programm gesetzt. Alle Events wurden visuell in der Vicon Workstation (120 Hz) kontrolliert und gegebenenfalls korrigiert bzw. optimiert. Der Fehler bei der visuellen Eventkorrektur wird auf maximal ± 2 Frames (≙ 33,33 Millisekunden) geschätzt.

Elektromyographie

Wie in Kapitel I.3.2 beschrieben, unterliegen EMG-Signale neben den gerätebedingten Messfehlern zahlreichen Einfluss- bzw. Störfaktoren, was das Einhalten standardisierter Leitlinien für elektromyographische Ableitungen unabdingbar macht. In dieser Studie wurden die Messungen auf der Grundlage des europäischen Standardisierungsprojekts SENIAM (Hermens et al., 1999) und elektromyographischer Standardliteratur (Cram & Kasman, 1998; De Luca, 1997; Kamen, 2014; Konrad, 2011; Merletti et al., 2001; Pfeifer & Vogt, 2004; Soderberg & Knutson, 2000; Zipp, 1989) durchgeführt. Die Elektrodenapplikation wurde bei allen Messungen von derselben Person (Testleitung) vorgenommen. Dabei galt, gemäß den SENIAM Richtlinien, ein besonderes Augenmerk der Hautpräparation, der Elektrodenpositionierung und -ausrichtung und dem Interelektrodenabstand. Laut Gollhofer &Schmidtbleicher (1989) beruhen Artefakte *„in 90% aller Fälle [...] auf einer mangelhaften Präparation der Elektrodenableitstelle"* (S. 77). Merletti et al. (2001) konnten in einem Übersichtsartikel anschaulich verdeutlichen, dass Veränderungen der empfohlenen Elektrodenpositionierung (Applikation direkt über der Innervationszone anstatt zwischen der Innervationszone und dem Muskel-Sehnenübergang) und Elektrodenausrichtung (keine parallele Ausrichtung zur Muskelfaserrichtung) mit deutlichen Signalveränderungen im Roh EMG einhergehen. Neben der Orientierung an den SENIAM Leitlinien waren die Probandinnen deswegen aufgefordert, die mittels einer Schablone aufgetragenen Markierungen für die Elektrodenableitpunkte 8 Wochen lang mit einem wasserfesten Stift täglich nachzutragen.

Zur Minimierung von cross-talk wurden kleine Oberflächenelektroden (Kamen, 2014) der Firma Ambu vom Typ Blue Sensor Mini (NF-00-S/25) verwendet. Um beim Prä- und Post-Test vergleichbare Messbedingungen hinsichtlich des Elektrolytzutritts durch Schweißbildung zu haben, wurde darauf geachtet, dass die Raumtemperatur im Labor immer gleich war und die Probandinnen ein identisches Aufwärmprogramm absolvierten.

Ein häufig diskutiertes Thema bei dynamischen EMG Studien ist die Normalisierung des Signals an einer statischen (isometrischen) MVC (Clarys, 2000). Kritiker merken an, dass das dynamisch erhobene Nutzsignal z. T. höher ist als die MVC-Messung, so dass sich durch die Normierung Werte über 100% ergeben. Als Alternative wird die Normierung an einem versuchsinternen Mittelwert (meanEMG, root mean square etc.) vorgeschlagen. Hier ist die Reproduzierbarkeit der Daten aufgrund des stochastischen Charakters des Signals und möglicherweise stärkerer Störsignale (da kein statisches Signal) kritisch zu hinterfragen (Wollny, 2009). In dieser Studie wurden die MVCs unter isometrischen Bedingungen als Normierungsgrundlage gewählt, da sie gut standardisiert durchgeführt werden können. Dabei gilt es zu beachten, dass die maximalen Willkürkontraktionswerte ohne Training 20-30% geringer ausfallen können und damit zu einer Missinterpretation der Daten führen können (Merletti, 1999). Um diese Fehlerquelle zu minimieren wurden die Handballerinnen beim Prä-Test mit der MVC-Messung vertraut gemacht und instruiert die maximale Muskelaktivierung zu Hause zu üben. Am Tag der Messung wurden vor der Datenaufnahme pro Muskelgruppe und MVC-Kondition (vgl. Kap. II.6.5.3.2) jeweils zwei Übungsdurchgänge absolviert.

Aufgrund der großen biologischen Variabilität des Muskel-Skelett-Systems kann auch bei elektromyographischen Ableitungen, wie bei der kinematischen und kinetischen Daten-erhebung, eine unpräzise Teststandardisierung die Ursache für ungenaue Daten sein. Dieser Fehlerquelle wurde wie oben erwähnt bestmöglich Rechnung getragen.

6.8 Statistik

Die statistische Datenverarbeitung erfolgt mit der Statistik Software IBM SPSS Statistics, Version 23 (SPSS Inc., Chicago, USA). Die Daten werden mittels Shapiro Wilk Test auf Normalverteilung überprüft. Der Shapiro Wilk Test eignet sich für die Überprüfung auf Normalverteilung bei kleinen Stichproben, da er auch bei geringem Stichprobenumfang ($n < 50$) eine vergleichsweise hohe Teststärke aufweist (Yazici & Yolacan, 2007). Für alle Studienfragen wird ein α-Signifikanzniveau von .05 angenommen, um eine statistische Signifikanz zu identifizieren.

Die Analyse mittels Shapiro Wilk Test ergibt für die anthropometrischen Daten überwiegend normalverteilte und für die subjektiven Funktionseinschätzungen und das Aktivitätslevel nicht normalverteilte Daten. Die Prüfung, ob es zum Zeitpunkt des Prä-Tests signifikante Unterschiede zwischen den beiden Interventionsgruppen hinsichtlich dieser Variablen gibt, erfolgt dementsprechend für die anthropometrischen Daten mittels parametrischer Verfahren (*t*-Test) und für den Lysholm Score und das Aktivitätslevel mittels parameterfreier Verfahren (Wilcoxon-Test). Um zu klären, ob sich die R_G beim Prä-Test signifikant von der KO_G oder der KR_G unterscheidet, wird analog dazu eine einfaktorielle Varianzanalyse (Analysis of variance, ANOVA) mit Bonferroni-korrigierten post HOC Verfahren für die anthropometrischen Daten und ein Kruskal-Wallis-Test mit Bonferroni-korrigiertem Signifikanzniveau ($p = 0.0167$ (0.05/3)) für den Lysholm Score und das Aktivitätslevel gerechnet.

Die Kraft- und Gleichgewichtsdaten (Kontrollvariablen) sowie die biomechanischen Daten (3D-Bewegungsanalyse und EMG) erweisen sich als überwiegend normalverteilt. Die Interventionseffekte werden folglich mit parametrischen Verfahren überprüft.

Die Analyse der Gruppenunterschiede erfolgt nach Vickers & Altman (2001) mittels Kovarianzanalyse (Analysis of covariance, ANCOVA) im Prä-Post-Design. Dabei bildet der Post-Wert die abhängige Variable und der Prä-Wert die Kovariate. Dieses statistische Verfahren hat den Vorteil, dass Unterschiede zum Zeitpunkt des Prä-Tests berücksichtigt und kontrolliert werden. Als Voraussetzung für die ANCOVA gilt neben der Normalverteilung eine Varianzhomogenität der Daten. Der F-Test nach Levene bestätigt homogene Varianzen. Die Berechnung der Effektstärken erfolgt über das partielle Etaquadrat (η^2) (Cohen, 1988; Field, 2009).
Die Prä-Post-Veränderungen innerhalb der beiden Trainingsgruppen werden mittels gepaartem *t*-Test berechnet. Da in SPSS beim gepaarten *t*-Test keine automatische Berechnung der Effektstärke erfolgt, wird im Falle von signifikanten Prä-Post-Unterschieden innerhalb der Gruppen im Anschluss Cohen´s d_z als Maß der (Durchschnittsdifferenz-)Effektstärke berechnet. Für die Berechnung wird die Prä-Post-Differenz durch die Standardabweichung der gepaarten Differenzen dividiert, d. h. der Zusatz „z" steht an dieser Stelle für Differenz (Cohen, 1988; Lakens, 2013).
Sofern Gruppeneffekte auftreten und die *t*-Testanalyse ergibt, dass sich beide Gruppen verbessert haben, wird im Anschluss ein ungepaarter *t*-Test mit der Differenz Post-Test – Prä-Test für die entsprechende Variable durchgeführt. Dies ist notwendig, um zu klären, ob sich die Koordinationsgruppe im Sinne der Hypothesenformulierung „stärker verbessert" hat als die Kraftgruppe.

Aufgrund der nur überwiegend normalverteilten Datenlage der Kraft-, Gleichgewichts- und Biomechanikdaten werden im Falle von signifikanten Prä-Post-Unterschieden die entsprechenden Variablen auf Normalverteilung überprüft und gegebenenfalls nichtparametrisch (Wilcoxon-Test) nachgerechnet. Sollten die parameterfreien Verfahren die zuvor errechneten Signifikanzen nicht bestätigen, wird dies im Textteil gesondert aufgeführt.

Am Ende der Ergebnisdarstellung steht als Blick über den Tellerrand die Frage, ob es einen Zusammenhang zwischen Bewegungsangst und biomechanischer Bewegungspräsentation gibt. Da die Daten der Tampa Scale of Kinesiophobia (TSK-11) normalverteilt sind, wird hierfür eine Produkt-Moment-Korrelation nach Pearson gerechnet.

Die Hypothesenprüfung erfolgt für jeden Test und jedes Bein (dominant/nichtdominant) separat. Aufgrund der sehr komplexen Testbewegungen, die mit einer großen „interindividuellen Varianz der abhängigen Variablen" einhergehen, wurde das besagte Alpha-Level (0.5) verwendet (Fleischmann, 2011). Bei der Ergebnisdarstellung werden aufgrund des Pilotcharakters der Studie statistische Trends (marginale Signifikanzen, $p < .10$), (Rasch et al., 2010) berücksichtigt. Die Zusammenfassung der Interventionseffekte beschränkt sich auf signifikante Effekte.

7 Ergebnisse

Die Ergebnisdarstellung beginnt mit der Charakterisierung der Stichprobe (Kap. II.7.1). Es folgt die Analyse der Test-Retestreliabilität (Kap. II.7.2), bei der die Kinematik und Kinetik getrennt betrachtet werden. Im anschließenden Kapitel II.7.3 werden die Interventionseffekte präsentiert. In Anlehnung an das Kapitel Material und Methodik erfolgt dabei zuerst die Ergebnisdarstellung für die Kontrollvariablen Maximalkraft und statisches Gleichgewicht und dann für die dynamisch funktionellen Tests. Die Auswirkungen der spezifischen Trainingsprogramme auf die Gelenkwinkel, die Gelenkmomente und die neuromuskuläre Aktivierung bei hochdynamischen Belastungen werden jeweils in einzelnen Kapiteln dargestellt. Zusätzlich erfolgt als Beobachtungen außerhalb der Hypothesen eine Analyse der vertikalen Bodenreaktionskraft und Bodenkontaktzeit. In Kapitel II.7.4 wird der Zusammenhang von Bewegungsangst und biomechanischer Bewegungspräsentation überprüft. Das abschließende Kapitel II.7.5 widmet sich der Einzelfallanalyse einer Athletin der Koordinationsgruppe. Diese Athletin erlitt sieben Monate nach Beendigung des koordinativen Trainingsprogramms während eines Ligaspiels eine VKB-Ruptur ohne Gegnerkontakt. Da bei einer kleinen Stichprobe einzelne Versuchspersonen die Datenlage erheblich beeinflussen können und die retrospektive Betrachtung dieser Probandin deutliche Hinweise darauf gibt, dass es sich hier um eine „Risiko-Athletin" handelt, wird der Einzelfalldarstellung ein eigenes Kapitel gewidmet. Zudem steht bei diesem Kapitel im Fokus weitere Erkenntnisse für die Identifizierung von „Risiko-Athletinnen" für VKB-Verletzungen zu erlangen, um diese frühzeitig mit den entsprechenden Präventionsprogrammen versorgen zu können.

7.1 Stichprobencharakterisierung

In diesem Kapitel werden zunächst die Parameter dargestellt, die für die gepaarte Randomisierung der Interventionsgruppe und das Matching der Reliabilitätsgruppe verwendet wurden (Anthropometrische Daten, Lysholm Score, Tegner Aktivitätslevel und Kniegelenks IKDC-Grad). Darauf folgen weitere für das Thema der Studie wichtige Informationen, die aus dem allgemeinen Fragebogen ausgewertet wurden, zu den Bereichen: Sportumfang/Woche, bisherige Spielerfahrung (Spiellevel), alte Verletzungen sowie subjektive Angaben zu Stabilität, Schmerz und Motivation zu Beginn der Studie.

Alle Studienteilnehmerinnen waren zum Zeitpunkt der Messungen körperlich gesund, frei von neurologischen Erkrankungen und wiesen keine akuten Verletzungen

S. Erdrich, *Verletzungsprophylaxe im Leistungssport*,
https://doi.org/10.1007/978-3-658-29371-0_8

der unteren Extremitäten auf. Die KO_G hatte zwei Wochen nach Beginn der Studie aufgrund eines VKB-Anrisses, der sich während des regulären Handballtrainings ereignete, einen Drop-out zu verzeichnen (vgl. Flow Chart, Kap. II.6.1). Diese Athletin wurde aus der Analyse ausgeschlossen.

Anthropometrische Daten

Tabelle 9 zeigt die anthropometrischen Daten der beiden Interventionsgruppen und der Sportstudentinnen (Test-Retestreliabilität) zum Zeitpunkt des Prä-Tests im Überblick.

Tabelle 9: Anthropometrische Daten der drei Gruppen beim Prä-Test (Baseline)

	INTERVENTION (MW±SD)		**RELIABILITÄT** (MW±SD)
Variablen	**KO_G (n=6)**	**KR_G (n=7)**	**R_G (n=6)**
Alter (Jahre)	21,3 ± 3,4	24,9 ± 7,2	22,7 ± 1,5
Größe (cm)	171,8 ± 3,7	173,3 ± 4,6	168,0 ± 3,2
Gewicht (kg)	72,5 ± 4,1	69,0 ± 6,0	59,2 ± 4,1 *
BMI (kg/cm^2)	24,6 ± 1,0	22,9 ± 1,5	20,9 ± 1,0 *

KO_G = Koordinationsgruppe; KR_G = Kraftgruppe; R_G = Reliabilitätsgruppe; BMI = Body Mass Index; * = $p < .05$ (R_G vs. KO_G und KR_G)

Die beiden Interventionsgruppen unterscheiden sich zum Zeitpunkt des Prä-Tests hinsichtlich ihrer anthropometrischen Daten nicht signifikant voneinander. Die Handballerinnen der KR_G sind im Durchschnitt etwas älter (3,5 Jahre, $p = .297$) größer (1,5 cm, $p = .551$) und leichter (3,6 kg, $p = .245$) als ihre Handballkolleginnen der KO_G. Die Sportstudentinnen unterscheiden sich hinsichtlich Alter und Größe nicht signifikant von den Handballerinnen der beiden Interventionsgruppen. Es finden sich statistisch signifikante Unterschiede für die Variablen Gewicht und BMI. Die R_G ist signifikant leichter und hat einen signifikant geringeren BMI als die Handballerinnen beider Interventionsgruppen (Gewicht: R_G vs. KO_G: -13,3 kg, $p = .004$, R_G vs. KR_G: -9,7 kg, $p = .010$; BMI: R_G vs. KO_G: -3,6 kg/cm^2, $p = .004$, R_G vs. KR_G: -2,0 kg/cm^2, $p = .027$). Diese Unterschiede wurden aufgrund der Sportart Handball bei gegebenem Leistungsniveau erwartet.

Subjektive Kniefunktion und Aktivitätslevel

Die Tabelle 10 zeigt die Einschätzungen zur subjektiven Kniefunktion der Probandinnen anhand des Lysholm Scores und das angegebene Aktivitätslevel mittels der Tegner Aktivitätsskala beim Prä-Test. Da die Daten der Funktionsscores nicht normalverteilt sind, werden diese anhand des Medians (25.Quartil-75. Quartil) dargestellt.

Tabelle 10: Lysholm Score und Tegner Aktivitätslevel in den drei Gruppen beim Prä-Test

	INTERVENTION (Med (Q25-Q75))		**RELIABILITÄT** (Med (Q25-Q75))
Variablen	**KO_G (n=6)**	**KR_G (n=7)**	**R_G (n=6)**
Lysholm Score	95 (91,5-100)	90 (82-100)	100 (98,8-100)
Tegner Aktivitätslevel	7 (6,8-7)	7 (6-7)	6 (6-6,3)

Der Lysholm Score und das Aktivitätslevel unterscheiden sich zum Zeitpunkt des Prä-Tests nicht signifikant zwischen den Gruppen. Die R_G bewertet ihre Kniefunktionsfähigkeit fast durchweg mit 100%. Beide Interventionsgruppen erreichen einen medianen Lysholm Score von ≥ 90, wobei die KO_G ihre Kniefunktion etwas besser bewertet als die KR_G. Das mediane Aktivitätslevel der beiden Interventionsgruppen liegt bei 7, im Gegensatz zur R_G, in der die Probandinnen überwiegend ein 6er Level angeben, der Unterschied ist, wie beschrieben, jedoch nicht signifikant.

IKDC-Grad-Einstufung im Rahmen der klinischen Untersuchung des IKDC 2000

Die klinische Kniegelenksuntersuchung im Hinblick auf Erguss, Beweglichkeit, Bandstabilität und Knorpelgesundheit im Rahmen des IKDC 2000 führte bei allen Probandinnen der R_G, zu der Einstufung normale Kniegelenke (IKDC-Grad A). Bei den Handballerinnen wurden sowohl normale, als auch fast normale (IKDC-Grad B) Kniegelenke diagnostiziert. In der KO_G befinden sich nach der gepaarten Randomisierung vier Probandinnen mit „A Knien“ und zwei Probandinnen mit „B-Knien“. In der KR_G zeigt sich mit vier „A-Knien“ und drei „B-Knien“ eine ähnliche Verteilung.

Sportumfang/Woche und bisheriges Spiellevel

Die Handballmannschaft hatte unmittelbar vor den Messungen seit 4 Wochen Trainingspause, so dass sie zum Zeitpunkt des Prä-Tests mit Laufen, Kraft und Fitness - oder auch gar keiner zusätzlichen Aktivität zum normalen Alltag - im Schnitt auf 4,6 $\pm$ 2,1 h Sport/Woche kam (KO_G: 5,5 $\pm$ 2,8 h; KR_G: 3,6 $\pm$ 1,1 h[22]). Nach der 6-wöchigen Trainingsintervention gab die KO_G an 10,9 $\pm$ 1,1 h und die KR_G 10,5 $\pm$ 3,2 h Sport/Woche zu treiben. Die Stundenanzahl generierte sich aus den Inhalten der Interventionsprogramme (Koordinations- und Krafttraining) und dem regulären Vereinshandballtraining (Ausdauer und Handballbasics). Die Probandinnen der R_G

[22] Diese Werte beziehen sich auf Angaben von n = 4 der KO_G und n = 5 der KR_G.

machten zum Zeitpunkt der Test-Retest Untersuchungen im Schnitt 7,4 ± 3,4 h Sport/ Woche. Folgende Sportarten wurden dabei angegeben: Handball, Tennis, Leichtathletik, Joggen, Tanzen, Schwimmen, Radfahren und Fitness- bzw. Krafttraining. Zum Zeitpunkt des Prä-Tests trieb die R_G damit etwas mehr und verglichen mit dem Zeitpunkt des Post-Tests etwas weniger Sport/Woche als die Handballerinnen der beiden Interventionsgruppen. Acht Handballerinnen hatten in der vorherigen Saison in der 2. Bundesliga gespielt (KO_G: 3; KR_G: 5). Vier Spielerinnen waren von tieferen Liegen hochgewechselt (KO_G: 3; KR_G:1). Die älteste Probandin war eine ehemalige 1. Bundesliga Spielerin (KR_G). Mit 40 Jahren stach sie deutlich aus der Gesamtstichprobe heraus (vgl. Alter KR_G). Aufgrund ihres früheren Leistungsniveaus und ihrer Spielerfahrenheit konnte sie aber mit ihren jüngeren Teamkolleginnen mithalten, so dass sie in die Studie miteinbezogen wurde. Die KR_G war damit der KO_G, was die bisherige Spielerfahrung betrifft, etwas überlegen.

Alte Verletzungen

Tabelle 11 gibt einen Überblick über die vorausgegangenen alten Verletzungen der Studienteilnehmerinnen, die so lange zurückliegen, dass die Athletinnen die Eingangskriterien der Studie (vgl. Kap. II.7.3) erfüllten. Verletzungen der oberen Extremitäten sowie Beschwerden an der Wirbelsäule in Form von Rückenschmerzen wurden hier nicht berücksichtigt.

Tabelle 11: Alte Verletzungen der beiden Interventionsgruppen und der Reliabilitätsgruppe

Verletzungen	**INTERVENTION**		**RELIABILITÄT**
	KO_G (n=6)	**KR_G (n=7)**	**R_G (n=6)**
LEISTE/HÜFTE			
Leistenbruch und Muskelfaserriss Leiste		1	
OBERSCHENKEL/KNIE			
Zerrung (OS-Vorder-/Rückseite)	1		1
Muskelfaserriss (OS-Vorder-/Rückseite)	2		
IB-Zerrung/-Reizung	1	1	
IB-Läsion	1		
Meniskus-Läsion (IM/AM)	2	3	
Plicaresektion	1		
Patellaluxation	1		
VKB-Anriss	1		
VKB-Riss		2	
UNTERSCHENKEL/FUß			
Knochenhautentzündung			1
Bänderdehnung (USG)		2	2
Bänderriss (USG)	1	3	
Knochenbruch			1
Wachstumsfugenbruch	1		

Die Tabelle verdeutlicht, dass sich in beiden Interventionsgruppen annähernd gleich viele Knieverletzungen mit unterschiedlichen Diagnosen finden (KO_G: 7, KR_G: 6, vgl. Tabelle 11). Auffällig bzgl. des Themas der Studie ist, dass die KR_G zwei alte komplette VKB-Rupturen zu verzeichnen hat (1,9 und 16 Jahre post OP), im Gegensatz zu einem VKB-Anriss in der KO_G (11 Monate post OP). Dafür hat die KR_G keine länger zurückliegenden Verletzungen im Bereich des Oberschenkels vorzuweisen, im Gegensatz zu einer Zerrung und zwei OS-Muskelfaserrissen in der KO_G. Nur eine Studienteilnehmerin (KR_G) gab mit einem alten Leistenbruch und Muskelfaserriss eine alte Verletzung im Bereich der Leiste an. Die R_G hat keine alten Verletzungen am Kniegelenk vorzuweisen, lediglich eine Oberschenkelzerrung. In allen Gruppen waren mit Bänderdehnungen und/oder Bänderrissen alte Verletzungen im Bereich des unteren Sprunggelenks zu verzeichnen, wobei diese in der KR_G (5) deutlich häufiger vorkamen waren als in der KO_G (1) und der R_G (2).

Subjektive Angaben zu Stabilität, Schmerz und Motivation

Die Abbildung 23a, b zeigt die Ergebnisse der subjektiven Angaben zur Sprung- und Kniegelenksstabilität sowie Schmerzen auf einer Skala von 1 bis 10, beim Prä-Test für das dominante und das nichtdominante Bein.

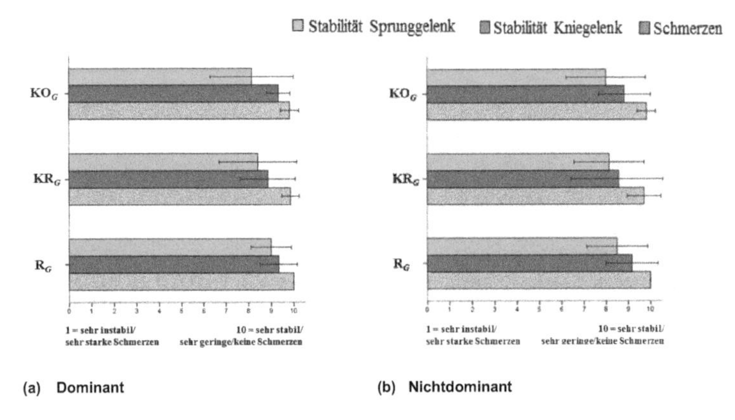

Abbildung 23a, b: Subjektive Einschätzung zu Stabilität und Schmerz (Skala von 1-10) an der unteren Extremität von allen drei Gruppen beim Prä-Test - dominantes **(a)** und nichtdominantes Bein **(b)**. KO_G = Koordinationsgruppe; KR_G = Kraftgruppe; R_G = Reliabilitätsgruppe

Die Ergebnisse zeigen für beide Beine über alle drei Gruppen eine ähnliche Verteilung der subjektiven Angaben bzgl. Stabilität und Schmerz beim Eingangstest. Alle drei Gruppen geben sowohl für ihre Sprung- als auch ihre Kniegelenke ein stabiles bis sehr stabiles Gefühl an. Dabei wird die Kniegelenkstabilität in allen Gruppen im Durchschnitt etwas besser bewertet als die Stabilität der Sprunggelenke. Die Darstellung der Schmerzskala zeigt, dass die Studienteilnehmerinnen so gut wie schmerzfrei sind, auffällig ist dabei, dass alle Probandinnen der Reliabilitätsgruppe ohne Ausnahme 10 ± 0 Punkte angekreuzt haben. Sowohl die R_G als auch beide IGs geben beim Prä-Test auf einer Skala von 1 bis 10 an sehr motiviert zu sein (KO_G: 8,8 ± 1,2; KR_G: 8,3 ± 1,6; R_G: 8,8 ± 1,3).

Zusammenfassung

Die gepaarte Randomisierung hat zu zwei homogenen Interventionsgruppen bezüglich der anthropometrischen Daten, der subjektiven Kniefunktion (Lysholm Score), dem Aktivitätslevel (Tegner Aktivitätsskala) und der klinischen IKDC-Grad Einteilung geführt. Die Anzahl der „A-Knie" ist in den beiden IGs mit je vier Probandinnen gleichmäßig verteilt. Es findet sich eine Probandin mehr mit einer „B-Knie" Einstufung in der KR_G im Vergleich zur KO_G. Die Probandinnen der KR_G bringen mehr Erfahrung auf höherem Spiellevel mit, dafür haben sie aber zwei alte komplette Kreuzbandrupturen - im Gegensatz zu einem VKB-Anriss in der KO_G - sowie mehr Bänderverletzungen als die KO_G vorzuweisen.
Die R_G unterscheidet sich in den Variablen Gewicht und BMI. Sie sind leichter und haben einen geringeren BMI vorzuweisen als die Handballerinnen der KO_G und der KR_G. Alle Kniegelenke der R_G wurden als normal (IKDC-Grad A) eingestuft. Die Sportstudentinnen haben in der Vergangenheit noch keine Knieverletzungen erlitten. Es gibt keine signifikanten Unterschiede für die Variablen Alter, Größe, subjektive Kniefunktion und Aktivitätslevel zwischen der R_G und den beiden Interventionsgruppen.

Hinsichtlich der Parameter subjektives Stabilitätsgefühl, Schmerzen und Motivation kann in den drei Gruppen zu Beginn der Studie von den gleichen Ausgangsbedingungen/Voraussetzungen ausgegangen werden.

7.2 Test-Retestreliabilität

Für die Reliabilitätsanalyse der kinematischen und kinetischen Parameter wurde die R_G innerhalb von 7,3 ± 3,6 Tagen wiederholt getestet. Als Maß der natürlichen Fluktuation der Werte (*Tag-zu-Tag Variabilität*) werden zunächst die Test-Retest-Differenzen ± Standardabweichungen ermittelt. Zur Bestimmung der Test-Retestreliabilität wird eine Intraklassenkorrelation mit dem Modell „zweifach gemischt", Typ

„*Mittelwert* mehrerer Messungen“ und der Definition „absolute Übereinstimmung“ berechnet. Anschließend werden die Test-Retest-Werte mittels gepaartem t-Test auf Unterschiede überprüft.

Für die Interpretation des Intraklassen-Korrelationskoeffizienten (ICC) finden sich verschiedene Konventionen (Fleiss, 1986; Portney & Watkins, 2000). Als Interpretationsgrundlage wird in dieser Studie die Klassifikation von (Fleiss, 1986) verwendet, bei der ein ICC < 0.4 als schwach, zwischen 0.4 und 0.75 als moderat bis gut und > 0.75 als exzellent reliabel interpretiert wird.

7.2.1 Kinematik

Die Tabelle 12 zeigt die Ergebnisse der Reliabilitätsanalyse für die Kinematik beider Beine beim beidbeinigen DJ und mHDST. Die Werte der Tag-zu-Tag Variabilität dienen als Diskussionsgrundlage für die Interventionseffekte. Für die Parameter, für die sich signifikante Prä-Post-Veränderungen durch die Intervention ergeben (vgl. Kapitel II.7.3.2) werden die Test-Retest-Differenzen im Diskussionsteil aufgegriffen, um einordnen zu können, wie praktisch relevant die jeweiligen Veränderungen sind.

Tabelle 12: Test-Retestreliabilität der Kinematik beim beidbeinigen Drop Jump und modifizierten Heidelberger Sprungkoordinationstest

	DJ			mHDST								
				"side-cut"			"stabilize"			"cross-cut"		
Kinematische Variablen	Δ	*ICC*	*t-Test*	Δ	*ICC*	*t-Test*	Δ	*ICC*	*t-Test*	Δ	*ICC*	*t-Test*
dominant												
Flex. max. (°)	-1,3 ± 6,1	.428	.628	0,6 ± 7,8	.164	.877	2,4 ± 6,7	.088	.465	6,9 ± 5,1	.247	**.040**[a]
FlexEx. ROM (°)	-1,2 ± 2,8	.793	.319	-0,3 ± 12,2	n.a.	.955	3,1 ± 9,4	.398	.503	9,1 ± 5,1	.307	**.016**[a]
Valgus(-)/Varus(+) max. (°)	0,0 ± 3,0	.769	.995	-0,2 ± 4,4	.571	.940	-1,6 ± 4,7	n.a.	.472	-0,1 ± 2,7	.581	.933
Valgus/Varus ROM (°)	-0,4 ± 1,6	.913*	.527	-0,3 ± 4,8	.377	.896	0,5 ± 5,0	.003	.819	0,3 ± 4,3	n.a.	.902
Iro. max.(°)	-0,4 ± 3,5	.882*	.782	3,7 ± 8,4	.680	.384	4,1 ± 3,7	.880*	.067	4,4 ± 4,1	.591	.074
Rot. ROM (°)	0,8 ± 3,6	.944**	.613	1,3 ± 8,5	.533	.758	-0,8 ± 6,9	.436	.801	0,0 ± 3,6	.114	.979
nichtdominant												
Flex. max. (°)	-3,3 ± 5,2	.664	.186	-0,8 ± 2,0	.900[a]	.438	-1,5 ± 2,4	.948**	.235	-2,4 ± 5,8	.406	.398
FlexEx. ROM (°)	-0,3 ± 5,9	.023	.907	2,6 ± 5,3	.554	.333	2,6 ± 5,7	.844	.373	2,5 ± 6,4	-0,15	.432
Valgus(-)/Varus(+) max. (°)	-0,1 ± 2,5	.929*	.957	-0,3 ± 1,7	.958**	.735	0,7 ± 2,9	.849	.636	1,2 ± 1,1	.716	.071
Valgus/Varus ROM (°)	1,2 ± 2,7	.768	.341	2,8 ± 3,0	.866*	.108	1,1 ± 2,5	.851*	.396	-2,3 ± 1,9	.895**	.050
Iro. max.(°)	-1,5 ± 3,2	.737	.308	-4,1 ± 0,8	.849***	**.000**[a]	-3,7 ± 1,9	.907**	**.013**[a]	-2,6 ± 3,7	.725	.188
Rot. ROM (°)	0,7 ± 5,2	.822	.749	-1,0 ± 5,1	.733	.691	-1,8 ± 3,3	.848*	.289	-2,9 ± 1,6	.952***	**.017**[a]

DJ = Drop Jump (n = 6); mHDST = modifizierter Heidelberger Sprungkoordinationstest (n = 5); Δ = Test-Retest-Differenz; ICC = Intraklassen-Korrelationskoeffizient; ROM = Range of Motion (Bewegungsausmaß); n.a. = nicht ausrechenbar; * = $p < .05$ (ICC); ** = $p < .01$ (ICC); *** = $p < .001$ (ICC); a = $p < .05$ (*t*-Test, fett gedruckt)

Die ICCs und *t*-Test Ergebnisse können für die verschiedenen Assessmentverfahren wie folgt zusammengefasst werden.

Drop Jump

Der DJ ohne Armeinsatz zeigt für die *dominante Seite*, bis auf die maximale Knieflexion, die moderat reliabel ist, durchweg exzellente Reliabilitäten (vgl. Tabelle 12). Auf der *nichtdominanten Seite* ergeben sich, mit Ausnahme des Flexions-/Extensionsbewegungsausmaßes, das eine schwache Reliabilität zeigt, gute bis exzellente Reliabilitäten (vgl. Tabelle 12).
Die Test-Retestanalyse mittels gepaartem t-Test ergibt für alle drei Ebenen keine signifikanten Unterschiede.mit

Modifizierter Heidelberger Sprungkoordinationstest

Kondition „jump-land-side-cut“:
Die Test-Retestanalyse für die Kondition JL-SC des mHDSTs ergibt für die *dominante Seite* für die maximale Knieflexion und das Valgus-/Varusbewegungsausmaß eine schwache Reliabilität. Für das Bewegungsausmaß in der Sagittalebene konnte die Reliabilität nicht ermittelt werden. Der maximale Knievalgus/-varuswinkel sowie die Parameter der Transversalebene erweisen sich als moderat bis gut reliabel (vgl. Tabelle 12). Auf der *nichtdominanten Seite* zeigen sich bis auf das Bewegungsausmaß in der Sagittalebene (moderat) und das Bewegungsausmaß in der Transversalebene (gut), exzellente Reliabilitäten (vgl. Tabelle 12).
Die *t*-Testanalyse ergibt eine signifikant reduzierte maximale Knieinnenrotation in der Bodenkontaktphase für die nichtdominante Seite (-4,1 ± 0,75°, p = .000, d_z = 5.38). Alle anderen Parameter unterscheiden sich im Test-Retest-Vergleich nicht voneinander.

Kondition „jump-land-stabilize“
Die Analyse der *dominanten Seite* der Kondition JL-Stab ergibt für beide Parameter der Sagittalebene eine schwache Reliabilität. Die Reliabilität des maximalen Knievalgus/-varuswinkels konnte nicht ermittelt werden und das Bewegungsausmaß in der Frontalebene erweist sich ebenfalls als schwach reliabel. Für das Bewegungsausmaß in der Transversalebene zeigt sich eine moderate und für den maximalen Knieinnenrotationswinkel eine exzellente Reliabilität (vgl. Tabelle 12). Alle kinematischen Parameter der *nichtdominanten Seite* erweisen sich als exzellent reliabel (vgl. Tabelle 12).
Wie auch bei der Kondition JL-Stab zeigt die R_G beim Post-Test eine signifikant geringere maximale Knieinnenrotation (-3,65 ± 1,89°, p = 0.013, d_z = 1.93).

Kondition „jump-land-cross-cut"

Die Ergebnisse der Test-Retestreliabilität der *dominanten Seite* für die Kondition JL-CC liefern für beide Parameter der Sagittalebene sowie für das Rotationsbewegungsausmaß eine schwache Reliabilität. Für das Valgus/Varusbewegungsausmaß konnte die Reliabilität nicht ermittelt werden. Die maximalen Winkel in der Frontal- und Transversalebene erweisen sich als gut reliabel (vgl. Tabelle 12). Die Analyse der *nichtdominanten Seite* ergibt für das Flexions-/Extensionsbewegungsausmaß eine schwache und für die maximale Knieflexion eine moderate Reliabilität. In der Frontal- und Transversalebene erweisen sich die maximalen Winkel als gut und das jeweilige Bewegungsausmaß als exzellent reliabel.
Die *t*-Testanalyse ergibt signifikante Unterschiede zwischen Test und Retest für die Parameter maximale Knieflexion (p = .040, d_z = -1.34) und maximales Flexions-/Extensionsbewegungsausmaß der dominanten Seite (p = .016, d_z = -1.79) sowie das Rotationsbewegungsausmaß der nichtdominanten Seite (p = .017, d_z= 1.75).

Fazit

Der beidbeinige DJ ohne Armeinsatz erweist sich mit Ausnahme von zwei Parametern in der Sagittalebene als gut bis überwiegend exzellent reliabel. Auffällig ist dabei, dass die dominante Seite insgesamt eine höhere Reliabilität als die nichtdominante Seite vorweist.
Beim mHDST zeigen sich in Abhängigkeit der Beine und der Kondition sehr unterschiedliche Ergebnisse. Für die dominante Seite lässt sich in der Sagittalebene über alle Konditionen nur eine schwache Reliabilität nachweisen. Die Parameter der Frontal- und Transversalebene erweisen sich von schwach bis exzellent reliabel. Für einige Parameter konnte die Reliabilität auf der dominanten Seite nicht ermittelt werden. Für die nichtdominante Seite erweist sich der mHDST bis auf Ausnahmen in der Sagittalebene als gut bis überwiegend exzellent reliabel. Auffällig ist dabei die über alle Parameter durchweg exzellente Reliabilität für die Kondition JL-Stab. Für den mHDST zeigt, im Gegensatz zum DJ, die nichtdominante Seite eine höhere Reliabilität als die dominante Seite.

7.2.2 Kinetik

In der Tabelle 13 sind die Ergebnisse der Reliabilitätsanalyse der Kinetik beider Beine für den DJ und mHDST dargestellt (Anmerkung: Nach Wirtz & Caspar (2002) indizieren negative ICCs eine Reliabilität von 0 (S. 234)). Auf die Test-Retest-Differenzen wird, wie beschrieben, im Falle von signifikanten Interventionseffekten im

Diskussionsteil Bezug genommen. Sie dienen neben der Effektstärke (Cohen´s d_z) als Maß für die Größenordnung der aufgetretenen Prä-Post-Veränderungen.

Tabelle 13: Test-Retestreliabilität der Kinetik beim beidbeinigen Drop Jumps und modifizierten Heidelberger Sprungkoordinationstest

	DJ			mHDST								
				"side-cut"			"stabilize"			"cross-cut"		
Kinematische Variablen	Δ	*ICC*	*t-Test*	Δ	*ICC*	*t-Test*	Δ	*ICC*	*t-Test*	Δ	*ICC*	*t-Test*
dominant												
Flex. Moment (Nm/kg)	0,22 ± 0,35	.554	.181	0,05 ± 0,62	.681	.867	0,08 ± 0,65	-.838	.794	-0,27 ± 0,74	.732	.466
Valgus(-)/Varus(+) Moment (Nm/kg)	-0,05 ± 0,19	.660	.585	0,07 ± 0,22	-.099	.510	0,20 ± 0,10	.441	**.012**[a]	0,07 ± 0,08	.787*	.123
Iro. Moment (Nm/kg)	0,03 ± 0,10	.771	.454	-0,01 ± 0,11	.734	.852	0,05 ± 0,08	.478	.230	0,04 ± 0,05	.700	.182
Vertikale Bodenreaktionskraft	2,09 ± 2,84	.729	.131	1,04 ± 3,70	.730	.563	0,60 ± 6,36	-.213	.843	-0,63 ± 2,99	.938*	.660
nichtdominant												
Flex. Moment (Nm/kg)	0,17 ± 0,33	.580	.265	-0,11 ± 0,46	.693	.623	0,21 ± 0,26	.850*	.144	0,05 ± 0,42	.911*	.810
Valgus(-)/Varus(+) Moment (Nm/kg)	-0,03 ± 0,11	.399	.516	-0,06 ± 0,21	-.053	.592	-0,05 ± 0,20	.499	.587	-0,09 ± 0,15	.616	.247
Iro. Moment (Nm/kg)	0,02 ± 0,05	.893*	.417	-0,05 ± 0,04	.860*	.054	-0,03 ± 0,05	.921*	.262	0,00 ± 0,13	n.a.	.995
Vertikale Bodenreaktionskraft	1,86 ± 2,02	.867*	.074	1,75 ± 5,38	.329	.507	1,27 ± 6,10	.772	.667	-0,93 ± 2,12	.951**	.379

DJ = Drop Jump (n = 6); mHDST = modifizierter Heidelberger Sprungkoordinationstest (n = 5); Δ = Test-Retest-Differenz; ICC = Intraklassenkorrelationskoeffizient; n.a. = nicht ausrechenbar; * = p < .05 (ICC); ** = p < .01 (ICC); a = p < .05 (*t*-Test, fett gedruckt)

Die ICCs und die *t*-Test Ergebnisse der Kinetik lassen sich wie folgt für die verschiedenen Assessmentverfahren zusammenfassen.

Drop Jump

Für das Assessmentverfahren DJ erweisen sich die maximalen Gelenkmomente für *beide Beine*, bis auf das maximale Flexionsmoment der dominanten Seite (moderat) und das maximale Valgusmoment der nichtdominanten Seite (schwach), als gut bis exzellent reliabel (vgl. Tabelle 13). Die *vertikale Bodenreaktionskraft* zeigt für das dominante Bein eine gute und für das nichtdominante Bein eine exzellente Reliabilität (vgl. Tabelle 13).

Der gepaarte *t*-Test ergibt für alle Parameter keine signifikanten Unterschiede zwischen der ersten und der zweiten Messung.

Modifizierter Heidelberger Sprungkoordinationstest

Kondition „jump-land-side-cut

Für die Kondition JL-SC zeigt sich für *beide Beine* eine schwache Reliabilität des maximalen Valgusmoments in der Frontalebene. Die maximalen Gelenkmomente in der Sagittal- und Transversalebene erweisen sich als gut bis exzellent reliabel. Die *vertikale Bodenreaktionskraft* zeigt für das dominante Bein eine gute Reliabilität, auf der nichtdominanten Seite lässt sich nur eine schwache Reliabilität nachweisen (vgl. Tabelle 13).

Es ergeben sich mittels *t*-Test beidseits für alle Parameter keine signifikanten Unterschiede im Test-Retest-Vergleich.

Kondition „jump-land-stabilize

Der ICC für die maximalen Gelenkmomente der *dominanten Seite* bei der Kondition JL-Stab ergibt über alle drei Ebenen eine schwache bis moderate Reliabilität. Auf der *nichtdominanten Seite* zeigt sich für das maximale Drehmoment in der Frontalebene ebenfalls eine moderate Reliabilität. Die maximalen Momente in der Sagittal- und Transversalebene erweisen sich als exzellent reliabel (vgl. Tabelle 13). Die *vertikale Bodenreaktionskraft* erweist sich für das dominante Bein als schwach und für das nichtdominante Bein als exzellent reliabel (vgl. Tabelle 13).
Die *t*-Testanalyse ergibt ein signifikant geringeres maximales Valgusmoment beim Retest auf der dominanten Seite ($p = .441$, $d_z = -1.96$).

Kondition „jump-land-cross-cut"

Die Test-Retestanalyse der maximalen Momente für die Kondition JL-CC ergibt für das *dominante Bein* eine gute bis exzellent Reliabilität über alle drei Ebenen. Auf der *nichtdominanten Seite* konnte die Reliabilität des maximalen Innenrotationsmoments nicht ermittelt werden. Die Sagittal- und Frontalebene erweisen sich hinsichtlich der maximalen Drehmomente als exzellent und gut reliabel (vgl. Tabelle 13). Die *vertikale Bodenreaktionskraft* zeigt für beide Beine eine exzellente Reliabilität (vgl. Tabelle 13).
Der gepaarte *t*-Test ergibt für alle Parameter keine signifikanten Unterschiede zwischen der der ersten und der zweiten Messung.

Fazit

Der beidbeinige DJ erweist sich hinsichtlich der maximalen Gelenkmomente für die Transversalebene als exzellent reliabel. In der Sagittal- und Frontalebene zeigt sich beinabhängig eine moderate bzw. gute Reliabilität (dominant) sowie eine gute bzw. schwache Reliabilität (nichtdominant) der entsprechenden Parameter. Die vertikale Bodenreaktionskraft ist je nach Bein gut und exzellent reliabel.
Beim mHDST zeigen sich, wie auch bei der Reliabilitätsprüfung der Kinematik, in Abhängigkeit der Beine und der Kondition sehr unterschiedliche Ergebnisse. Auffällig ist die schwache Reliabilität des maximalen Valgusmoments bei der Kondition JL-SC für beide Beine. Die schlechteste Reliabilität bei Gesamtbetrachtung aller drei Ebenen ist für die maximalen Gelenkmomente der dominanten Seite bei der

Kondition JL-Stab zu beobachten. Als gut und exzellent reliabel in allen drei Ebenen erweisen sich die maximalen Momente der dominanten Seite für die Konditon JL-CC. Die vertikale Bodenreaktionskraft erweist sich für die nichtdominante Seite für die Kondition JL-SC und für die dominante Seite für die Kondition JL-Stab als schwach reliabel. Das jeweils andere Bein zeigt für die entsprechenden Konditionen eine gute bzw. exzellente Reliabilität. Für die Kondition JL-CC ergibt der ICC für beide Beine eine exzellente Reliabilität.

7.3 Interventionseffekte

Im Kapitel Interventionseffekte wird zunächst anhand der Kontrollvariablen überprüft, ob die beiden Trainingsprogramme Kraft vs. Koordination tatsächlich zu den gewünschten Trainingseffekten geführt haben (Kap. II.7.3.1). Es folgt die Ergebnispräsentation der Interventionseffekte für die Kinematik (Kap. II.7.3.2.1), die Kinetik (Kap.II.7.3.2.2) und die neuromuskuläre Aktivierung (Kap.II.7.3.2.3) in sportspezifischen Belastungssituationen. Die jeweiligen Ergebnisse werden für die verschiedenen dynamischen Tests separat präsentiert. Am Ende der einzelnen Kapitel findet sich die Hypothesenprüfung. Da der vertikalen Bodenreaktionskraft und der Bodenkontaktzeit im Hinblick auf das Studienthema eine besondere Bedeutung zu kommt (vgl. Kap. I.1.2), werden diese beiden Parameter mit ausgewertet und in Kapitel II.7.3.2.4, Beobachtungen außerhalb der Hypothesen, gesondert betrachtet. Das abschließende Kapitel II.7.3.3 fasst die Ergebnisse der Interventionsstudie zusammen.

7.3.1 Trainingsprogramm-Kontrollvariablen

Die Gruppeneffekte für die Kontrollvariablen Maximalkraft und statisches Gleichgewicht werden mittels Kovarianzanalyse berechnet. Dabei bildet der Post-Wert die abhängige Variable und der Prä-Wert die Kovariate, um den Prä-Wert zu kontrollieren (vgl. Kap. II.6.8). Die wichtigsten Ergebnisse der Kovarianzanalyse - p-Wert (p) für das Signifikanzniveau und partielles Eta-Quadrat (η^2) als Maß für die Effektstärke - sind in den jeweiligen Tabellen in den letzten beiden Spalten unter der Überschrift G-Effekt (Gruppeneffekt) aufgelistet. Im Falle von signifikanten Gruppenunterschieden wird die vollständige ANCOVA-Statistik im Text aufgeführt. Die Prä-Post-Veränderungen innerhalb der beiden Gruppen, d. h. die Frage, ob ein signifikanter Kraftzuwachs bzw. eine signifikante Verbesserung der posturalen Kontrolle durch die Trainingsintervention in den einzelnen Gruppen stattgefunden hat, wird mittels gepaartem t-Test überprüft. Im Falle von signifikanten Gruppenunterschieden und

Verbesserungen eines Parameters in beiden Gruppen wird mittels ungepaartem t-Test analysiert, ob sich die Prä-Post-Differenzen signifikant unterscheiden, um die Frage zu klären, ob die Veränderungen in einer Gruppe größer als in der anderen Gruppe ausfallen.

7.3.1.1 Isokinetische Maximalkraft

Die Abbildung 24a, b dient der grafischen Darstellung der Veränderung der isokinetischen Maximalkraftwerte des Quadriceps und der ischiocruralen Muskulatur in Abhängigkeit der Trainingsinhalte. In der Tabelle 14 sind die absoluten Werte sowie die Prä-Post-Differenzen und Gruppeneffekte einzusehen. Die analysierte Winkelgeschwindigkeit beträgt 60°/s. Der betrachtete Parameter ist die relative Maximalkraft.

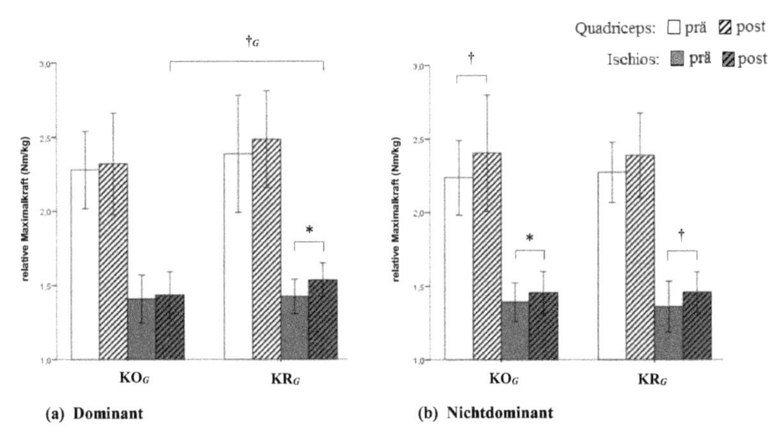

Abbildung 24a, b: Relative isokinetische Maximalkraft (60°/s) des Quadriceps und der ischiocruralen Muskulatur der Koordinationsgruppe (KO_G) und der Kraftgruppe (KR_G) für die dominante **(a)** und die nichtdominante Seite **(b)**. * = $p < .05$ (Prä-Post-Vergleich innerhalb der Gruppen); † = $p < .10$ (Prä-Post-Vergleich innerhalb der Gruppen), $†_G$ = $p < .10$ (Gruppenvergleich)

Tabelle 14: Relative isokinetische Maximalkraft (60°/s) des Quadriceps und der ischiocruralen Muskulatur (Ischios, MW ± SD) sowie Prä-Post-Differenzen und Gruppeneffekte der Koordinationsgruppe (KO_G) und der Kraftgruppe (KR_G) für die dominante und die nichtdominante Seite

	KO_G (n=6)				KR_G (n=7)				G-Effekt	
Parameter	**prä**	**post**	**Δ**	***p***	**prä**	**post**	**Δ**	***p***	***p***	**η^2**
dominant										
Quadriceps (Nm/kg)	2,28 ± 0,26	2,32 ± 0,34	0,04 ± 0,15		2,39 ± 0,39	2,49 ± 0,33	0,10 ± 0,21		,225	,143
Ischios (Nm/kg)	1,41 ± 0,16	1,43 ± 0,16	0,03 ± 0,06		1,42 ± 0,12	1,54 ± 0,11	**0,11 ± 0,09**	*	.062 $†_G$	,306
nichtdominant										
Quadriceps (Nm/kg)	2,24 ± 0,25	2,40 ± 0,40	0,17 ± 0,18	†	2,27 ± 0,21	2,39 ± 0,29	0,11 ± 0,17		,984	,000
Ischios (Nm/kg)	1,39 ± 0,13	1,46 ± 0,15	**0,06 ± 0,05**	*	1,36 ± 0,17	1,46 ± 0,14	0,10 ± 0,11	†	,582	,031

* = $p < .05$ (prä/post Vergleich); † = $p < .10$ (prä/post Vergleich); $†_G$ = $p < .10$ (Gruppenvergleich)

Bei der deskriptiven Betrachtung fällt auf, dass beide Interventionsgruppen trotz Verbesserungen sowohl zum Zeitpunkt des Prä- als auch des Post-Tests beidseits einen relativen Quadriceps Maximalkraftwert ≤ 2.5 aufweisen.

Für das *dominante Bein* zeigt sich in der KR$_G$ ein signifikanter Kraftzuwachs der ischiocruralen Muskulatur ($p = .014$, $d_z = -1.29$) im Gegensatz zur KO$_G$ ($p = .344$, $d_z = -0{,}43$). Die Kovarianzanalyse ergibt einen marginal signifikanten Gruppeneffekt zugunsten stärkerer Ischios nach dem kraftorientierten Training im Vergleich zum koordinationsbetonten Training ($F(1(10) = 4.400$, $p = .062$, $\eta^2 = .306$). Für den Quadriceps der dominanten Seite lassen sich weder Prä-Post-Veränderungen noch Gruppeneffekte nachweisen (vgl. Tabelle 14). Auf der *nichtdominanten* Seite ist für die Ischios ein signifikanter Kraftzuwachs in der KO$_G$ ($p = .019$, $d_z = -1{,}39$) sowie ein marginal signifikanter Kraftzuwachs in der KR$_G$ ($p = .054$, $d_z = -0.90$). zu verbuchen. In der KO$_G$ zeigt sich zudem ein statistischer Trend hinsichtlich eines kräftigeren Quadriceps ($p = .075$, $d_z = -0{,}92$). Beide Parameter zeigen keine signifikanten Gruppeneffekte (vgl. Tabelle 14).

Fazit und Hypothesenprüfung
Die ANCOVA ergibt für keinen der erhobenen Parameter signifikante Gruppeneffekte. Es zeigt sich lediglich ein statistischer Trend eines Gruppeneffekts für die ischiocrurale Muskulatur der dominanten Seite zugunsten mehr Kraft beim Post-Test in der KR$_G$ im Vergleich zur KO$_G$. Die Kontrollhypothese, dass das kraftorientierte Trainingsprogramm zu signifikant mehr Kraftzuwachs des Quadriceps (H1a) und der ischiocruralen Muskulatur (H1b) führt als das koordinationsorientierte Programm, muss für beide Muskelgruppen und beide Beine verworfen werden. **H1 wird abgelehnt.**

7.3.1.2 Posturale Kontrolle

Die Abbildung 25a, b zeigt Veränderung des maximalen CoP Bewegungsausmaßes in a/p und m/l Richtung in Abhängigkeit der Trainingsinhalte. In der Tabelle 15 sind die absoluten Werte sowie die Prä-Post-Differenzen und Gruppeneffekte einzusehen[23]. Die betrachteten Parameter sind an der Körpergröße normiert.

---

[23] Bei der statischen Gleichgewichtskontrolle gingen von einer Vp der KO$_G$ und von zwei Vpn der KR$_G$ jeweils nur ein trial in die Auswertung mit ein.

Beide Interventionsgruppen zeigen für die *dominante* Seite keine signifikanten Prä-Post-Veränderungen der erhobenen Gleichgewichtsparameter in a/p und m/l Richtung. Die Kovarianzanalyse für das dominante Bein ergibt keine signifikanten Gruppeneffekte (vgl. Abbildung 25a, b und Tabelle 15). Auf der *nichtdominanten* Seite zeigt sich in der KO$_G$ ein signifikant reduziertes maximales CoP Bewegungsausmaß in m/l Richtung (p = .032, d_z = 1.20) und ein statistischer Trend für eine Reduktion in a/p Richtung (p = .057, d_z = 1.01). In der KR$_G$ sind für beide Parameter keine Veränderungen zu verzeichnen. Es gibt keine signifikanten Gruppeneffekte für das nichtdominante Bein (vgl. Tabelle 15).

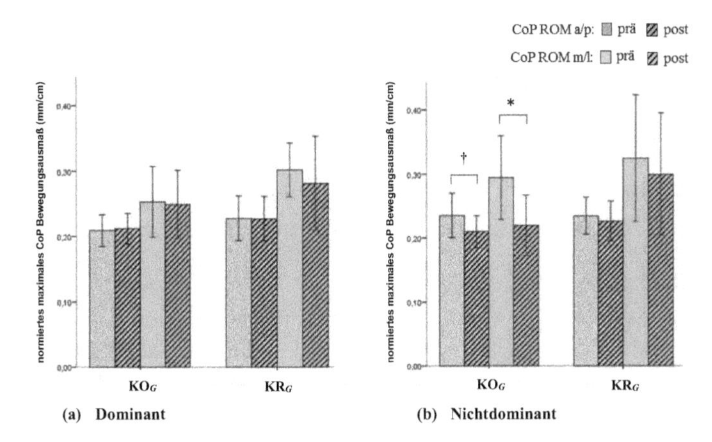

Abbildung 25a, b: Normiertes maximales Center of Pressure (CoP) Bewegungsausmaß (ROM) in a/p und m/l Richtung der Koordinationsgruppe (KO$_G$) und Kraftgruppe (= KR$_G$) für die dominante **(a)** und die nichtdominante Seite **(b)**. * = p < .05 (prä/post innerhalb der Grupen), † = p < .10 (prä/post innerhalb der Gruppen)

Tabelle 15: Normiertes maximales CoP Bewegungsausmaß (ROM) in a/p und m/l Richtung (MW ± SD) sowie Prä-Post-Differenzen und Gruppeneffekte der Koordinationsgruppe (KO$_G$) und der Kraftgruppe (KR$_G$) für die dominante und die nichtdominante Seite

Parameter	**KO$_G$ (n=6)**				**KR$_G$ (n=7)**				**G-Effekt**	
	prä	post	Δ	p	prä	post	Δ	p	p	η^2
dominant										
ROM a/p (mm/cm)	0,21 ± 0,02	0,21 ± 0,02	0,00 ± 0,03		0,23 ± 0,03	0,23 ± 0,03	0,00 ± 0,04		,740	,012
ROM m/l (mm/cm)	0,25 ± 0,05	0,25 ± 0,05	0,00 ± 0,06		0,30 ± 0,28	0,28 ± 0,07	-0,02 ± 0,07		,611	,027
nichtdominant										
ROM a/p (mm/cm)	0,24 ± 0,03	0,21 ± 0,03	-0,03 ± 0,03 †		0,23 ± 0,03	0,23 ± 0,03	-0,01 ± 0,03		,116	,229
ROM m/l (mm/cm)	0,29 ± 0,07	0,22 ± 0,05	**-0,07 ± 0,06 ***		0,32 ± 0,10	0,30 ± 0,10	-0,03 ± 0,08		,249	,130

* = p < .05 (prä/post Vergleich); † = p < .10 (prä/post Vergleich)

Fazit und Hypothesenprüfung
Für die erhobenen Gleichgewichtsparameter lassen sich keine signifikanten Gruppeneffekte nachweisen. Die Kontrollhypothese, dass das koordinationsbetonte Trainingsprogramm zu einer größeren Verbesserung der statischen Gleichgewichtskontrolle hinsichtlich des maximalen CoP Bewegungsausmaßes in a/p Richtung (H2a) und in m/l Richtung (H2b) führt als das kraftorientierte Training, muss für beide Parameter und beide Beine verworfen werden. **H2 wird abgelehnt.**

7.3.2 Dynamisch funktionelle Tests

Bei der Ergebnisdarstellung der Sprünge bzw. Sprung-Landemanöver wird jeweils der DJ zuerst präsentiert und dann die drei Konditionen des mHDSTs. Wenn eine Probandin den Test auf einer Seite nicht erfolgreich absolvieren konnte (z.B. Kraftmessplatte nicht getroffen, Fuß versetzt, Umgefallen beim Stabilisieren…) oder aufgrund technischer Probleme mit dem Messequipment keine Kinetik auf einer Seite ausgewertet werden konnte, so wird die Probandin für diese Testkondition komplett aus der Auswertung herausgenommen, damit die Ergebnisdarstellung für die dominante und die nichtdominante Seite mit gleicher Fallzahl erfolgt.

Da es bisher keine Kenntnis darüber gibt, wie die Bewegungspräsentation bei solch einem hochkomplexen Test wie dem mHDST[24] aussieht, werden die Ergebnisse der Kinematik und Kinetik jeweils sowohl grafisch, als auch anhand der absoluten Werte dargestellt. Die gemittelten Kinematik- und Kinetikkurven verdeutlichen den charakteristischen Verlauf der Gelenkwinkel und –drehmomente während der Bodenkontaktphase. Sie decken sich nicht exakt mit den absoluten Werten und sind als Orientierungsgrundlage zu verstehen[25]. Die deskriptive Betrachtung des kompletten Bewegungsablaufs anhand der Kurvenverläufe ermöglicht es herauszufinden, ob in bestimmten Zeitabschnitten innerhalb der Bewegung (z.B. mittlerer Bereich der Bodenkontaktphase) Veränderungen stattgefunden haben, die sich nicht in den maximalen absoluten Werten widerspiegeln. Diese Erkenntnisse sind von entscheidender Bedeutung für weiterführende Studien zu diesem Thema.

---

[24] Im Rahmen von diversen medizinischen Doktorarbeiten sind verschiedene Modifikationen des ursprünglichen Heidelberger Sprungkoordinationstests entstanden (Kalkum, 2016; Porschke, 2014). Die hier vorgestellte Variante ist die dynamischste und komplexeste. Sie spiegelt die tatsächliche Risikosituation im Sport damit am besten wider.

[25] Bei der grafischen Darstellung der Gruppenmittelwerte (MW ± SD) der Kinematik und Kinetik werden die Durchs chnittskurven der einzelnen Versuchspersonen gemittelt, indem die Mittelwerte der übereinandergelegten Kurven zu bestimmten Zeitpunkten auf der Zeitachse berechnet werden. Wenn Winkelmaxima zu unterschiedlichen Zeitpunkten im Kurvenverlauf stattfinden, resultiert dies in einer Abflachung der Gruppenmittelwertskurve.

Für die Differenzwerte (Post-Test – Prä-Test) gilt folgende Systematik. In der Sagittal- und Transversalebene bedeuten positive Werte eine Zunahme der Winkel, des Bewegungsausmaßes und der Drehmomente. Das heißt also mehr Kniebeugung und Innenrotation bzw. höhere extern flektierende und innenrotierende Drehmomente. Analog dazu bedeuten negative Werte in diesen beiden Ebenen eine Abnahme der Winkel, des Bewegungsausmaßes und der Drehmomente. In der Frontalebene dagegen bedeuten positive Werte eine Abnahme des (tendenziellen) Valguswinkels, bzw. reduzierte extern valgisierende Drehmomente, aber Achtung: eine Zunahme des Valgus-/Varusbewegungsausmaßes. Analog dazu kennzeichnen negative Werte eine Zunahme des Valguswinkels (vermehrte x-Beinstellung), bzw. höhere extern valgisierenden Drehmomente sowie eine Abnahme des Valgus-/Varusbewegungsausmaßes. Da bei einer Stichprobe der hier vorgestellten Größenordnung einzelne Fälle die Ergebnisse immens beeinflussen können, erfolgt bei einem signifikanten Gruppeneffekt eine Einzelfalldarstellung sowie eine kurze Analyse der individuellen Veränderungen der Probandinnen in Abhängigkeit der Trainingsgruppe.

7.3.2.1 Kniekinematik in der Sagittal-, Frontal- und Transversalebene

Drop Jump

Die Kniewinkelverläufe der beiden IGs beim DJ im Prä-Post-Vergleich in allen drei Ebenen sind in der Abbildung 26 dargestellt. Die absoluten Werte sowie die Prä-Post-Differenzen und Gruppeneffekte finden sich in der Tabelle 16.

Der Bewegungsablauf des beidbeinigen DJs ohne Armeinsatz lässt sich wie folgt charakterisieren. Der IC auf der Kraftmessplatte erfolgt für beide Beine im Durchschnitt mit ca. 24-28° Knieflexion, -2,5-4° Valgus-/Varuswinkel und 11-16° Knieinnenrotation. Der weitere Bewegungsablauf in der Sagittalebene kennzeichnet sich durch eine gradlinig zunehmende Kniebeugung in der Landephase (exzentrische Phase), gefolgt von einer direkten Kniestreckung in der Abdruckphase (konzentrische Phase) bis zum Verlassen der Kraftmessplatte mit gestrecktem Kniegelenk (ca. 0-6°). Die maximale Knieflexion findet sich bei ca. 40% der Bodenkontaktphase. In der Frontalebene spielt sich der Bewegungsablauf um die Nullstellung ab, so dass sowohl Winkelstellungen mit positivem Vorzeichen (Varus) als auch negativem Vorzeichen (Valgus) zu beobachten sind. Eine Ausnahme stellt hier das dominante Bein der KR_G dar, dass interessanterweise während der kompletten Bodenkontaktphase durchschnittlich nur im Varus belastet wird, so dass hier nur von einem tendenziellen Valgus gesprochen werden kann. Auffällig ist außerdem, das zum Zeitpunkt des IC nur für die nichtdominante Seite der KO_G ein Valgus nachzuweisen ist. Der maximale Kievalgus

Drop Jump

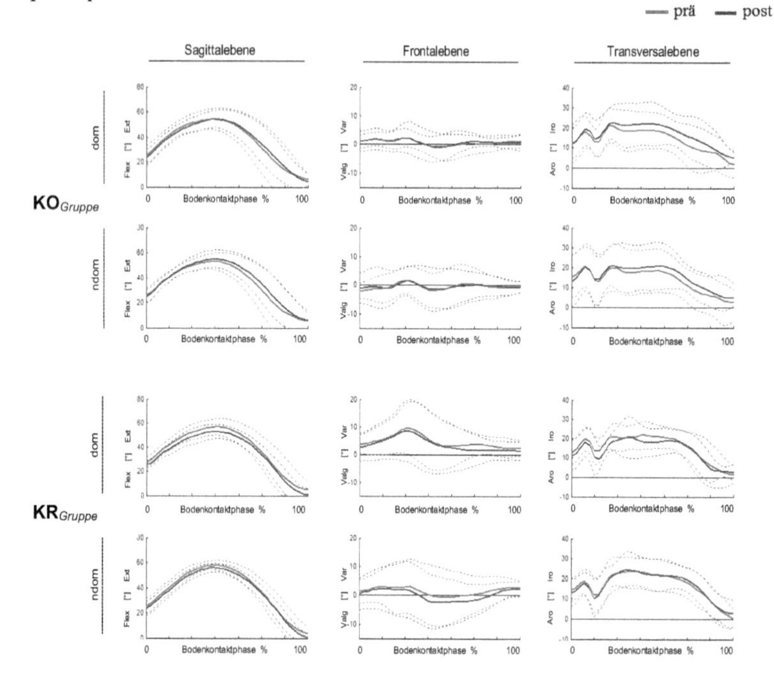

Abbildung 26: Winkelverlaufskurven der Koordinations- (KO_G, n = 6) und Kraftgruppe (KR_G, n = 7) für das dominante (dom) und nichtdominante (ndom) Bein im Prä-Post-Vergleich (rot/blau) während der Bodenkontaktphase beim Drop Jump

Tabelle 16: Kinematische Parameter (MW ± SD) der Koordinations- (KO_G) und Kraftgruppe (KR_G) für das dominante und nichtdominante Bein während der Bodenkontaktphase beim Drop Jump

Kinematische Parameter	**KO_G (n=6)**			**KR_G (n=7)**			***G*-Effekt**	
	prä	**post**	**Δ**	**prä**	**post**	**Δ**	***p***	**η^2**
dominant								
Flex. max. (°)	55,2 ± 8,8	54,8 ± 6,4	-0,3 ± 7,7	57,3 ± 6,9	53,1 ± 5,7	-4,3 ± 5,2 †	.354	.086
FlexExt. ROM (°)	50,4 ± 7,5	47,2 ± 5,4	-3,2 ± 7,1	50,9 ± 5,7	47,9 ± 3,6	-3,1 ± 4,1 †	.830	.005
Valgus(-)/Varus(+) max. (°)	-2,3 ± 3,6	-2,6 ± 4,3	-0,4 ± 5,4	-0,6 ± 5,3	-0,8 ± 5,6	-0,2 ± 5,0	.723	.013
Valgus/Varus ROM (°)	6,2 ± 2,6	7,4 ± 2,1	1,3 ± 3,2	11,4 ± 6,0	10,7 ± 7,8	-0,7 ± 2,3	.206	.155
Iro. max. (°)	23,6 ± 8,4	25,4 ± 9,0	1,8 ± 1,9 †	24,4 ± 6,9	23,7 ± 9,3	-0,7 ± 3,7	.145	.200
Rot. ROM (°)	22,0 ± 7,6	21,3 ± 6,5	-0,8 ± 4,3	23,2 ± 4,0	22,4 ± 5,8	-0,8 ± 3,9	.923	.001
nichtdominant								
Flex. max. (°)	54,1 ± 6,3	55,9 ± 6,6	1,8 ± 6,1	58,6 ± 3,6	56,2 ± 3,2	-2,5 ± 5,0	.628	.024
FlexExt. ROM (°)	48,2 ± 5,0	46,7 ± 6,7	-1,5 ± 6,3	53,2 ± 4,5	51,8 ± 5,1	-1,4 ± 2,4	.706	.015
Valgus(-)/Varus(+) max. (°)	-5,0 ± 5,0	-4,6 ± 5,6	0,4 ± 2,7	-3,2 ± 7,5	-4,9 ± 6,9	-1,7 ± 4,4	.430	.063
Valgus/Varus ROM (°)	8,0 ± 4,7	8,2 ± 3,0	0,2 ± 4,4	9,5 ± 3,1	10,5 ± 3,3	1,0 ± 2,0	.341	.091
Iro. max.(°)	22,8 ± 9,9	24,5 ± 10,3	1,8 ± 4,3	26,7 ± 6,9	26,5 ± 8,2	-0,2 ± 5,1	.559	.035
Rot. ROM (°)	19,0 ± 9,1	19,8 ± 6,8	0,8 ± 2,9	23,1 ± 4,3	22,4 ± 5,8	-0,7 ± 3,9	.744	.011

KO_G = Koordinationsgruppe; KR_G = Kraftgruppe; *G*-Effekt = Gruppeneffekt; Δ = prä/post Differenz, η^2 = Partielles Eta-Quadrat; † = $p < .10$ (prä/post Vergleich innerhalb der Gruppe)

ist - mit Ausnahme der dominanten Seite der KR_G - überwiegend zum Zeitpunkt der maximalen Knieflexion zu beobachten. In der Transversalebene lässt sich in der frühen Landephase in beiden Interventionsgruppen nach einem zunächstigen Anstieg der Innenrotation ein kurzer „Einbruch" der Kurve verzeichnen. D. h. es kommt zu einer kurzfristigen Verringerung der Innenrotation, die direkt darauf allerdings wieder zunimmt und bei ca. 30% der Bodenkontaktphase ihr Maximum erreicht.

Deskriptiv zeigen sich in beiden Gruppen sowohl dominant als auch nichtdominant nur sehr geringfügige Unterschiede im Prä-Post-Vergleich. In der KR_G fällt nach der Trainingsintervention eine leichte Reduzierung der maximalen Knieflexion des dominanten Beines sowie eine leichte Zunahme des maximalen Knievalgus der nichtdominanten Seite auf. Letztere ist vor dem Hintergrund der deutlich geringeren Skalierung der Frontalebene im Vergleich zu den beiden anderen Ebenen allerdings mit Vorsicht zu betrachten[26]. In der Transversalebene lässt sich für das dominante Bein der KO_G eine leichte Zunahme der maximalen Knieinnenrotation beobachten. Die Prüfung mittels inferentieller Statistik ergibt, dass die Veränderungen der Bewegungspräsentation nicht über das marginale Signifikanzniveau hinausgehen.

Nach der Intervention zeigt die Kraftgruppe in der Sagittalebene auf der *dominanten Seite* eine um 4,3 ± 5,2° marginal signifikant verringerte maximale Kniebeugung (p = .073, d_z = 0.82) sowie einen statistischen Trend für ein verringertes Flexions-/Extensionsbewegungsausmaß (-3,1 ± 4,1°, p = 0.097, d_z = 0.74). In der KO_G kann nach der Intervention auf der dominanten Seite ein um -3,2 ± 7,1° reduziertes maximales Knie-Flexions/ Extensionsbewegungsausmaß nachgewiesen werden, das aufgrund der hohen Standardabweichung aber nicht das Signifikanzniveau erreicht (p = .320, d_z = 0.45). Für keinen der beiden Parameter zeigt sich ein Gruppeneffekt (Flex.max_dom: F(1,10) = .944, p = 0.354, η^2 = .086; FlexExROM_dom: F(1,10) = .049, p = 0.830, η^2 = .005).
In der Transversalebene lässt sich für die KO_G auf der *dominanten Seite* nach der Intervention ein statistischer Trend für eine verstärkte maximale Innenrotation nachweisen (+1,8 ± 1,9°; p = .072, d_z = -0.93), der in der KR_G nicht zu vorzufinden ist (-0,7 ± 3,7°; p = 0.633, d_z = 0.19). Die Kovarianzanalyse ergibt keinen Gruppeneffekt (Iro.max_dom: F(1,10) = 2.504, p = 0.145, η^2 = .200).

[26] Da die grafische Darstellung in der Frontalebene mit einer deutlich geringeren Skalierung erfolgt als in den anderen beiden Ebenen, können Veränderungen in den Kurven optisch stärker wirken, als sie tatsächlich sind.

Der bei der deskriptiven Analyse der Winkel-Zeitkurven aufgefallene leicht verstärkte Knievalgus zum Zeitpunkt des Post-Tests auf der *nichtdominanten Seite* in der KR_G erreicht statistisch nicht das Signifikanzniveau. Der Gruppenvergleich des maximalen Knievalgus ergibt keinen signifikanten Gruppeneffekt.

Für alle anderen Variablen können keine signifikanten Unterschiede im Prä-Post-Vergleich oder im Gruppenvergleich nachgewiesen werden.

Fazit und Hypothesenprüfung

Die Hypothesenprüfung erfolgt beim beidbeinigen Drop Jump nur für die Frontal- und Transversalebene. Das verletzungsprophylaktische Ziel „mehr Kniebeugung nach der Intervention" wird im kurzen DVZ ohne Armeinsatz nicht erwartet. Es wird aufgrund der Bewegungsanweisung (maximal schnell, maximal hoch) eher mit einer Tendenz Richtung weniger Kniebeugung gerechnet. Die Überprüfung der Interventionseffekte erfolgte der Vollständigkeit halber trotzdem für alle drei Ebenen, um auch für die Sagittalebene einen Einblick in etwaige trainingsbedingte Adaptationen zu erhalten. Unter Kontrolle des Prä-Werts lassen sich für keine der untersuchten Variablen Gruppeneffekte nach der Intervention nachweisen. Die Kinematik-Hypothesen mit der Annahme, dass das koordinationsbetonte Trainingsprogramm zu einer signifikant stärkeren Abnahme des maximalen Knievalguswinkels (H3.2a) des frontalen Kniebewegungsausmaßes (H3.2b), des maximalen Knieinnenrotationswinkels (H3.3a) sowie des transversalen Kniebewegungsausmaßes (H3.3b) führt als das Krafttraining, müssen für beide Beine abgelehnt werden. **H3.2 und H3.3 werden für das Assessmentverfahren Drop Jump für beide Beine verworfen.**

Modifizierter Heidelberger Sprungkoordinationstest

Der mHDST umfasst die drei Konditionen „jump-land-side-cut (JL-SC), „jump-land-stabilize" (JL-Stab) und „jump-land-cross-cut" (JL-CC). In die Analyse der Kondition JL-SC gingen für die KO_G nur fünf Probandinnen ein. Eine Probandin (Vp6) musste ausgeschlossen werden, da Sie sowohl beim Prä- als auch beim Post-Test die Kraftmessplatte mit dem dominanten Bein nicht traf. Sie scherte das Landebein während der Landung jedes Mal so weit zur Seite aus, dass sie neben der Platte landete. Die statistische Kontrolle des IG-Matchings ergibt auch für diese veränderte Zusammensetzung keine Unterschiede zwischen den beiden Gruppen. In die Analyse der Konditionen JL-Stab und JL-CC gingen für die KR_G nur 6 Versuchspersonen ein. Für beide Konditionen musste dieselbe Athletin (Vp9) ausgeschlossen werden. Für die ondition JL-Stab gab es von dieser Probandin für die dominante Seite keine korrekte

Landung und kein sauberes EMG des GluM. Bei der Kondition JL-CC konnte für das nichtdominante Bein dieser Athletin keine Kinetik berechnet werden. Die statistische Kontrolle des IG-Matchings ergibt, dass sich die beiden IGs in dieser Zusammensetzung hinsichtlich des BMI zum Zeitpunkt des Prä-Tests unterscheiden (BMI_KO$_G$ (n = 6): 24,6 ± 1,0 kg/cm^2 vs. BMI_KR$_G$ (n = 6): 22,7 ± 1,5 kg/cm^2, $t(10) = 2.535$, $p = .033$, $d_z = -1.46$). Dies muss bei der Interpretation der Ergebnisse berücksichtigt werden.

Kondition „jump-land-side-cut"

Die Kniewinkelverläufe der beiden IGs für die Kondition JL-SC im Prä-Post-Vergleich in allen drei Ebenen sind in der Abbildung 27 dargestellt. Die absoluten Werte sowie die Prä-Post-Differenzen und Gruppeneffekte finden sich in der Tabelle 17.

Der Bewegungsablauf der Kondition JL-SC lässt sich wie folgt charakterisieren. Die Handballerinen landen mit ca. 12-15° Knieflexion, 0-4° Varus und -1 bis 5° Knieaußen- bzw. -innenrotation. Wie beim DJ kennzeichnet sich der Bewegungsablauf in der Sagittalebene durch eine geradlinig zunehmende Knieflexion in der Landephase (Exzentrik), gefolgt von einer kontinuierlichen Extensionsbewegung in der Abdruckphase (Konzentrik), bis zum Verlassen der Kraftmessplatte mit einem ca. 3-10° flektiertem Kniegelenk. In der Frontalebene finden sich auch für diese Kondition sowohl Winkelstellungen mit positivem (Varus) als auch negativem (Valgus) Vorzeichen, mit Ausnahme der dominanten Seite der KR$_G$ beim Prä-Test, die während der kompletten Bodenkontaktphase durchschnittlich nur im Varus belastet. Der maximale Knievalgus fällt für diese Kondition nicht mit dem Zeitpunkt der maximalen Knieflexion (= Umkehrpunkt der exzentrischen zur konzentrischen Bewegung) zusammen - die bei ca. 50% der Bodenkontaktphase zu finden ist - er ist vielmehr gegen Ende der Bodenkontaktphase zu beobachten. In der Transversalebene zeigt sich in der frühen Landephase ein ähnlicher kurzer „Kurveneinbruch" wie beim DJ. Die Innenrotation nimmt jedoch direkt wider zu und bleibt fast plateaumäßig konstant bei ca. 20° im mittleren Drittel der Bodenkontaktphase. Erst kurz vor dem Verlassen der Kraftmessplatte wird die Innenrotation komplett aufgelöst, teilweise ist sogar eine leichte Außenrotation beim Verlassen der Kraftmessplatte zu verzeichnen.

Bei der deskriptiven Betrachtung der Winkelverlaufskurven zeigt sich für die Sagittal- und die Transversalebene in beiden Gruppen für beide Beine ein relativ unverändertes Muster. In der Sagittalebene fällt bei genauerer Betrachtung allerdings auf, dass die KO$_G$ die Kraftmessplatte mit dem dominanten Bein nach der Intervention mit mehr Knieflexion, d. h. weniger gestrecktem Kniegelenk, verlässt.

Modifizierter Heidelberger Sprungkoordinationstest – Kondition „jump-land-side-cut“

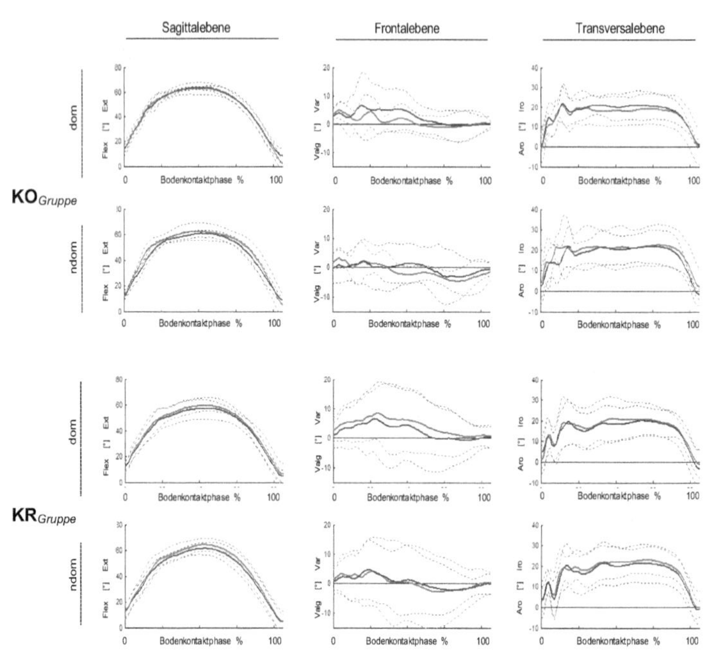

Abbildung 27: Winkelverlaufskurven der Koordinations- (KO_G, n = 5) und Kraftgruppe (KR_G, n = 7) für das dominante (dom) und nichtdominante (ndom) Bein im Prä-Post-Vergleich (rot/blau) während der Bodenkontaktphase des modifizierten Heidelberger Sprungkoordinationstests - Kondition „jump-land-side-cut“

Tabelle 17: Kinematische Parameter (MW ± SD) der Koordinations- (KO_G) und Kraftgruppe (KR_G) für das dominante und nichtdominante Bein während der Bodenkontaktphase beim modifizierten Heidelberger Sprungkoordinationstest – Kondition „jump-land-side-cut“

	KO_G (n=5)			KR_G (n=7)			*G*-Effekt	
Parameter	**pre**	**post**	Δ	**pre**	**post**	Δ	*p*	η^2
dominant								
Flex. max. (°)	63,6 ± 4,6	63,8 ± 1,5	0,2 ± 5,9	60,2 ± 4,3	58,2 ± 7,9	-2,0 ± 4,0	.447	.066
FlexEx. ROM (°)	61,3 ± 2,6	55,2 ± 2,4	-6,1 ± 4,7 *	56,2 ± 8,0	54,1 ± 8,9	-2,1 ± 5,1	.370	.090
Valgus(-)/ Varus(+) max. (°)	-3,6 ± 3,9	-3,4 ± 3,9	0,2 ± 7,0	-1,7 ± 5,1	-4,5 ± 6,7	-2,8 ± 4,7	.549	.041
Valgus/Varus ROM (°)	11,9 ± 2,9	13,9 ± 7,6	2,0 ± 7,7	12,9 ± 8,3	14,4 ± 8,9	1,6 ± 3,4	.907	.002
Iro. max.(°)	22,4 ± 7,6	24,8 ± 7,3	2,4 ± 2,5 †	25,3 ± 9,1	23,6 ± 8,9	-1,7 ± 5,4	.196	.178
Rot. ROM (°)	26,0 ± 6,8	25,6 ± 6,5	-0,4 ± 6,8	29,4 ± 9,3	27,6 ± 11,0	-1,8 ± 8,2	.928	.001
nichtdominant								
Flex. max. (°)	62,5 ± 6,9	61,1 ± 2,6	-1,5 ± 6,6	64,8 ± 5,0	61,9 ± 4,8	-2,9 ± 7,6	.746	.012
FlexEx. ROM (°)	60,7 ± 2,7	52,9 ± 3,8	-7,8 ± 3,9 *	60,4 ± 7,2	57,5 ± 5,5	-2,9 ± 3,8 †	**.038** †^{G}	.397
Valgus(-)/ Varus(+) max. (°)	-5,6 ± 4,6	-6,8 ± 6,7	-1,3 ± 3,7	-6,7 ± 9,8	-5,9 ± 6,9	0,8 ± 8,6	.687	.019
Valgus/Varus ROM (°)	11,5 ± 4,0	12,0 ± 4,2	0,5 ± 1,5	15,0 ± 4,7	14,2 ± 4,2	-0,9 ± 5,4	.837	.005
Iro. max.(°)	27,1 ± 12,5	24,8 ± 7,8	-2,2 ± 6,2	26,4 ± 8,1	24,5 ± 9,8	-1,9 ± 6,0	.972	.000
Rot. ROM (°)	30,0 ± 9,3	28,0 ± 7,1	-2,1 ± 6,3	30,4 ± 7,1	28,8 ± 11,2	-1,6 ± 7,8	.914	.001

KO_G = Koordinationsgruppe; KR_G = Kraftgruppe; *G*-Effekt = Gruppeneffekt; Δ = prä/post Differenz, η^2 = Partielles Eta-Quadrat;
* = $p < .05$ (prä/post Vergleich innerhalb der Gruppe), † = $p < .10$ (prä/post Vergleich innerhalb der Gruppe), †^{G} = $p < .10$ (Gruppenvergleich)

In der Frontalebene lässt sich in der KO$_G$ auf der dominanten Seite eine leichte Verschiebung der Kurve im mittleren Drittel der Bodenkontaktphase in Richtung Varus beobachten. In der KR$_G$ zeigt sich für dasselbe Bein fast über die komplette Bodenkontaktphase eine Verschiebung der Kurve Richtung Valgus. Für die nichtdominante Seite ergeben sich (vor dem Hintergrund der deutlich geringeren Skalierung der Frontalebene, im Vergleich zu den anderen beiden Ebenen) keine nennenswerten Veränderungen der Kurvenverläufe.

Die Inferenzstatistik für die Sagittalebene zeigt für das *dominante Bein* in der KO$_G$ ein um -6,1 ± 4,7° signifikant reduziertes Flexions-/Extensionsbewegungsausmaß nach der Trainingsintervention (p = .043, d_z = 1.30) im Gegensatz zur KR$_G$ (-2,1 ± 5,1°, p = .321, d_z = 0.41). Die kovarianzanalytische Überprüfung der Gruppenunterschiede ergibt keinen signifikanten Gruppeneffekt. Für das *nichtdominante Bein* zeigt sich nach dem koordinativen Training eine noch stärkere signifikante Reduzierung des sagittalen Bewegungsausmaß (-7,8 ± 3,9°, p = .011, d_z = 2.01) sowie ein statistischer Trend für eine Reduktion desselben nach dem Kraftaufbautraining (-2,9 ± 3,8°, p = .095, d_z = 0.75). Die Kovarianzanalyse ergibt einen signifikanten Gruppeneffekt zugunsten eines geringeren Bewegungsausmaßes in der Sagittalebene beim Post-Test in der KO$_G$ im Vergleich zur KR$_G$ ($F(1,9) = 5.931$, p = .038, η^2 = .397, vgl. Abbildung 28a). Anhand der grafischen Darstellung der Einzelfälle wird deutlich, dass alle Probandinnen der KO$_G$ (n = 5) nach der Trainingsintervention ein geringeres sagittales Bewegungsausmaß aufweisen als beim Prä-Test (Abbildung 28b). In der KR$_G$ (n = 7) lässt sich für vier Athletinnen ebenfalls ein geringeres Bewegungsausmaß in der Sagittalebene sowie für eine Athletin eine minimale Reduktion desselben nachweisen. Zwei Probandinnen zeigen eine minimale sowie eine kleine Vergrößerung des Flexions-/Extensionsbewegungsausmaßes (Abbildung 28c).

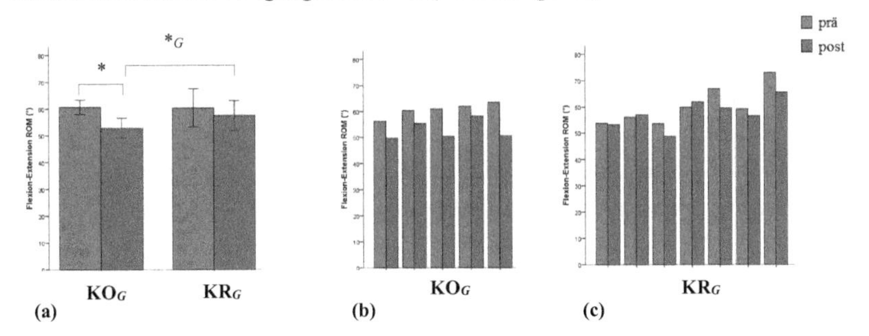

Abbildung 28a-c: Sagittales Kniebewegungsausmaß (Flexion-Extension ROM) des *nichtdominanten Beines* während der Bodenkontaktphase für die Kondition "jump-land-side-cut" des modifizierten Heidelberger Sprungkoordinationstests. **(a)** MW ± SD der Koordinationsgruppe (KO$_G$) und Kraftgruppe (KR$_G$) **(b)** Einzelne Athletinnen der KO$_G$ **(c)** Einzelne Athletinnen der KR$_G$. * = p < .05 (prä/post innerhalb der Gruppe; *$_G$ = p < .05 (Gruppenvergleich)

In der Transversalebene lässt sich in der KO_G beim Post-Test auf der *dominanten Seite* ein statistischer Trend für eine verstärkte Innenrotation beobachten (2,4 ± 2,5°, $p = .093$, $d_z = -0.98$), der sich in der KR_G nicht findet (-1,7 ± 5,4°, $p = .424$, $d_z = 0.32$). Es zeigt sich kein signifikanter Gruppeneffekt für diesen Parameter (vgl. Tabelle 17).

Für alle anderen Parameter finden sich keine signifikanten Unterschiede im Prä-Post-Vergleich oder im Gruppenvergleich (vgl. Tabelle 17). Die leichte Verschiebung der Winkelverlaufskurve der *dominanten Seite* der KR_G in der Frontalebene in Richtung vermehrten Knievalgus, spiegelt sich auch in den absoluten Werten wider, erreicht jedoch keine statistische Signifikanz (-2,8 ± 4,7°, $p = .167$, $d_z = 0.59$). Die KO_G zeigt so gut wie keine Veränderung für diesen Parameter (0,2 ± 7,0°, $p = .943$, $d_z = -0.03$).

Fazit und Hypothesenprüfung

Unter Kontrolle des Prä-Wertes zeigt die KO_G beim Post-Test während der Bodenkontaktphase des mHDSTs – Kondition JL-SC - ein signifikant geringeres Flexions-Extensionsbewegungsausmaß für das nichtdominante Bein als die KR_G. Für alle anderen Parameter lassen sich keine Gruppeneffekte nachweisen. Die Kinematik-Hypothesen mit der Annahme, dass das koordinationsbetonte Trainingsprogramm zu einer signifikant stärkeren Zunahme des maximalen Knieflexionswinkels (H3.1a) und des sagittalen Kniebewegungsausmaßes (H3.1b) sowie einer signifikant stärkeren Abnahme des maximalen Knievalguswinkels (H3.2a), des frontalen Kniebewegungsausmaßes (H3.2b), des maximalen Knieinnenrotationswinkels (H3.3a) und des transversalen Kniebewegungsausmaßes (H3.3b) führt als das Krafttraining, müssen für beide Beine abgelehnt werden. **H3.1 - H3.3 werden für das Assessmentverfahren mHDST – Kondition JL-SC – für beide Beine verworfen.**

Kondition „jump-land-stabilize“

Die Kniewinkelverläufe der beiden IGs während der Stabilisationsphase bei der Kondition JL-Stab sind in der Abbildung 29 in allen drei Ebenen im Prä-Post-Vergleich dargestellt. Die maximalen Gelenkwinkel und -exkursionen sowie die Prä-Post-Differenzen und Gruppeneffekte finden sich in der Tabelle 18. Die Kurven und die Werte in der Tabelle repräsentieren die erste Sekunde (1000 ms) nach initialem Bodenkontakt.

Für den Bewegungsablauf der Kondition JL-Stab lassen sich folgende charakteristische Merkmale festhalten. Der IC erfolgt im Durchschnitt mit ungefähr 12-15° Knieflexion, -1 bis 3° Knievalgus und 3-5° Knieinnenrotation. Die maximale Knieflexion

Modifizierter Heidelberger Sprungkoordinationstest – Kondition „jump-land-stabilize"

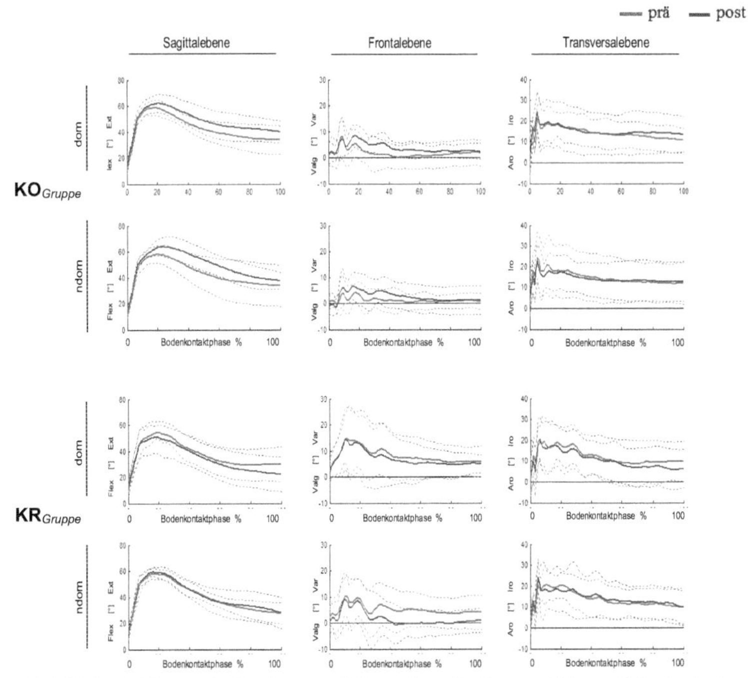

Abbildung 29: Winkelverlaufskurven der Koordinations- (KO_G, n = 6) und Kraftgruppe (KR_G, n = 7) für das dominante (dom) und nichtdominante (ndom) Bein im Prä-Post-Vergleich (rot/blau) während der Bodenkontaktphase des modifizierten Heidelberger Sprungkoordinationstests - Kondition „jump-land-stabilize"

Tabelle 18: Kinematische Parameter (MW ± SD) der Koordinations- (KO_G) und Kraftgruppe (KR_G) für das dominante und nichtdominante Bein während der Bodenkontaktphase beim modifizierten Heidelberger Sprungkoordinationstest – Kondition „jump land-stabilize"

	KO_G(n=6)			KR_G (n=6)			*G*-Effekt	
Kinematische Parameter	**prä**	**post**	**Δ**	**prä**	**post**	**Δ**	***p***	**η^2**
dominant								
Flex. max. (°)	59,6 ± 5,6	63,2 ± 6,3	3,6 ± 3,1 *	55,9 ± 6,0	52,3 ± 11,5	-3,5 ± 6,3	.078 $†_G$	.305
FlexEx. ROM (°)	46,9 ± 8,0	49,0 ± 7,7	2,1 ± 5,1	42,2 ± 4,4	41,0 ± 8,0	-1,2 ± 4,4	.303	.117
Valgus(-)/ Varus(+) max. (°)	-2,6 ± 5,4	-1,3 ± 2,3	1,3 ± 5,2	1,8 ± 5,2	0,5 ± 4,6	-1,3 ± 2,6	.933	.001
Valgus/Varus ROM (°)	12,9 ± 3,7	12,1 ± 3,9	-0,8 ± 4,3	15,5 ± 8,6	15,5 ± 10,1	0,0 ± 3,4	.760	.011
Iro. max.(°)	25,3 ± 9,2	25,7 ± 9,5	0,4 ± 4,9	22,9 ± 10,3	23,9 ± 10,6	0,9 ± 4,2	.889	.002
Rot. ROM (°)	24,1 ± 11,7	24,8 ± 7,9	0,7 ± 5,3	22,1 ± 5,5	23,6 ± 6,1	1,5 ± 4,2	.955	.000
nichtdominant								
Flex. max. (°)	59,0 ± 6,7	64,7 ± 7,1	5,8 ± 7,7	59,6 ± 3,3	60,5 ± 2,8	0,9 ± 4,3	.192	.181
FlexEx. ROM (°)	46,7 ± 5,6	50,5 ± 6,3	3,8 ± 8,8	46,5 ± 3,6	47,3 ± 5,7	0,8 ± 5,0	.398	.080
Valgus(-)/ Varus(+) max. (°)	-4,7 ± 3,5	-3,4 ± 3,3	1,3 ± 2,9	-0,4 ± 7,3	-4,1 ± 6,7	-3,8 ± 2,5 *	**.028** $*_G$	.430
Valgus/Varus ROM (°)	12,2 ± 2,9	12,3 ± 2,1	0,1 ± 3,5	12,6 ± 5,1	15,0 ± 7,7	2,4 ± 4,2	.358	.094
Iro. max.(°)	27,8 ± 12,1	24,5 ± 8,8	-3,3 ± 4,8	27,3 ± 7,1	28,3 ± 8,1	1,0 ± 2,8	.069 $†_G$	.322
Rot. ROM (°)	25,7 ± 7,8	20,3 ± 5,5	-5,4 ± 4,9 *	26,6 ± 6,7	28,0 ± 7,7	1,4 ± 3,8	**.017** $*_G$	.489

KO_G = Koordinationsgruppe; KR_G = Kraftgruppe; *G*-Effekt = Gruppeneffekt; Δ = prä/post Differenz, η^2 = Partielles Eta-Quadrat;
* = p < .05 (prä/post Vergleich innerhalb der Gruppe); *G = p < .05 (Gruppenvergleich); $†^G$ = p < .10 (Gruppenvergleich)

tritt im ersten Drittel der 1-sekündigen Stabilisationsphase auf, ca. 200-250 ms nach dem initialen Bodenkontakt. Die maximale Innenrotation ist deutlich früher zu verzeichnen, ungefähr im Zeitraum zwischen 30-50 ms nach dem Erstkontakt mit der Kraftmessplatte. Der maximale (tendenzielle) Knievalgus findet sich zu unterschiedlichen Zeitpunkten im Bewegungsablauf. Er ist teilweise beim IC zu beobachten, teilweise tritt er erst in der Mitte der Stabilisationsphase auf.

Bei der deskriptiven Betrachtung der Winkelverlaufskurven im Prä-Post-Vergleich fallen die Veränderungen in der Sagittal- und der Frontalebene ins Auge. In der KO_G zeigen sich nach dem 6-wöchigen Training für beide Beine eine vermehrte Kniebeugung und ein Anheben der Kurve in der Frontalebene im mittleren Bereich der Stabilisationsphase in Richtung Varus, d. h. eine Reduzierung des „tendenziellen Valgus". In der KR_G zeigt sich nur für das dominante Bein eine geringfügige Veränderung in der Sagittalebene im Sinne einer leicht reduzierten Kniebeugung. Auf der nichtdominanten Seite fällt in der Frontalebene ein Abfall der Kurve in den letzten beiden Dritteln der Stabilisationsphase in Richtung vermehrten Valgus auf.

Die schließende Statistik zeigt, dass die KO_G nach der Intervention auf der *dominanten Seite* mit signifikant mehr Knieflexion landet (3,6 ± 3,1°, p = .035, d_z = -1.17) im Gegensatz zur KR_G, die tendenziell sogar eine reduzierte Kniebeugung vorweist, die aufgrund der hohen Standardabweichung jedoch nicht signifikant ist (-3,5 ± 6,3°, p = .230, d_z = 0.56). Die Kovarianzanalyse ergibt einen marginal signifikanten Gruppeneffekt zugunsten einer stärkeren Kniebeugung der KO_G im Vergleich zur KR_G beim Post-Test ($F(1,9)$ = 3.950, p = .078, η^2 = .305). Für die *nichtdominante Seite* lässt sich in der KO_G derselbe Trend wie auf der dominanten Seite beobachten, die vermehrte Kniebeugung erreicht jedoch nicht das Signifikanzniveau (5,8 ± 7,7°, p = .125, d_z = -0.75). Die KR_G zeigt nach der Intervention keine nennenswerten Veränderungen dieses Parameters (vgl. Tabelle 18).
In der Frontalebene lässt sich für die KR_G auf der *nichtdominanten Seite* nach der Intervention signifikant mehr maximaler Valgus nachweisen (-3,8 ± 2,5°, p = .015, d_z = 1.49), im Gegensatz zur KO_G, die für diese Seite eine leichte, allerdings nicht signifikante Reduzierung des maximalen Valgus vorweist (1,3 ± 2,9°, p = .313, d_z = -0.46). Die kovarianzanalytische Überprüfung ergibt einen signifikanten Gruppeneffekt beim Post-Test für einen stärkeren Knievalgus in der KR_G im Vergleich zur KO_G ($F(1,9)$ = 6.787, p = .028, η^2 = .430, vgl. Abbildung 30a). Die grafische Darstellung der Einzelfälle dieses Parameters verdeutlicht, dass in der KR_G nach der Intervention alle Probandinnen entweder einen stärkeren Valgus, oder einen stärkeren tenden-

ziellen Valgus vorweisen (Abbildung 30c). In der KO$_G$ dagegen finden sich sowohl Zunahmen des Valguswinkels als auch Abnahmen desselben (Abbildung 30b). Es ist allerdings anzumerken, dass sich in der KR$_G$ deutlich mehr Athletinnen befinden, die als „Varus dominant" zu bezeichnen sind. Für die Mittelwerte der *dominanten Seite* lässt sich in beiden Gruppen dieselbe Tendenz beobachten, ohne signifikante Unterschiede innerhalb der Gruppen, oder im Gruppenvergleich (vgl. Tabelle 18).

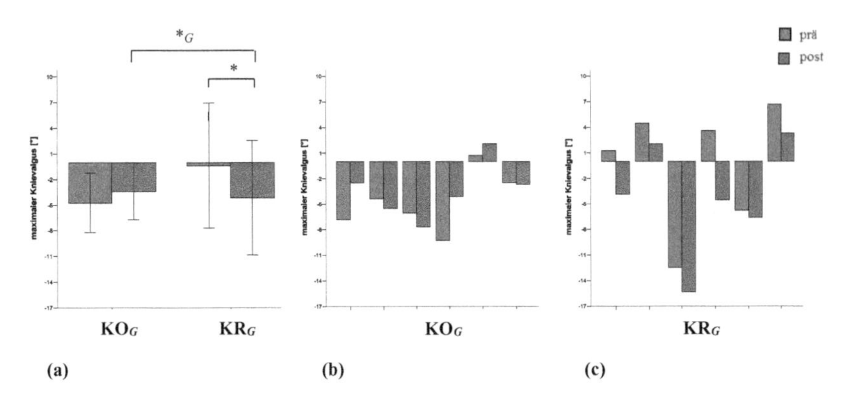

Abbildung 30a-c: Maximaler Knievalgus des *nichtdominanten Beines* während der Bodenkontaktphase für die Kondition "jump-land-stabilize" des modifizierten Heidelberger Sprungkoordinationstests. **(a)** MW ± SD der Koordinationsgruppe (KO$_G$) und Kraftgruppe (KR$_G$). **(b)** Einzelne Athletinnen der KO$_G$. **(c)** Einzelne Athletinnen der KR$_G$. * = $p < .05$ (prä/post innerhalb der Gruppe; $*_G$ = $p < .05$ (Gruppenvergleich)

Die Inferenzstatistik für die Transversalebene ergibt für die KO$_G$ ein signifikant reduziertes transversales Bewegungsausmaß bei der Landung auf der *nichtdominanten Seite* (-5,4 ± 4,9°, $p = .043$, $d_z = 1.10$). In der KR$_G$ dagegen ist eine leichte, nicht signifikante Vergrößerung der transversalen Gelenkexkursion zu beobachten (1,4 ± 3,8°, $p = .390$, $d_z = -0.38$). Für die maximale Innenrotation des gleichen Beines lässt sich ein ähnlicher gegengleicher Trend beobachten, der jedoch in keiner der beiden Trainingsgruppen zu einer signifikanten Veränderung führt (vgl. Tabelle 18). Die Überprüfung der Gruppenunterschiede beim Post-Test ergibt einen signifikanten Gruppeneffekt zugunsten eines geringeren Rotationsbewegungsausmaßes des nichtdominanten Beines in der KO$_G$ im Vergleich zur KR$_G$ ($F(1,9) = 8.620$, $p = .017$, $\eta^2 = .489$, vgl. Abbildung 31a). Zudem lässt sich ein marginal signifikanter Gruppeneffekt zugunsten einer geringeren maximalen Innenrotation in der KO$_G$ im Vergleich zur KR$_G$ nachweisen ($F(1,9) = 4.273$, $p = .069$, $\eta^2 = .322$). Die grafische Einzelfalldarstellung des transversalen Bewegungsausmaßes im Prä-Post-Vergleich verdeutlicht, dass in der KO$_G$ bis auf eine Ausnahme alle Vpn ihr Bewegungsausmaß reduziert haben. Im

Gegensatz zur KR_G in der zwei Vpn eine Reduzierung, eine Vp eine minimale Vergrößerung und drei Vpn eine deutliche Vergrößerung der transversalen Gelenkexkursion nach der Intervention vorweisen (vgl. Abbildung 31b und 31c). Für das dominante Bein lassen sich keine signifikanten Interventionseffekte nachweisen (vgl. Tabelle 18).

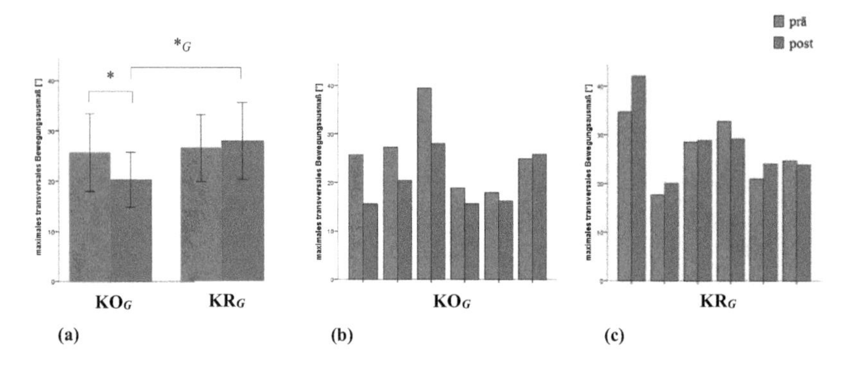

Abbildung 31a-c: Bewegungsausmaß in der Transversalebene des *nichtdominanten Beines* während der Bodenkontaktphase für die Kondition "jump-land-stabilize" des modifizierten Heidelberger Sprungkoordinationstests. **(a)** MW ± SD der Koordinations- (KO_G) und Kraftgruppe (KR_G) **(b)** Einzelne Athletinnen der KO_G. **(c)** Einzelne Athletinnen der KR_G. * = $p < .05$ (prä/post innerhalb der Gruppe; $*_G = p < .05$ (Gruppenvergleich)

Fazit und Hypothesenprüfung

Die kovarianzanalytischen Berechnungen für die Kinematik der Kondition JL-Stab ergeben für zwei Parameter signifikante Gruppeneffekte. Die KR_G zeigt auf der nichtdominanten Seite nach der Trainingsintervention signifikant mehr Valgus als die KO_G. Der Prä-Post-Vergleich mittels *t*-Test innerhalb der beiden Gruppen ergibt, dass sich der Valgus in der KR_G nach dem Trainingsprogramm signifikant verstärkt hat, im Gegensatz zur KO_G, in der keine signifikante Veränderung stattgefunden hat. In der KO_G zeigt sich beim Post-Test auf der nichtdominanten Seite ein signifikant geringeres transversales Bewegungsausmaß, im Vergleich zur KR_G. Die *t*-Testanalyse ergibt eine signifikante Abnahme des Rotationsbewegungsausmaßes in der KO_G, im Gegensatz zur KR_G, in der keine signifikante Veränderung dieses Parameters nachzuweisen sind. Es zeigt sich außerdem ein statistischer Trend für einen Gruppeneffekt zugunsten einer stärkeren Kniebeugung des dominanten Beines in der KO_G im Vergleich zur KR_G.

Die Hypothesen, dass das koordinationsbetonte Trainingsprogramm zu einer signifikant stärkeren Zunahme des maximalen Knieflexionswinkels (H3.1a) und des sagittalen Kniebewegungsausmaßes (H3.1b) sowie einer signifikant stärkeren Abnahme des maximalen Knievalguswinkels (H32a), des frontalen Kniebewegungsausmaßes (H3.2b), des maximalen Knieinnenrotationswinkels (H3.3a) und des transversalen Kniebewegungsausmaßes (H3.3b) führt als das Krafttraining, müssen für beide Beine abgelehnt werden. **H3.1 – H3.3 werden für das Assessmentverfahren mHDST – Kondition JL-SC – für beide Beine verworfen.**

Kondition „jump-land-cross-cut"

Die Kniewinkelverläufe der beiden IGs für die Kondition JL-CC im Prä-Post-Vergleich in allen drei Ebenen sind in der Abbildung 32 dargestellt. Die absoluten Werte sowie die Prä-Post-Differenzen und Gruppeneffekte finden sich in der Tabelle 19.

Für den Bewegungsablauf der Kondition JL-CC lassen sich folgende charakteristische Merkmale festhalten. Der IC erfolgt mit ca. 7-10° Knieflexion und ca. 2-5° Knievarus. In der Transversalebene ist beim Erstkontakt mit der Kraftmessplatte eine Außenrotation zu beobachten - bis auf die nichtdominante Seite der KO_G beim Prä-Test, die durchschnittlich in Neutralstellung landet. Die maximale Kniebeugung findet zu Beginn der zweiten Hälfte der Bodenkontaktphase statt. Der maximale Knievalgus und die maximale Innenrotation sind am Ende der Bodenkontaktphase kurz vor dem Verlassen der Kraftmessplatte zu verzeichnen.

Beim deskriptiven Prä-Post-Vergleich der Winkelverlaufskurven zeigen sich nur sehr geringfügige Unterschiede, die - außer für die nichtdominante Seite der KR_G in der Frontalebene - keine signifikanten Auswirkungen auf die maximalen Gelenkwinkel und –exkursionen haben (s.u.). In der Frontalebene fällt für die nichtdominante Seite der KR_G eine Verschiebung der gesamten Winkelverlaufskurve in Richtung Valgus auf.

In der Sagittalebene lassen sich mittels schließender Statistik in beiden Gruppen keine Prä-Post-Veränderungen nachweisen. Die Kovarianzanalyse ergibt aber einen marginal signifikanten Gruppeneffekt für das Flexions-/Extensionsbewegungsausmaß der *nichtdominanten Seite* im Sinne eines geringeren sagittalen Bewegungsausmaßes in der KO_G im Vergleich zur KR_G beim Post-Test (FlexEx_ROM_post: KO_G: 47,8 ± 4,7° vs. KR_G: 50,5 ± 3,2°; $F(1,9) = 4.084$, $p = .074$, $\eta^2 = .312$).
In der Frontalebene zeigt die Inferenzstatistik für die KR_G auf der *nichtdominanten Seite* einen statistischen Trend hinsichtlich eines verstärkten Knievalgus nach der Intervention (-3,5 ± 5,3°, $p = .079$, $d_z = 0.90$). Die geringen Mittelwertsunterschiede in der KO_G gehen in dieselbe Richtung erreichen jedoch keine Signifikanz (-0,7 ± 3,6°, $p = .657$, $d_z = 0.19$). Es findet sich kein signifikanter Gruppeneffekt (vgl. Tabelle 19).

Modifizierter Heidelberger Sprungkoordinationstest – Kondition „jump-land-cross-cut“

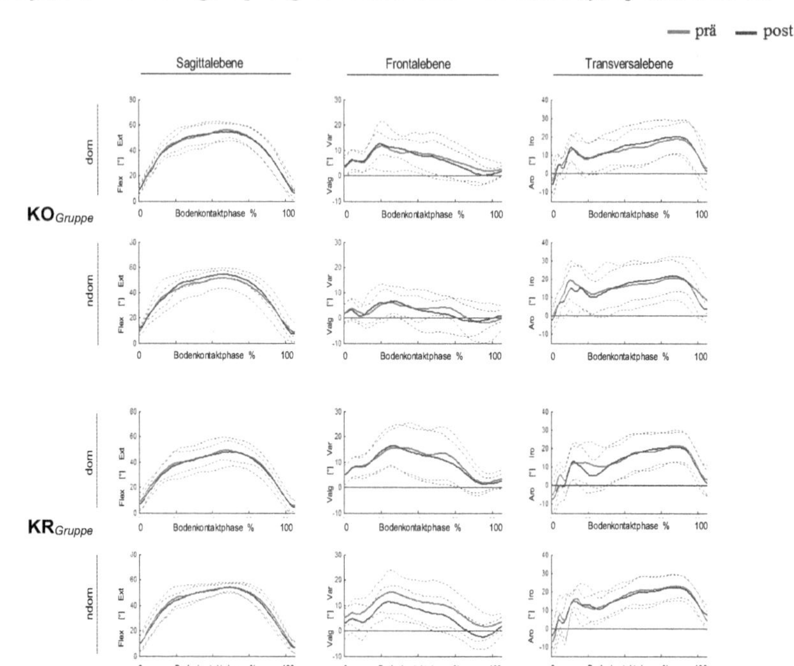

Abbildung 32: Winkelverlaufskurven der Koordinations- (KO_G, n = 6) und Kraftgruppe (KR_G, n = 7) im Prä-Post-Vergleich (rot/blau) während der Bodenkontaktphase des modifizierten Heidelberger Sprungkoordinationstests - Kondition „jump-land-cross-cut“

Tabelle 19: Kinematische Parameter (MW ± SD) der beiden Interventionsgruppen während der Bodenkontaktphase beim modifizierten Heidelberger Sprungkoordinationstest – Kondition „jump-land-cross-cut“

	KO_G (n=6)			KR_G (n=6)			*G*-Effekt	
Kinematische Parameter	**prä**	**post**	**Δ**	**prä**	**post**	**Δ**	*p*	η^2
dominant								
Flex. max. (°)	56,7 ± 6,0	54,7 ± 6,8	-2,0 ± 5,8	49,2 ± 7,5	48,1 ± 10,4	-1,1 ± 5,4	.831	.005
FlexEx. ROM (°)	51,0 ± 8,0	49,5 ± 7,4	-1,5 ± 5,1	44,5 ± 8,2	45,0 ± 10,1	0,6 ± 3,4	.542	.043
Valgus(-)/Varus(+) max. (°)	0,3 ± 4,6	-0,9 ± 3,2	-1,2 ± 3,7	0,5 ± 3,6	0,4 ± 2,8	-0,1 ± 1,1	.335	.103
Valgus/Varus ROM (°)	13,0 ± 4,3	14,3 ± 3,4	1,3 ± 5,7	17,6 ± 6,1	17,5 ± 6,1	0,0 ± 3,5	.782	.009
Iro. max.(°)	19,3 ± 8,9	20,5 ± 9,6	1,2 ± 4,7	22,0 ± 8,7	21,7 ± 8,7	-0,3 ± 4,1	.655	.023
Rot. ROM (°)	25,5 ± 6,0	27,3 ± 9,2	1,9 ± 4,5	28,2 ± 9,4	30,5 ± 7,6	2,3 ± 4,6	.811	.007
nichtdominant								
Flex. max. (°)	51,7 ± 8,0	54,5 ± 3,1	2,8 ± 9,8	54,4 ± 4,5	54,6 ± 3,4	0,2 ± 3,0	.962	.000
FlexEx. ROM (°)	45,5 ± 6,3	47,8 ± 4,7	2,3 ± 10,6	50,4 ± 2,9	50,5 ± 3,2	0,1 ± 2,9	.074 $†_G$	.312
Valgus(-)/Varus(+) max. (°)	-3,4 ± 7,2	-4,1 ± 4,7	-0,7 ± 3,6	0,3 ± 4,3	-3,5 ± 5,3	-3,8 ± 4.2 †	.426	.072
Valgus/Varus ROM (°)	11,5 ± 6,1	13,0 ± 3,5	1,5 ± 4,5	16,6 ± 4,6	17,2 ± 5,7	0,5 ± 3,4	.652	.024
Iro. max.(°)	22,8 ± 11,7	23,2 ± 9,0	0,4 ± 6,0	24,0 ± 6,3	24,9 ± 5,0	0,9 ± 5,4	.744	.012
Rot. ROM (°)	25,7 ± 9,4	26,4 ± 8,0	0,8 ± 3,6	31,8 ± 9,9	31,9 ± 7,5	0,1 ± 4,4	.661	.022

KO_G = Koordinationsgruppe; KR_G = Kraftgruppe; *G*-Effekt = Gruppeneffekt; Δ = prä/post Differenz, η^2 = Partielles Eta-Quadrat;
† = $p < .10$ (prä/post Vergleich innerhalb der Gruppe), $†_G$ = $p < .10$ (Gruppenvergleich)

Für alle anderen Parameter lassen sich keine Unterschiede im Prä-Post-Vergleich oder im Gruppenvergleich nachweisen (vgl. Tabelle 19).

Fazit und Hypothesenprüfung:
Unter Kontrolle des Prä-Wertes lassen sich beim Post-Test für keine der untersuchten Variablen signifikante Gruppeneffekte nachweisen Es zeigt sich lediglich ein statistischer Trend im Sinne eines geringeren sagittalen Bewegungsausmaß des nichtdominanten Beines in der KO_G im Vergleich zur KR_G nach der Intervention. Die Annahmen, dass das koordinationsbetonte Trainingsprogramm zu einer signifikant stärkeren Zunahme des maximalen Knieflexionswinkels (H3.1a) und des sagittalen Kniebewegungsausmaßes (H3.1b) sowie einer signifikant stärkeren Abnahme des maximalen Knievalguswinkels (H3.2a), des frontalen Kniebewegungsausmaßes (H3.2b), des maximalen Knieinnenrotationswinkels (H3.3a) und des transversalen Kniebewegungsausmaßes (H3.3b) führt als das Krafttraining, müssen für beide Beine abgelehnt werden. **H3.1 – H3.3 werden für das Assessmentverfahren mHDST – Kondition JL-SC – für beide Beine verworfen.**

7.3.2.2 Kniekinetik in der Sagittal-, Frontal- und Transversalebene

Alle folgenden Ausführungen zu Gelenkmomenten, die im Rahmen dieser Studie erhoben wurden, beziehen sich auf *externe Momente*. Zur interindividuellen Vergleichbarkeit sind die Werte am Körpergewicht normiert (Nm/kg).

Über alle Sprungmanöver präsentieren sich die Gelenkmomente in der Sagittalebene als Doppelkurve mit einem extra peak in der frühen Landephase nach dem IC. Diese extra Spitze findet sich auch in der Frontalebene, ist hier aber deutlich geringer ausgeprägt, und in der Transversalebene, in der sie z. T. nur noch ansatzweise zu sehen ist. Es wird angenommen, dass diese erste „Zacke“ dem Prellen der Kraftmessplatte geschuldet ist, aufgrund des hohen impacts bei der Landung. Da der Parameter „maximales Gelenkmoment“ in allen drei Ebenen hiervon jedoch nicht tangiert wird, ist dies für die Ergebnisdarstellung und die spätere Interpretation und Diskussion nicht relevant.

In Anlehnung an die Kinematik erfolgt die Hypothesenprüfung beim beidbeinigen Drop Jump nur für die Frontal- und Transversalebene. Aufgrund der in dieser Studie angewendeten Bewegungsausführung (ohne Armeinsatz) und der Bewegungsanweisung (maximal schnell, maximal hoch) wird nicht erwartet, dass die Probandinnen nach der Intervention mehr Knieflexion beim DJ zeigen. Es wird sogar eher das Gegenteil angenommen. Demzufolge wird auch keine Reduktion der Bodenreaktionskräfte, respektive der Gelenkmomente erwartet. Die Analyse und Ergebnisdarstellung erfolgt trotzdem für alle drei Ebenen, um die Auswirkungen der Trainingsprogramme auf die Kinetik vollständig zu erfassen.

Drop Jump

Die Abbildung 33 zeigt den Verlauf der Gelenkmomente der beiden IGs während der Bodenkontaktphase beim beidbeinigen DJ im Prä-Post-Vergleich in allen drei Ebenen. Die maximalen Momente sowie die Prä-Post-Differenzen und Gruppeneffekte sind in der Tabelle 20 zusammengefasst dargestellt.

Für die Kinetik beim beidbeinigen Drop Jump lassen sich folgende charakteristische Merkmale festhalten. In der Sagittalebene wirkt zum Zeitpunkt des ICs bzw. unmittelbar nach der Landung zunächst ein extendierendes Drehmoment auf das Kniegelenk, das kurzfristig sogar noch zunimmt, um sich dann in Flexionsmoment umzuwandeln. Das maximale Flexionsmoment ist durchschnittlich bei ca. 40% der Bodenkontaktphase zu verzeichnen. In der zweiten Hälfte der Bodenkontaktphase (konzentrische Phase) fällt das Flexionsmoment kontinuierlich ab, um kurz vor dem Verlassen der Kraftmessplatte erneut in ein geringes extendierendes Drehmoment überzugehen. In der Frontalebene zeigt sich beim IC sowie zum Zeitpunkt des Verlassens der Kraftmessplatte bzw. unmittelbar davor, ein geringes Valgusmoment. Über die komplette restliche Bodenkontaktphase ist ein varisierendes Drehmoment zu beobachten, dessen Maximum ca. zwischen 25-40% der Bodenkontaktphase liegt. In der Transversalebene wirkt bei der Landung sowie beim Verlassen der Kraftmessplatte durchschnittlich überwiegend so gut wie keine Gelenkbelastung bzw. teilweise ein geringes Außenrotationsmoment auf das Kniegelenk. Das maximale Innenrotationsmoment zeigt sich bei ca. 30% der Bodenkontaktphase.

Bei der deskriptiven Analyse der Kinetikkurven im Prä-Post-Vergleich fallen Veränderungen im mittleren Drittel der Bodenkontaktphase ins Auge, die in der Frontalebene am ausgeprägtesten sind. Hier zeigt sich in beiden Gruppen für beide Beine eine Verschiebung der Kinetikkurve, die gruppenspezifisch eine gegenläufige Richtung aufweist. In der KO_G ist eine Zunahme des Varusmoments, in der KR_G dagegen eine Abnahme desselben - das bedeutet eine Zunahme des „tendenziellen“ Valgusmoments - zu beobachten. Da das maximale Valgusmoment aber, wie oben beschrieben, am Anfang und Ende der Belastungsphase auftritt, spiegelt sich das Ausmaß

Drop Jump

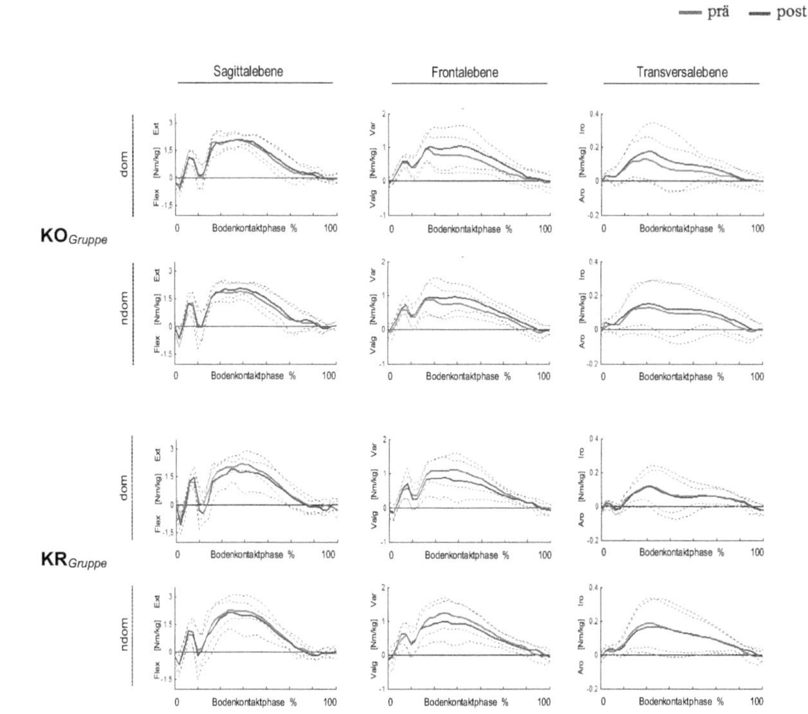

Abbildung 33: Externe Gelenkmomente der Koordinations- (KO_G, n = 6) und Kraftgruppe (KR_G, n = 7) für das dominante (dom) und das nichtdominante (ndom) Bein im Prä-Post-Vergleich (rot/blau) während der Bodenkontaktphase beim Drop Jump

Tabelle 20: Kinetische Parameter (Maximale externe Momente, MW ± SD) der Koordinations- und Kraftgruppe für das dominante und das nichtdominante Bein während der Bodenkontaktphase beim Drop Jump

Kinetische Parameter	KO_G (n=6)			KR_G (n=7)			*G*-Effekt	
	prä	post	Δ	prä	post	Δ	*p*	η^2
dominant								
Flex. Moment (Nm/kg)	2,27 ± 0,31	2,30 ± 0,38	0,03 ± 0,28	2,29 ± 0,29	2,25 ± 0,45	-0,04 ± 0,37	.736	.012
Valgus(-)/Varus(+) Moment (Nm/kg)	-0,14 ± 0,07	-0,12 ± 0,05	0,02 ± 0,05	-0,19 ± 0,14	-0,27 ± 0,17	-0,08 ± 0,20	.108	.238
Iro. Moment (Nm/kg)	0,16 ± 0,10	0,20 ± 0,14	0,04 ± 0,07	0,14 ± 0,07	0,14 ± 0,11	0,00 ± 0,11	.409	.069
nichtdominant								
Flex. Moment (Nm/kg)	2,19 ± 0,57	2,30 ± 0,35	0,11 ± 0,37	2,40 ± 0,47	2,43 ± 0,62	0,03 ± 0,43	.955	.000
Valgus(-)/Varus(+) Moment (Nm/kg)	-0,21 ± 0,09	-0,14 ± 0,12	0,07 ± 0,15	-0,27 ± 0,30	-0,24 ± 0,15	0,03 ± 0,30	.313	.101
Iro. Moment (Nm/kg)	0,17 ± 0,12	0,19 ± 0,11	0,02 ± 0,04	0,21 ± 0,13	0,19 ± 0,14	-0,01 ± 0,08	.500	.047

KO_G = Koordinationsgruppe; KR_G = Kraftgruppe; *G*-Effekt = Gruppeneffekt; Δ = prä/post Differenz, η^2 = Partielles Eta-Quadrat;

dieser Kurvenverschiebungen nicht in den analysierten Werten wider (vgl. Tabelle 20). In der Transversalebene fällt für die nichtdominante Seite in der KO_G beim Post-Test ein erhöhtes maximales Innenrotationsmoment auf.

Mittels inferentieller Statistik lassen sich für beide Gruppen keine signifikanten Veränderungen der maximalen Gelenkmomente durch die Intervention nachweisen (*t*-Test). Die Kovarianzanalyse ergibt keine signifikanten Gruppenunterschiede beim Post-Test. Für das Frontalmoment zeigt sich lediglich fast ein marginal signifikanter Gruppeneffekt in Richtung eines reduzierten Valgusmoments in der KO_G im Vergleich zur KR_G nach der Intervention (vgl. Tabelle 20, $F(1,10) = 3.119$, $p = .108$, $\eta^2 = .238$). Das deskriptiv beobachtete verstärkte Innenrotationsmoment der dominanten Seite in der KO_G erreicht, wie erwähnt, nicht das Signifikanzniveau (0,04 ± 0,07 Nm/kg, $p = .167$, $d_z = -0{,}66$), der Unterschied zur KR_G, die ein quasi unverändertes Rotationsmoment zeigt (0,00 ± 0,11 Nm/kg, $p = .941$, $d_z = 0{,}03$) ist jedoch auffällig.

Fazit und Hypothesenprüfung

Weder das Koordinations- noch das Krafttraining hat zu einer signifikanten Reduktion der maximalen Gelenkmomente geführt. Unter Kontrolle des Prä-Wertes lässt sich für keine der untersuchten kinetischen Variablen ein Gruppeneffekt nach der Intervention nachweisen. Die Hypothesen, dass das Koordinationstraining zu einer stärkeren Abnahme des Valgusmoments (H3.5) und des Innenrotationsmoments (H3.6) führt als das Krafttraining, müssen verworfen werden. **H3.5 und H3.6 werden für das Assessmentverfahren Drop Jump für beide Beine abgelehnt.**

Modifizierter Heidelberger Sprungkoordinationstest

Analog zur Kinematik wird die Kinetik beim mHDST für die verschiedenen Konditionen unter folgender Stichprobenzusammensetzung analysiert: Kondition JL-SC: KR_G, n = 6 vs. KO_G, n = 5; Kondition JL-Stab: KR_G, n = 6 vs. KO_G, n = 6; Kondition JL-CC: KR_G, n = 6 vs. KO_G, n = 6 (vgl. Kap. II.9.3.2.1).

Kondition „jump-land-side-cut“

In der Abbildung 34 sind die Kniegelenkmomente der beiden IGs während der Bodenkontaktphase der Kondition JL-SC im Prä-Post-Vergleich in allen drei Ebenen dargestellt. Die Tabelle 21 präsentiert die untersuchten kinetischen Parameter sowie die Prä-Post-Differenzen und Gruppeneffekte.

Modifizierter Heidelberger Sprungkoordinationstest – Kondition „jump-land-side-cut“

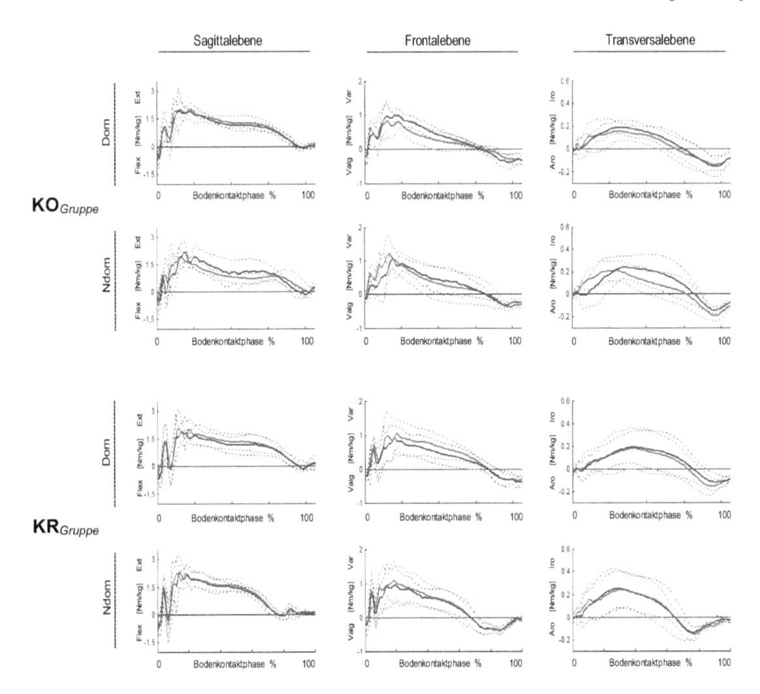

Abbildung 34: Kniekinetik der Interventionsgruppen in der Sagittal-, Frontal- und Transversalebene für das dominante (Dom) und nichtdominante (Ndom) Bein im Prä-Post-Vergleich (rot/blau) während der Bodenkontaktphase des modifizierten Heidelberger Sprungkoordinationstests - Kondition „jump-land-side-cut“

Tabelle 21: Kinetische Parameter (MW ± SD) in der Sagittal, Frontal- und Transversalebene für das dominante und das nichtdominante Bein während der Bodenkontaktphase des modifizierten Heidelberger Sprungkoordinationstests - Kondition "jump-land-side-cut"

	KOG (n=5)			KRG (n=7)			*G*-Effekt	
Parameter	**prä**	**post**	Δ	**prä**	**post**	Δ	*p*	η^2
dominant								
Flex. Moment (Nm/kg)	2,51 ± 0,35	2,52 ± 0,52	0,01 ± 0,64	2,52 ± 0,74	2,52 ± 0,93	-0,01 ± 0,44	.965	.000
Valgus(-)/Varus(+) Moment (Nm/kg)	-0,44 ± 0,16	-0,45 ± 0,21	-0,01 ± 0,27	-0,52 ± 0,28	-0,51 ± 0,17	0,02 ± 0,21	.804	.007
Iro. Moment (Nm/kg)	0,20 ± 0,11	0,22 ± 0,05	0,03 ± 0,10	0,22 ± 0,15	0,23 ± 0,12	0,01 ± 0,07	.889	.002
nichtdominant								
Flex. Moment (Nm/kg)	2,39 ± 0,42	2,58 ± 0,44	0,19 ± 0,33	2,69 ± 0,60	2,85 ± 0,81	0,16 ± 0,56	.970	.000
Valgus(-)/Varus(+) Moment (Nm/kg)	-0,43 ± 0,08	-0,43 ± 0,11	0,00 ± 0,09	-0,54 ± 0,26	-0,49 ± 0,13	0,05 ± 0,14	.784	.009
Iro. Moment (Nm/kg)	0,24 ± 0,08	0,28 ± 0,11	0,05 ± 0,09	0,27 ± 0,16	0,26 ± 0,17	0,00 ± 0,05	.294	.121

KO_G = Koordinationsgruppe; KR_G = Kraftgruppe; *G*-Effekt = Gruppeneffekt; Δ = prä/post Differenz, η^2 = Partielles Eta-Quadrat

Für die Kinetik bei der Kondition JL-SC des mHDSTs lassen sich folgende charakteristische Merkmale zusammenfassen. Während bzw. unmittelbar nach dem IC wirkt ein geringes Extensionsmoment auf das Kniegelenk, das kurzfristig zunimmt, um sich dann in ein flektierendes Gelenkmoment umzuwandeln. Das maximale Flexionsmoment ist deutlich früher zu verzeichnen als beim DJ, es liegt bei ca. 10-25% der Bodenkontaktphase. Kurz vor dem Verlassen der Kraftmessplatte wirkt im Durchschnitt so gut wie kein Drehmoment in der Sagittalebene bzw. erneut ein geringes Extensionsmoment auf das Kniegelenk. In der Frontalebene ist zum Zeitpunkt des IC ein geringes Valgusmoment zu verzeichnen. Das maximale Valgusmoment findet sich am Ende der Abdruckphase sowie während des TOs. Über die komplette restliche Bodenkontaktphase ist ein varisierendes Gelenkmoment zu beobachten, dessen Maximum, wie das maximale Flexionsmoment, bei ca. 10-25% der Standphase liegt. In der Transversalebene zeigt sich zum Zeitpunkt des Erstkontakts mit der Kraftmessplatte überwiegend so gut wie keine Gelenkbelastung bzw. ein sehr geringes Außenrotationsmoment. Unmittelbar nach dem IC entsteht ein Innenrotationsmoment, dessen Maximum gruppen- bzw. beinspezifisch, bei ca. 25-40% der Standphase zu beobachten ist. Am Ende der Bodenkontaktphase wirken deutlich außenrotierende Momente am Kniegelenk.

Bei der deskriptiven Analyse der Kinetikkurven im Prä-Post-Vergleich zeigen sich nur sehr geringfügige Veränderungen der Gelenkmomente. Erwähnenswert scheint hier das nicht-dominante Bein der KO_G. Dies zeigt beim Post-Test in der Sagittalebene eine leichte Zunahme des Flexionsmoments und in der Transversalebene eine nach rechts verschobene Kurve, die mit einem leicht erhöhten Innenrotationsmoment einherzugehen scheint.

Mittels Inferenzstatistik lässt sich keine signifikante Veränderung der maximalen Gelenkmomente durch die Intervention nachweisen. Die *t*-Testanalyse ergibt keine signifikanten Unterschiede im Prä-Post-Vergleich. Die ANCOVA zeigt keine Gruppeneffekte. Die stärksten Prä-Post-Veränderungen zeigen sich - wie deskriptiv beobachtet - für das nichtdominante Bein in der KO_G. Das beim Post-Test um $0{,}19 \pm 0{,}33$ Nm/kg erhöhte Flexionsmoment und das um $0{,}05 \pm 0{,}09$ Nm/kg erhöhte Innenrotationsmoment erreichen jedoch beide nicht das Signifikanzniveau ($p = .261$, $d_z = -0{,}58$, $p = .315$, $d_z = -0{,}51$).

Fazit und Hypothesenprüfung

In beiden Trainingsgruppen hat keine signifikante Reduktion der maximalen Gelenkmomente stattgefunden. Unter Kontrolle des Prä-Wertes lassen sich für keinen der untersuchten kinetischen Parameter signifikante Gruppenunterschiede beim Post-Test nachweisen. Die Hypothesen, dass das Koordinationstraining zu einer stärkeren Abnahme des Flexionsmoments (H3.4), des Valgusmoments (H3.5) und des Innenrotationsmoments (H3.6) führt als das Krafttraining, müssen verworfen werde. **H3.4 - H3.6 werden für das Assessmentverfahren mHDST – Kondition JL-SC – für beide Beine abgelehnt.**

Kondition „jump-land-stabilize“

Die Abbildung 35 visualisiert den Verlauf der externen Kniegelenkmomente der beiden IGs während der Stabilisationsphase für die Kondition JL-Stab des mHDSTs im Prä-Post-Vergleich in allen drei Ebenen. Die analysierten Parameter sowie die Prä-Post-Differenzen und Gruppeneffekte finden sich in der Tabelle 22. Die Analyse bezieht sich auf die erste Sekunde nach initialem Bodenkontakt, d. h. 100% der Stabilisationsphase ≙ 1000 ms.

Für die Gelenkmomente bei der Kondition JL-Stab lassen sich folgende charakteristische Merkmale herausarbeiten. In der Sagittalebene wirkt während bzw. unmittelbar nach dem IC zunächst ein extendierendes Drehmoment am Kniegelenk, das sich gruppen- bzw. beinspezifisch z. T. direkt in ein Flexionsmoment umwandelt, z. T. zunächst verstärkt, um sich dann in ein flektierendes Moment umzuwandeln. Das maximale Flexionsmoment tritt durchschnittlich in den ersten 100 ms nach dem Erstkontakt mit der Kraftmessplatte auf. Danach folgt eine kontinuierliche Abnahme, so dass die letzten zwei Drittel der Stabilisationsphase nur noch ein gering flektierendes Sagittalmoment am Kniegelenk zu verzeichnen ist. In der Frontalebene wirkt zum Zeitpunkt des IC ein geringes Valgusmoment auf das Kniegelenk. Dies wandelt sich unmittelbar nach dem IC in ein Varusmoment um, dessen Maximum teilweise zeitgleich, teilweise kurz nach dem Maximum des Flexionsmoments zu verzeichnen ist. Im Zuge der Stabilisation kommt es zu einer kontinuierlichen Reduktion des varisierenden Drehmoments. Die letzten zwei Drittel des Auswertungszeitraumes wirkt, relativ konstant, ein geringes Varusmoment am Kniegelenk. Für das Transversalmoment lässt sich ein ähnlicher Kurvenverlauf feststellen, mit dem Unterschied, dass das maximale Innenrotationsmoment zeitlich etwas später als die maximalen Momente in der Sagittal- und Frontalebene auftritt. Während des IC, ist so gut wie kein bzw. ein gering außenrotierendes Transversalmoment zu beobachten.

Auch für die Verlaufskurven der Gelenkmomente für die Kondition JL-Stab zeigen sich bei der deskriptiven Prä-Post-Analyse nur äußerst geringfügige Unterschiede. Die Kurven erscheinen z. T. sogar fast deckungsgleich. In der Transversalebene fällt

Modifizierter Heidelberger Sprungkoordinationstest – Kondition „jump-land-stabilize“

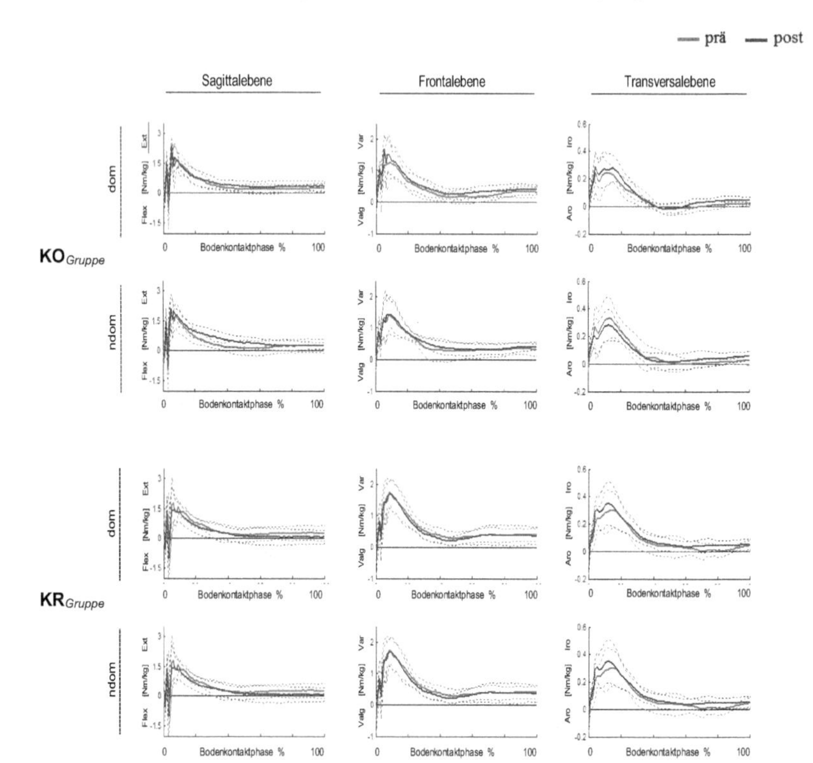

Abbildung 35: Kniekinetik der Interventionsgruppen in der Sagittal-, Frontal- und Transversalebene für das dominante (dom) und das nichtdominante (ndom) Bein im Prä-Post-Vergleich (rot/blau) während der Bodenkontaktphase des modifizierten Heidelberger Sprungkoordinationstests - Kondition „jump-land-stabilize“

Tabelle 22: Kinetische Parameter (MW ± SD) in der Sagittal, Frontal- und Transversalebene für das dominante und das nichtdominante Bein während der Bodenkontaktphase des modifizierten Heidelberger Sprungkoordinationstests - Kondition "jump-land-stabilize"

	KO_G (n=6)			KR_G (n=6)			*G*-Effekt	
Parameter	**prä**	**post**	**Δ**	**prä**	**post**	**Δ**	*p*	η^2
dominant								
Flex. Moment (Nm/kg)	2,47 ± 0,34	2,48 ± 0,39	0,01 ± 0,40	2,58 ± 0,95	2,24 ± 0,84	-0,34 ± 0,49	.222	.161
Valgus(-)/Varus(+) Moment (Nm/kg)	-0,21 ± 0,22	-0,15 ± 0,13	0,07 ± 0,26	-0,45 ± 0,48	-0,50 ± 0,31	-0,05 ± 0,52	**.058** $\dagger_G$	.343
Iro. Moment (Nm/kg)	0,30 ± 0,11	0,34 ± 0,10	0,04 ± 0,08	0,35 ± 0,13	0,38 ± 0,13	0,04 ± 0,05	.812	.007
nichtdominant								
Flex. Moment (Nm/kg)	2,28 ± 0,32	2,58 ± 0,57	0,30 ± 0,52	2,70 ± 0,92	2,55 ± 0,88	-0,15 ± 0,35	.197	.178
Valgus(-)/Varus(+) Moment (Nm/kg)	-0,18 ± 0,06	-0,19 ± 0,18	0,00 ± 0,21	-0,21 ± 0,17	-0,27 ± 0,24	-0,06 ± 0,23	.586	.034
Iro. Moment (Nm/kg)	0,36 ± 0,13	0,30 ± 0,10	-0,06 ± 0,09	0,40 ± 0,14	0,38 ± 0,18	-0,02 ± 0,10	.436	.069

KO_G = Koordinationsgruppe; KR_G = Kraftgruppe; $_G$-Effekt = Gruppeneffekt; Δ = prä/post Differenz, η2 = Partielles Eta-Quadrat; $\dagger_G$ = p < .10 im Gruppenvergleich beim post-Test auf der nichtdominanten Seite in der KO_G 100-150 ms nach dem IC eine leichte Verschiebung der Kurve in Richtung eines reduzierten Innenrotationsmoments auf, im Gegensatz zu einer leichten Zunahme desselben auf der dominanten Seite in der KR_G. Des Weiteren fällt auf der dominanten Seite in der KR_G ein reduziertes maximales Flexionsmoment nach der Intervention ins Auge (vgl. Tabelle 22). Die deskriptiv beobachteten Veränderungen erreichen nicht das Signifikanzniveau ($p = .181$, $d_z = 0{,}63$; $p = .140$, $d_z = -0{,}72$, $p = .145$, $d_z = 0{,}70$, vgl. Tabelle 22).

Die Inferenzstatistik zeigt für alle drei Ebenen keine signifikanten Veränderungen der maximalen Gelenkmomente im Prä-Post-Vergleich innerhalb der beiden Trainingsgruppen. Die Kovarianzanalyse ergibt einen marginal signifikanten Gruppeneffekt für das maximale Valgusmoment des *dominanten Beines*, im Sinne eines geringeren Valgusmoments nach der Intervention in der KO_G (-0,15 ± 0,13 Nm/kg) im Vergleich zur KR_G (-0,50 ± 0,31 Nm/kg) ($F(1,9) = 4.708$, $p = .058$, $\eta^2 = .343$). Für alle anderen Variablen lassen sich keine signifikanten Gruppeneffekte nachweisen.

Fazit und Hypothesenprüfung

Keines der beiden Trainingsprogramme hat zu einer signifikanten Reduktion der maximalen Gelenkmomente geführt. Mittels Kovarianzanalyse lassen sich keine signifikanten Gruppenunterschiede nach der Intervention nachweisen. Die Kinetik-Hypothesen, dass das Koordinationstraining zu einer stärkeren Abnahme des Flexionsmoments (H3.4), des Valgusmoments (H3.5) und des Innenrotationsmoments (H3.6) führt als das Krafttraining, müssen verworfen werde. **H3.4 - H3.6 werden für das Assessmentverfahren mHDST – Kondition JL-Stab – für beide Beine abgelehnt.**

Kondition „jump-land-cross-cut“

In der Abbildung 36 ist der Verlauf der Kniegelenkmomente der beiden IGs während der Bodenkontaktphase für die Kondition JL-Stab des mHDSTs im Prä-Post-Vergleich in allen drei Ebenen dargestellt. Die maximalen Momente sowie die Prä-Post-Differenzen und Gruppeneffekte werden in der Tabelle 23 präsentiert.

Zur Charakteristik der Kinetik für die Kondition JL-CC des mHDSTs lässt sich folgendes zusammenfassen. Wie beim DJ und den anderen Sprung-Landemanövern beobachtet, wirkt auch bei der Kondition JL-CC beim Erstkontakt mit der Kraftmessplatte bzw. unmittelbar nach dem IC ein extendierendes Drehmoment auf das Kniegelenk. Das Extensionsmoment verstärkt sich in den ersten Millisekunden nach der Landung, um dann in ein Flexionsmoment überzugehen. Das maximale Flexionsmoment ist, wie bei der Kondition JL-SC, in der frühen Landephase, bei ca. 10-25% der

Modifizierter Heidelberger Sprungkoordinationstest – Kondition „jump-land-cross-cut“

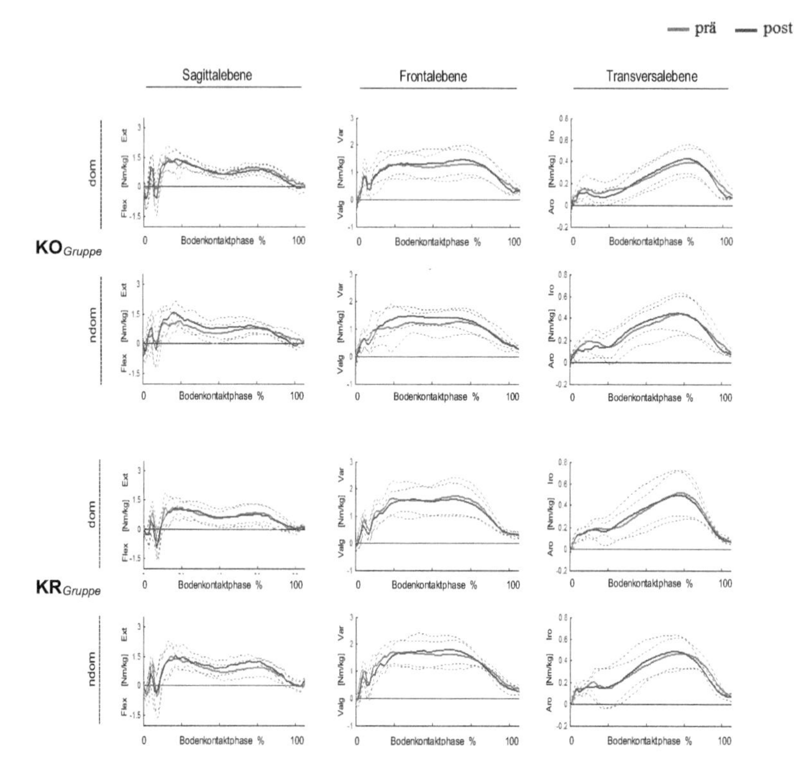

Abbildung 36: Kniekinetik der Interventionsgruppen in der Sagittal-, Frontal- und Transversalebene für das dominante (dom) und das nichtdominante (ndom) Bein im Prä-Post-Vergleich (rot/blau) während der Bodenkontaktphase des modifizierten Heidelberger Sprungkoordinationstests - Kondition „jump-land-cross-cut“

Tabelle 23: Kinetische Parameter (MW ± SD) in der Sagittal, Frontal- und Transversalebene für das dominante und das nichtdominante Bein während der Bodenkontaktphase des modifizierten Heidelberger Sprungkoordinationstests - Kondition "jump-land-cross-cut"

Parameter	KO_G(n=6)			KR_G (n=6)			*G*-Effekt	
	prä	post	Δ	prä	post	Δ	*p*	η^2
dominant								
Flex. Moment (Nm/kg)	1,85 ± 0,33	1,76 ± 0,39	-0,09 ± 0,33	1,53 ± 0,49	1,27 ± 0,52	-0,26 ± 0,38	.294	.121
Valgus(-)/Varus(+) Moment (Nm/kg)	-0,28 ± 0,19	-0,21 ± 0,07	0,07 ± 0,26	-0,27 ± 0,13	-0,20 ± 0,07	0,08 ± 0,18	.492	.054
Iro. Moment (Nm/kg)	0,44 ± 0,11	0,43 ± 0,13	0,00 ± 0,08	0,53 ± 0,19	0,51 ± 0,22	-0,03 ± 0,09	.666	.022
nichtdominant								
Flex. Moment (Nm/kg)	1,71 ± 0,60	1,92 ± 0,43	0,21 ± 0,41	1,95 ± 0,69	1,94 ± 0,51	0,00 ± 0,41	.582	.035
Valgus(-)/Varus(+) Moment (Nm/kg)	-0,29 ± 0,23	-0,22 ± 0,14	0,07 ± 0,28	-0,20 ± 0,23	-0,21 ± 0,12	-0,01 ± 0,17	.945	.001
Iro. Moment (Nm/kg)	0,46 ± 0,18	0,46 ± 0,15	0,00 ± 0,04	0,49 ± 0,14	0,49 ± 0,15	0,00 ± 0,07	.858	.004

KO_G = Koordinationsgruppe; KR_G = Kraftgruppe; *G*-Effekt = Gruppeneffekt; Δ = prä/post Differenz, η^2 = Partielles Eta-Quadrat

Bodenkontaktphase, zu beobachten. Über die komplette Belastungsphase bleibt ein flektierendes Sagittalmoment bestehen. Kurz vor dem Verlassen der Kraftmessplatte geht dies gegen Null bzw. wirkt erneut minimal extendierend. In der Frontalebene zeigt die Visualisierung der Gelenkmomente ausschließlich zum Zeitpunkt des initialen Bodenkontakts ein gering valgisierendes Drehmoment. Unmittelbar nach der Landung entsteht ein Varusmoment, dass in den mittleren zwei vierteln der Standphase fast plateaumäßig erhalten bleibt und in diesem Zeitraum sein Maximum zu verzeichnen hat. Gegen Ende der Standphase reduziert sich die Varusbelastung, bleibt aber bis zum Zeitpunkt des TOs erhalten. Das Transversalmoment ist zum Zeitpunkt des IC im Kniegelenk durchschnittlich gleich ± Null. Unmittelbar danach entsteht ein kontinuierlich ansteigendes Innenrotationsmoment, dessen Maximum wesentlich später als beim DJ und JL-SC Manöver, nämlich zu Beginn des letzten Drittels (bei ca. 65-75%) der Bodenkontaktphase, zu verzeichnen ist. Beim JL-CC Manöver wirken über den kompletten Belastungszyklus im Durchschnitt keine Außenrotationsmomente auf das Kniegelenk.

Bei der deskriptiven Betrachtung der Kinetikkurven zeigen sich, wie bei den anderen beiden Konditionen des mHDSTs, nur äußerst geringe Unterschiede im Prä-Post-Vergleich. Auffällig ist in der KO_G auf der nichtdominanten Seite eine sowohl in der Sagittal- als auch in der Frontalebene leicht nach oben verlagerte Kurve im mittleren Bereich der Bodenkontaktphase (d. h. ein höheres maximales Flexions- und Varusmoment) nach der Intervention. Bei Betrachtung der maximalen Gelenkmomente in der Tabelle 23 fällt in der KR_G für das dominante Bein ein deutlich reduziertes Flexionsmoment nach der Trainingsintervention auf.

Mittels gepaartem *t*-Test lassen sich keine signifikanten Prä-Post-Unterschiede der maximalen Gelenkmomente innerhalb der beiden Trainingsgruppen nachweisen. Die deskriptiv beobachtete Reduktion des maximalen Flexionsmoments auf der dominanten Seite in der KR_G verfehlt das Signifikanzniveau (p = .155, d_z = 0,68). Die Verschiebung des Frontalmoments in Richtung vermehrter Varusbelastung im mittleren Bereich der Bodenkontaktphase auf der nichtdominanten Seite in der KO_G spiegelt, sich nicht im maximalen Valgusmoment (liegt zum Zeitpunkt des IC) wider (vgl. Tabelle 23). Die ANCOVA ergibt keine signifikanten Gruppeneffekte.

Fazit und Hypothesenprüfung

Weder das Kraft- noch das Koordinationstraining haben zu einer signifikanten Reduktion der maximalen Gelenkmomente geführt. Unter Kontrolle des Prä-Wertes lassen sich keine signifikanten Gruppenunterschiede nach der Intervention nachweisen. Die Hypothesen, dass das Koordinationstraining zu einer stärkeren Abnahme des Flexionsmoments (H3.4), des Valgusmoments (H3.5) und des Innenrotationsmoments (H3.6) führt als das Krafttraining, müssen verworfen werden. **H3.4 - H3.6 werden für das Assessmentverfahren mHDST – Kondition JL-CC – für beide Beine abgelehnt.**

7.3.2.3 Elektromyographie in den verschiedenen Bewegungsphasen

Die Ergebnisdarstellung der neuromuskulären Aktivierung erfolgt wie bei den kinematischen und den kinetischen Variablen zunächst für den Drop Jump und im Anschluss für die drei Konditionen des mHDSTs. Die Grafiken werden für die dominante und die nichtdominante Seite innerhalb eines Assessmentverfahrens mit der gleichen Skalierung präsentiert, um grobe quantitative Unterschiede im Rechts-Links-Vergleich als Nebeninformation sichtbar zu machen.

Für die elektromyographischen Daten wurde keine Reliabilitätsanalyse vorgenommen, dies hätte den Rahmen der Arbeit gesprengt. Um Kenntnis darüber zu erlangen, ob die neuromuskuläre Aktivität bei den dynamisch funktionellen Tests so stark variiert, dass sich die Werte auch ohne Intervention von Test zu Retest signifikant unterscheiden, wurden die Daten der R_G muskel- und phasenspezifisch mittels gepaartem t-Test auf Unterschiede überprüft. Die R_G zeigt beidseits über alle dynamischen Testmanöver für alle vier Muskeln und alle analysierten Bewegungsphasen keine signifikanten Unterschiede im Test-Retest-Vergleich (vgl. Tabelle 24 und 25).

Tabelle 24: Test-Retest-Unterschiedsprüfung des meanEMG$_{norm}$ der R_G für die analysierten Bewegungsphasen, dominante Seite

		DJ	mHDST		
			JL-SC	JL-Stab	JL-CC
Muskel	**Phase**	***t-Test***	***t-Test***	***t-Test***	***t-Test***
GluM	VOR	.266	.261	.207	.351
	RIA	.640	.354	.811	.739
	STAND	.434	.433	.314	.190
VM	VOR	.695	.643	.829	.752
	RIA	.863	.896	.686	.861
	STAND	.736	.559	.630	.368
BF	VOR	.316	.810	.483	.780
	RIA	.571	.770	.454	.697
	STAND	.319	.940	.972	.863
GM	VOR	.264	.280	.412	.669
	RIA	.389	.543	.355	.428
	STAND	.442	.664	.851	.353

GluM = M. glutaeus medius, VM = M. vastus medialis, BF = M. biceps femoris, GM = M. gastrocnemius medialis

Tabelle 25: Test-Retest Unterschiedsprüfung des meanEMG$_{norm}$ der R$_G$ für die analysierten Bewegungsphasen, nichtdominante Seite

		DJ	mHDST		
			JL-SC	JL-Stab	JL-CC
Muskel	**Phase**	***t-Test***	***t-Test***	***t-Test***	***t-Test***
GluM	VOR	.241	.298	.392	.373
	RIA	.108	.180	.197	.135
	STAND	.135	.230	.171	.232
VM	VOR	.153	.456	.331	.565
	RIA	.467	.160	.265	.275
	STAND	.399	.277	.292	.265
BF	VOR	.306	.187	.255	.853
	RIA	.343	.704	.550	.753
	STAND	.246	.513	.493	.940
GM	VOR	.287	.198	.172	.241
	RIA	.285	.743	.175	.218
	STAND	.324	.066	.420	.116

GluM = M. glutaeus medius, VM = M. vastus medialis, BF = M. biceps femoris, GM = M. gastrocnemius medialis

Drop Jump

Die Abbildung 37 veranschaulicht das meanEMG$_{norm}$ für die drei Phasen VOR, RIA und STAND für das Assessmentverfahren DJ im Prä-Post-Vergleich sowie im Gruppenvergleich.

Sowohl die KO$_G$ als auch die KR$_G$ zeigen für das *dominante Bein* keine signifikanten Veränderungen der neuromuskulären Aktivität im Prä-Post-Vergleich. Die Kovarianzanalyse für das dominante Bein ergibt keine signifikanten Unterschiede zwischen den Gruppen (vgl. Abbildung 37). Für die *nichtdominante Seite* zeigt sich in der KR$_G$ ein signifikant reduziertes meanEMG$_{norm}$ des GluM in der RIA (-0,62 ± 0,51, p = .018, d_z = 1,22) und in der STAND (-0,42 ± 0,36, p = .021, d_z = 1,18). Zudem lässt sich ein statistischer Trend für eine reduzierte GluM Aktivität in der VOR (-0,09 ± 0,10, p = .060, d_z = 0,87) beobachten (vgl. Abbildung 37). Die ANCOVA ergibt keine signifikanten Gruppeneffekte (vgl. Abbildung 37).

Fazit und Hypothesenprüfung:
Nach der 6-wöchigen Trainingsintervention lassen sich keine signifikanten Gruppenunterschiede im meanEMG$_{norm}$ der abgeleiteten Muskeln nachweisen. Die Hypothese, dass das Koordinationstraining zu einer stärkeren Aktivitätszunahme des GluM, des VM, des BF und des GM führt als das Krafttraining muss verworfen werden. **H4 wird für das Assessmentverfahren Drop Jump für beide Beine abgelehnt.**

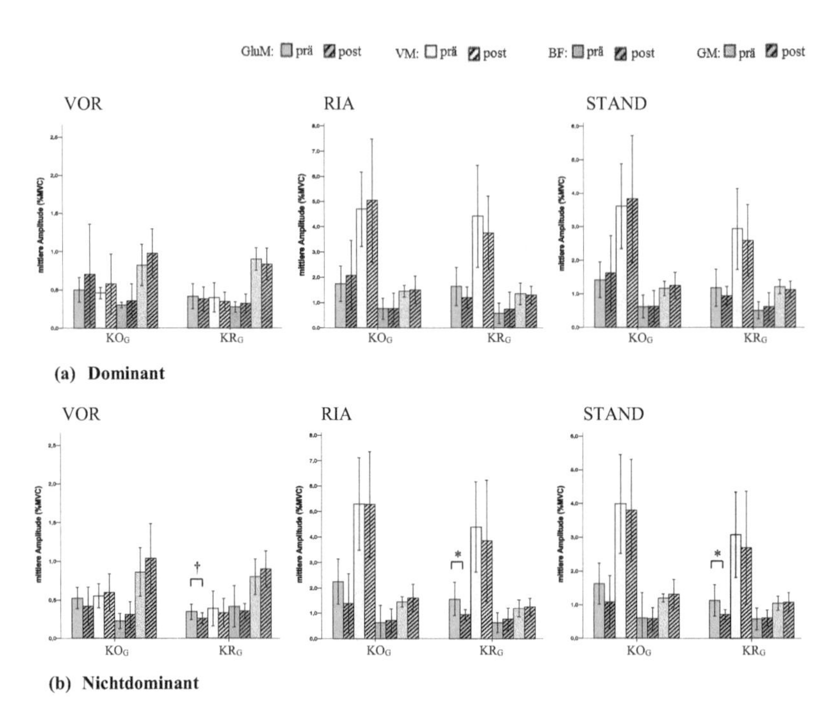

Abbildung 37: MeanEMG$_{norm}$ für die Koordinationsgruppe (KO$_G$) und die Kraftgruppe (KR$_G$) in der Vorinnervationsphase (VOR), der Phase der reflexinduzierten Aktivität (RIA) und der Standphase (STAND) beim beidbeinigen Drop Jump. **(a)** Dominant **(b)** Nichtdominant. * = p < .05 (prä/post innerhalb der Gruppe); † = p < .10 (prä/post innerhalb der Gruppe)

Modifizierter Heidelberger Sprungkoordinationstest

Kondition „*jump-land-side-cut*"

In der Abbildung 38 ist das phasenspezifische meanEMG$_{norm}$ für die Kondition „jump-land-side-cut" des mHDSTs im Prä-Post-Vergleich sowie im Gruppenvergleich dargestellt.

Für das *dominante Bein* zeigen sich in beiden Trainingsgruppen keine signifikanten Veränderungen der neuromuskulären Aktivität durch die Trainingsintervention. Die Kovarianzanalyse für das dominante Bein ergibt keine signifikanten Gruppeneffekte. Es lässt sich ein statistischer Trend für einen Gruppeneffekt für den GM in der VOR beobachten, im Sinne einer stärkeren GM Aktivität nach der Trainingsintervention in der KO$_G$ (1,14 ± 0,61) im Vergleich zur KR$_G$ (1,05 ± 0,21) ($F(1,9) = 3.498$, $p = .094$, $\eta^2 = .280$) (vgl. Abbildung 38).

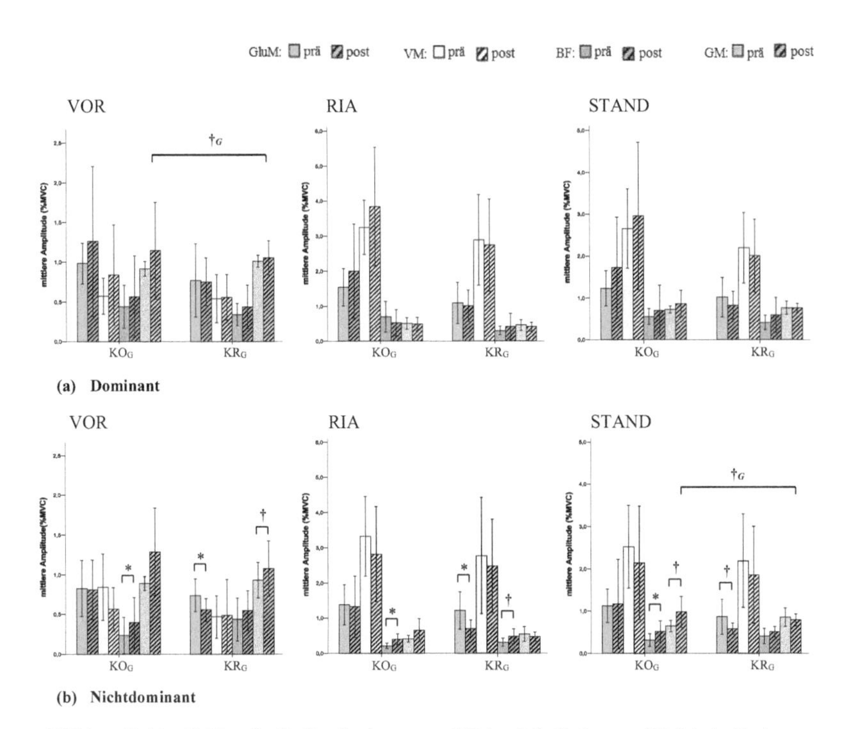

Abbildung 38: MeanEMG$_{norm}$ für die Koordinationsgruppe (KO$_G$) und die Kraftgruppe (KR$_G$) in der Vorinnervationsphase (VOR), der Phase der reflexinduzierten Aktivität (RIA) und der Standphase (STAND) beim modifizierten Heidelbergerg Sprungkoordinationstest – Kondition „jump-land-side-cut". **(a)** Dominant **(b)** Nichtdominant. * = p < .05 (prä/post innerhalb der Gruppe); † = p < .10 (prä/post innerhalb der Gruppe); †$_G$ = p < .05 (Gruppenvergleich)

Auf der *nichtdominanten Seite* zeigt sich in der KO$_G$ nach der Intervention eine signifikant erhöhte neuromuskuläre Aktivität des BF über alle drei Phasen (VOR: 0,16 ± 0,09, p = .016, d_z = -1,79; RIA: 0,19 ± 0,12, p = .024, d_z = -1,58; STAND: 0,20 ± 0,13, p = .026, d_z = -1,55). Zudem lässt sich ein statistischer Trend für eine Aktivitätszunahme des GM in der STAND (0,34 ± 0,31, p = .074, d_z = -1,08) verzeichnen. In der KR$_G$ findet sich auf der nichtdominanten Seite nach der Trainingsintervention ein signifikant reduziertes meanEMG$_{norm}$ des GluM in der VOR (-0,18 ± 0,10, p = .003, d_z = 1,77) und in der RIA (-0,51 ± 0,46, p = .024, d_z = 1,13) sowie eine marginal signifikant reduzierte Aktivität in der STAND (-0,28 ± 0,34, p = .071, d_z = 0,83). Des Weiteren zeigt sich eine marginal signifikant erhöhte Aktivität des GM in der VOR (0,15 ± 0,18, p = .077, d_z = -0,81) und des BF in der RIA (0,17 ± 0,21, p = .075, d_z = -0,81). Die kovarianzanalytische Überprüfung auf Gruppenunterschiede für das nichtdominante Bein ergibt keine signifikanten Effekte. Es zeigt sich ein statistischer Trend für eine stärkere GM Aktivität nach der Trainingsintervention in der KO_G (0,98 ± 0,37) im Vergleich zur KR_G (0,79 ± 0,14) in der STAND ($F(1,9) = 3.534$, $p = .093$, $\eta^2 = .282$) (vgl. Abbildung 38).

Fazit und Hypothesenprüfung

Unter Kontrolle des Prä-Werts lassen sich nach dem spezifischen Training keine signifikanten Gruppenunterschiede im $meanEMG_{norm}$ der vier Muskeln nachweisen. Die Hypothese, dass das Koordinationstraining zu einer stärkeren Aktivitätszunahme des GluM, des VM, des BF und des GM führt als das Krafttraining muss verworfen werden. **H4 wird für das Assessmentverfahren JL-SC des mHDSTs für beide Beine abgelehnt.**

Kondition „jump-land-stabilize"

Die Abbildung 39 veranschaulicht das $meanEMG_{norm}$ für die drei analysierten Bewegungsphasen für die Kondition „jump-land-stabilize" des mHDSTs im Prä-Post-Vergleich sowie im Gruppenvergleich.

Nach der Trainingsintervention zeigt sich für das *dominante Bein* in der KR_G eine signifikante BF Aktivitätszunahme in der VOR (0,15 ± 0,11, $p = .020$, $d_z = -1,37$) und ein statistischer Trend für eine BF Aktivitätszunahme in der RIA (0,05 ± 0,06, $p = 0,76$, $d_z = -0,91$). In der KO_G lassen sich keine signifikanten Prä-Post-Effekte nachweisen. Die Kovarianzanalyse für die dominante Seite ergibt keine Gruppeneffekte (vgl. Abbildung 39). Auf der *nichtdominanten Seite* lässt sich in der KR_G nach dem 6-wöchigen Training ein signifikant reduziertes $meanEMG_{norm}$ für zwei Muskeln nachweisen. Der GluM zeigt eine signifikante Reduktion der Muskelaktivität über alle drei Bewegungsphasen (VOR: -0,21 ± 0,11, $p = .005$, $d_z = 1,93$; RIA: -0,41 ± 0,23, $p = .007$, $d_z = 1,83$; STAND: -0,25 ± 0,20, $p = .031$, $d_z = 1,21$). Der GM weist eine signifikante Reduktion in der RIA (-0,12 ± 0,10, $p = .031$, $d_z = 1,21$) auf und eine marginal signifikant reduzierte Aktivität in der STAND (-0,03 ± 0,04, $p = .085$, $d_z = 0,88$). In der VOR zeigt der GM mit einer marginal signifikanten Aktivitätszunahme (0,16 ± 0,16, $p = .061$, $d_z = -0,98$) einen gegenläufigen Trend. In der KO_G finden sich für das nichtdominante Bein keine signifikanten Veränderungen des $meanEMG_{norm}$ im Prä-Post-Vergleich. Die Kovarianzanalyse ergibt keine signifikanten Gruppeneffekte (vgl. Abbildung 39).

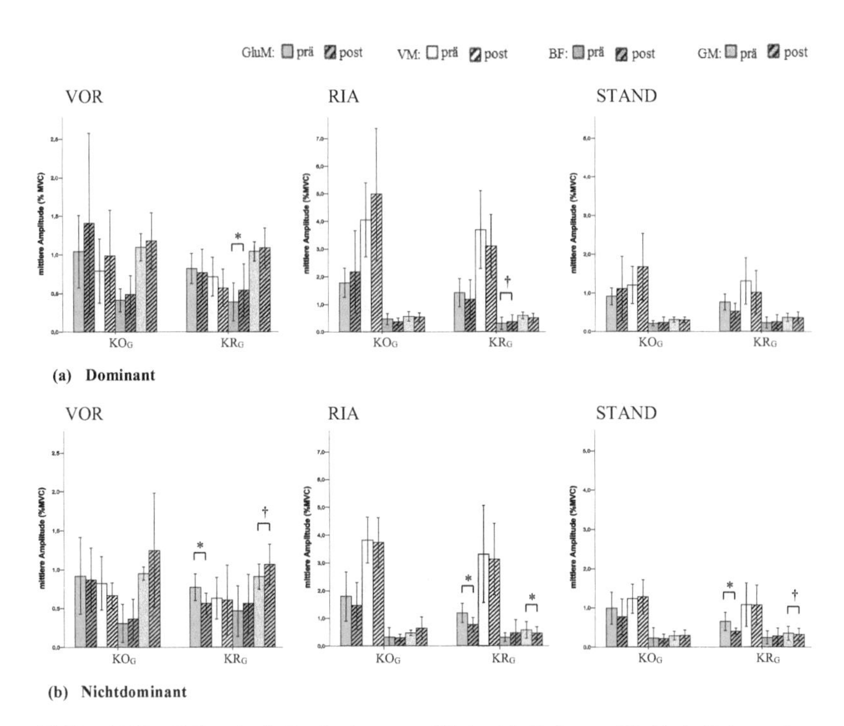

Abbildung 39: MeanEMG$_{norm}$ für die Koordinationsgruppe (KO$_G$) und die Kraftgruppe (KR$_G$) in der Vorinnervationsphase (VOR), der Phase der reflexinduzierten Aktivität (RIA) und der Standphase (STAND) beim modifizierten Heidelbergerg Sprungkoordinationstest – Kondition „jump-land-stabilize“. **(a)** Dominant **(b)** Nichtdominant. * = $p < .05$ (prä/post innerhalb der Gruppe); † = $p < .10$ (prä/post innerhalb der Gruppe)

Fazit und Hypothesenprüfung

Unter Kontrolle des Prä-Werts lassen sich beim Post-Test keine signifikanten Gruppenunterschiede in der neuromuskulären Aktivität der vier analysierten Muskeln nachweisen. Die Hypothese, dass das Koordinationstraining zu einer stärkeren Aktivitätszunahme des GluM, des VM, des BF und des GM führt, muss verworfen werden. **H4 wird für das Assessmentverfahren JL-Stab des mHDSTs für beide Beine abgelehnt.**

Kondition „jump-land-cross-cut“

In der Abbildung 40 ist das phasenspezifische meanEMG$_{norm}$ für die Kondition „jump-land-cross-cut“ des mHDSTs im Prä-Post-Vergleich sowie im Gruppenvergleich dargestellt.

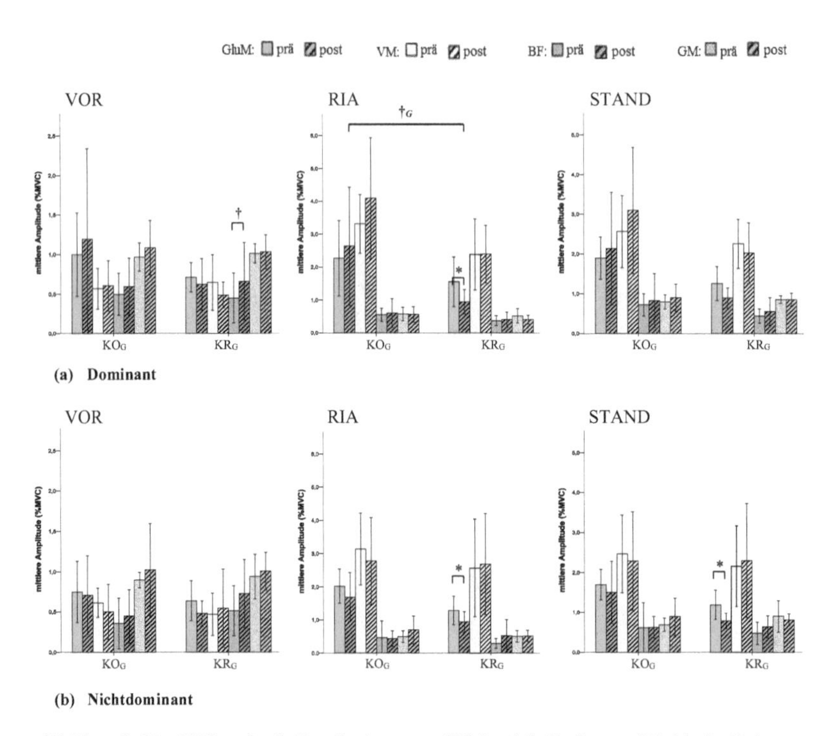

Abbildung 40: MeanEMG$_{norm}$ für die Koordinationsgruppe (KO$_G$) und die Kraftgruppe (KR$_G$) in der Vorinnervationsphase (VOR), der Phase der reflexinduzierten Aktivität (RIA) und der Standphase (STAND) beim modifizierten Heidelberger Sprungkoordinationstest – Kondition „jump-land-cross-cut". **(a)** Dominant **(b)** Nichtdominant. * = p < .05 (prä/post innerhalb der Gruppe); † = p < .10 (prä/post innerhalb der Gruppe)

Für das *dominante Bein* zeigt sich in der KR$_G$ zeigt nach der Trainingsintervention eine signifikante Reduktion des GluM in der RIA (-0,60 ± 0,54, p = .041, d_z = 1,12) sowie ein statistischer Trend für eine Aktivitätszunahme des BF in der VOR (0,21 ± 0,23, p = .071, d_z = 0,93). In der KO$_G$ finden sich keine signifikanten Veränderungen des meanEMG$_{norm}$ durch die Intervention. Die Kovarianzanalyse für das dominante Bein ergibt keine signifikanten Gruppenunterschiede beim Post-Test. Es lässt sich jedoch ein statistischer Trend für eine stärkere GluM Aktivität nach der Trainingsintervention in der KO$_G$ (2,64 ± 1,79) im Vergleich zur KR$_G$ (0,95 ± 0,36) in der RIA beobachten (F(1,9) = 3.609, p = .090, η^2 = .286) (vgl. Abbildung 40). Auf der *nichtdominanten Seite* zeigt sich in der KR$_G$ nach der Intervention eine signifikant reduzierte GluM Aktivität in der RIA (-0,35 ± 0,31, p = .038, d_z = 1,14) und in der STAND (-0,40 ± 0,31, p = .025, d_z = 1,29). Das koordinative Training hat zu keinen signifikanten Veränderungen der Muskelaktivierung geführt. Die Kovarianzanalyse für das nichtdominante Bein ergibt keine Gruppeneffekte.

Fazit und Hypothesenprüfung
Mittels ANCOVA lassen sich keine signifikanten Gruppenunterschiede im meanEMG$_{norm}$ der abgeleiteten Muskeln nachweisen. Die Hypothese, dass das Koordinationstraining zu einer stärkeren Aktivitätszunahme des GluM, des VM, des BF und des GM führt, muss verworfen werden. **H4 wird für das Assessmentverfahren JL-CC für beide Beine abgelehnt.**

7.3.2.4 Beobachtungen außerhalb der Hypothesen

Neben den Parametern zur Hypothesenprüfung wurden die vertikale Bodenreaktionskraft (vertical ground reaction force, vGRF) und die Bodenkontaktzeit (BKZ) mit betrachtet. Die Ergebnisdarstellung der vGRFs erfolgt für alle dynamischen Tests. Für die Auswertung der BKZn war ein Zusatzskript in Mathlab notwendig. Die Ergebnisdarstellung beschränkt sich deswegen auf den mHDST.

Vertikale Bodenreaktionskraft

Die Berechnung der vGRF erfolgte mittels spezifischer Softwaretools in Mathlab im Rahmen der normalen Auswertroutine des Ganglabors für die Parameter der 3D Bewegungsanalyse. Die Daten wurden in der Auswertroutine mit einem Savitzky-Golay Glättungsfilter (sgolay, Polynom 3. Ordnung, Frame-Größe: 25) gefiltert.

Abbildung 41 zeigt die vGRFs der beiden Interventionsgruppen für alle dynamischen Tests vor und nach der Intervention. Deskriptiv fällt auf, dass bei der Kondition JL-Stab im Vergleich zu den anderen Konditionen und dem DJ in beiden Gruppen die höchsten vGRFs zu verzeichnen sind.

Die schließende Statistik zeigt, dass das Krafttraining für das dominante Bein bei zwei Konditionen zu einer signifikanten Reduktion der vGRF geführt hat. Für die Kondition JL-Stab zeigt sich in der KR$_G$ eine um -3,5 ± 2,3 N/kg (p = .015, d_z = 1,48) und für die Kondition JL-CC eine um -2,3 ± 1,1 N/kg (p = .004, d_z = 2,08) reduzierte vGRF nach dem Kraftaufbautraining. In der KO$_G$ lassen sich keine signifikanten Effekte durch die Intervention nachweisen. Die größten Prä-Post-Mittelwertsunterschiede zeigen sich in der KO$_G$ für die gleichen Konditionen wie für die KR$_G$, jedoch ohne statistische Signifikanz (JL-Stab, ndom: -2,0 ± 3,6 N/kg (p = .239, d_z = 0,55; JL-CC, dom: -2,2 ± 5,0 N/kg (p = .325, d_z = 0,45). Die ANCOVA ergibt für keine der

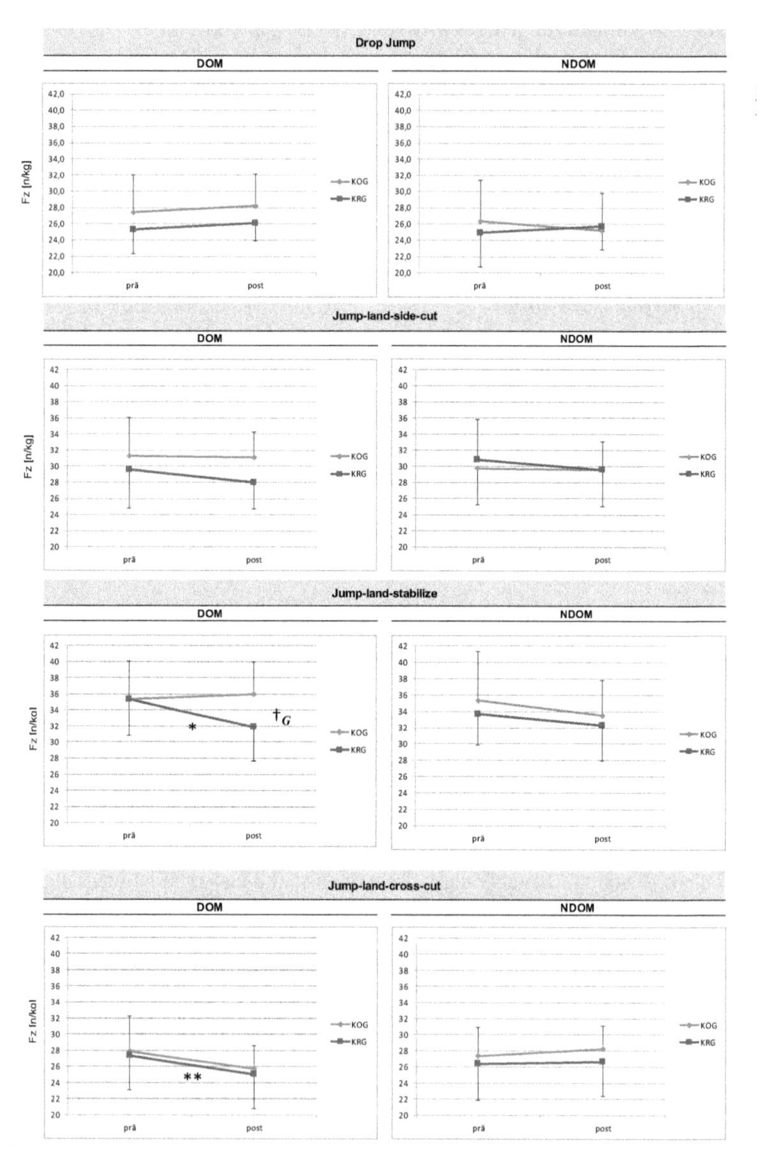

Abbildung 41: Vertikale Bodenreaktionskraft (Fz) der Koordinations- (KO_G) und Kraftgruppe (KR_G) beim Drop Jump und modifizierten Heidelberger Sprungkoordinationstest, dominante (DOM) und nichtdominante Seite (NDOM). * = $p < .05$ (prä/post innerhalb der Gruppe); ** = $p < .01$ (prä/post innerhalb der Gruppe); $†_G$ = $p < .10$ (Gruppenvergleich)

drei Konditionen signifikante Gruppeneffekte. Es zeigt sich ein marginal signifikanter Gruppeneffekt für das dominante Bein bei der Kondition JL-Stab, im Sinne einer geringeren vGRF beim Post-Test in der KR_G (31,9 ± 4,4 N/kg) im Gegensatz zur KO_G (36,0 ± 4,0 N/kg) ($F(1,9) = 4{,}975$, $p = .053$, $\eta^2 = .356$) (vgl. Abbildung 41).

Bodenkontaktzeit

Die nachfolgende Tabelle 26 präsentiert die BKZn für die Konditionen JL-SC und JL-CC des mHDSTs in Abhängigkeit der spezifischen Trainingsgruppen.

Tabelle 26: Bodenkontaktzeiten der beiden Interventionsgruppen beim modifizierten Heidelberger Sprungkoordinationstest für die Konditionen „jump-land-side-cut“ und „jump-land-cross-cut“

	KO_G			KR_G			G-Effekt	
BKZ (ms)	**prä**	**post**	**Δ**	**prä**	**post**	**Δ**	***p***	η^2
KO_G (n=5), KR_G (n=7)								
JL-SC dom	497,3 ± 116,7	488,4 ± 74,8	-8,9 ± 70,6	516,3 ± 126,7	502,5 ± 66,7	-13,8 ± 87,6	.841	.005
JL-SC ndom	576,7 ± 108,5	472,0 ± 57,2	-104,8 ± 131,8	470,0 ± 52,0	450,1 ± 58,0	-19,9 ± 76,1	.535	.044
KO_G (n=6), KR_G (n=6)								
JL-CC dom	503,9 ± 82,2	460,6 ± 35,4	-43,3 ± 74,9	462,3 ± 54,8	467,5 ± 47,6	5,2 ± 38,9	.147	.219
JL-CC ndom	501,6 ± 139,2	459,3 ± 37,8	-42,3 ± 164,3	466,4 ± 65,0	445,3 ± 45,9	-21,1 ± 61,6	.625	.028

KO_G = Koordinationsgruppe; KR_G = Kraftgruppe; G-Effekt = Gruppeneffekt; BKZ = Bodenkontaktzeit; Δ = prä/post Differenz; η^2 = Partielles Eta-Quadrat; JL-SC = Jump-land-side-cut; JL-CC = Jump-land-cross-cut; dom = dominant; ndom = nichtdominant

Deskriptiv lässt sich beobachten, dass das Training in beiden IGs - mit Ausnahme der dominanten Seite der KR_G bei der Kondition JL-CC - zu tendenziell kürzeren BKZen geführt hat. Diese gehen jedoch mit hohen Standardabweichungen einher und liegen für die KR_G für beide Beine im Bereich des Messfehlers (± 33,3 ms). Die schließende Statistik ergibt, dass sich die BKZn durch die Interventionsprogramme nicht signifikant verändert haben. Auffällig ist auf der nichtdominanten Seite in der KO_G eine Verkürzung der Bodenkontaktzeit um 104,8 ± 131,8 ms für die Kondition JL-SC, die das Signifikanzniveau jedoch verfehlt ($p = .150$, $d_z = 0{,}79$). Die Kovarianzanalyse ergibt keine Gruppeneffekte (vgl. Tabelle 26).

7.3.3 Zusammenfassung der Interventionseffekte

Bei der Ergebnisdarstellung der Interventionseffekte wurden marginale Signifikanzen ($p < .10$) (Rasch et al., 2010) mitberücksichtigt, um eine Idee über die Richtung der Mittelwertsunterschiede zu bekommen. Die Zusammenfassung beschränkt sich auf die signifikanten Effekte ($p < .05$).

Kontrollvariablen: Isokinetische Maximalkraft und statisches Gleichgewicht
Nach der Trainingsintervention zeigen beide Trainingsgruppen einen Kraftzuwachs der ischiocruralen Muskulatur. Die KR_G hat sich auf der dominanten Seite verbessert und die KO_G auf der nichtdominanten Seite. Kovarianzanalytisch lassen sich keine Gruppenunterschiede nachweisen. Für allen anderen Parameter finden sich keine Effekte. Das Koordinationstraining hat für das nichtdominante Bein zu einer verbesserten statischen Gleichgewichtskontrolle im Einbeinstand in m/l Richtung geführt. Ansonsten zeigten sich keine Prä-Post-Veränderungen oder Gruppenunterschiede beim Post-Test.

Kinematik, Kinetik und Elektromyographie
Die Interventionseffekte der erhobenen kinematischen, kinetischen und elektromyographischen Parameter sind in der Abbildungen 42 für das dominante Bein und in der Abbildung 43 für das nichtdominante Bein zusammengefasst dargestellt. Die vGRF ist hier mit abgebildet. Die Grafiken zeigen die signifikanten Prä-Post-Veränderungen innerhalb der beiden Gruppen. Parameter, für die signifikante Gruppeneffekte ($*_G$) gefunden wurden, sind entsprechend markiert. Es wird deutlich, dass sich insgesamt mehr Veränderungen für das nichtdominante Bein ergeben haben. Zudem wurden nur für das nichtdominante Bein Gruppeneffekte gefunden. Für die Gelenkmomente konnten in beiden Gruppen für beide Beine keine Veränderungen durch das spezifische Training erzielt werden. Die meisten Effekte finden sich für die Kondition „jump-land-stabilize".

Die KO_G zeigt nach der Intervention für die *dominante Seite* ein geringeres sagittales Kniebewegungsausmaß bei der Kondition „jump-land-side-cut" und eine vermehrte Kniebeugung beim Landen für die Kondition „jump-land-stabilize". In der KR_G lässt sich eine gesteigerte Aktivität des M. biceps femoris in der Vorinnervationsphase für die Kondition „jump-land-stabilize" und eine reduzierte M. glutaeus medius Aktivität in der reflexinduzierten Phase für die Kondition „jump-land-cross-cut" nachweisen. Außerdem zeigt die KR_G nach der 6-wöchigen Trainingsphase eine geringere vertikale Bodenreaktionskraft für die Konditionen „jump-land-stabilize" und „jump-land-cross-cut". Ansonsten finden sich für das dominante Bein keine weiteren Effekte.

Auf der *nichtdominanten Seite* lässt sich in der KO_G nach der Trainingsphase - wie auf der dominanten Seite - ein geringeres sagittales Kniebewegungsausmaß nachweisen. Beim Post-Test findet sich ein signifikanter Gruppeneffekt im Sinne eines geringeren Flexions-/Extensionsbewegungsausmaßes in der KO_G im Vergleich zur KR_G. Das koordinative Training hat außerdem zu einer geringeren Gelenkexkursion in der

Transversalebene beim Landen für die Kondition „jump-land-stabilize" geführt. Auch hier ist ein Gruppeneffekt zu verzeichnen. Hinsichtlich der elektromyographischen Aktivierung zeigt sich nach dem 6-wöchigen Koordinationstraining eine gesteigerte Aktivität des M. biceps femoris für alle drei Phasen bei der Kondition „jump-land-side-cut" des mHDSTs. Bei allen anderen Tests lassen sich keine Veränderungen der Muskelaktivität nachweisen.

Kinematik und Kinetik		DJ	mHDST		
			JL-SC	JL-Stab	JL-CC
Kinematik und Kinetik	Sagittalebene		FlexExROM ↓	maxFlex ↑	
	Frontalebene				
	Transversalebene				
	vGRF			vGRF ↓	vGRF ↓
	EMG			BF ↑ VOR	GluM ↓ RIA

Abbildung 42: Interventionseffekte der beiden Trainingsgruppen (Δ prä/post, $p < .05$, Koordinationsgruppe = orange, Kraftgruppe = grün) für die Kinematik, Kinetik und Elektromyographie der *dominanten Seite*. Es fanden sich keine Gruppeneffekte.

Kinematik und Kinetik		DJ	mHDST		
			JL-SC	JL-Stab	JL-CC
Kinematik und Kinetik	Sagittalebene		FlexExROM ↓ $*_G$		
	Frontalebene			maxValg ↑ $*_G$	
	Transversalebene			IroROM ↓ $*_G$	
	vGRF				
	EMG	GluM ↓ RIA STAND	BF ↑ VOR RIA STAND GluM ↓ VOR RIA	GluM ↓ VOR RIA STAND GM ↓ RIA	GluM ↓ RIA STAND

Abbildung 43: Interventionseffekte der beiden Trainingsgruppen (Δ prä/post, $p < .05$, Koordinationsgruppe = orange, Kraftgruppe = grün) für die Kinematik, Kinetik und Elektromyographie der *nichtdominanten Seite*. $*_G$ = Gruppeneffekte beim Post-Test ($p < .05$)

Die KR$_G$ landet auf dem *nichtdominanten Bein* nach der Trainingsintervention bei der Kondition „jump-land-stabilize" in verstärkter Knievalgusposition, die sich im

Gruppenvergleich als signifikant ergibt. Ansonsten lassen sich keine Veränderungen-der analysierten kinematischen und kinetischen Parameter nachweisen. Die EMG-Ableitungen bringen testspezifisch für zwei Muskeln Effekte zum Vorschein. Der M. glutaeus medius zeigt eine reduzierte Aktivität in der Vorinnervationsphase (Kondition „jump-land-side-cut" und „jump-land-stabilize") sowie in der reflexinduzierten Phase (DJ und mHDST alle Konditionen) und in der Standphase (DJ, Kondition „jump-land-stabilize"und Kondition „jump-land-cross-cut). Der M. gastrocnemius medius ist signifikant in der reflexinduzierten Phase bei der Kondition „jump-land-stabilize" reduziert.

Bodenkontaktzeit
Die Analyse der Bodenkontaktzeit für die Kondition „jump-land-side-cut" und „jump-land-cross-cut" ergibt keine signifikanten Veränderungen der Zeiten durch die Intervention. Deskriptiv zeigt sich eine Tendenz zu kürzeren Bodenkontaktzeiten nach der Trainingsphase, die in der KO_G etwas stärker ausfällt. Für die KR_G liegt diese im Bereich des Messfehlers.

7.4 Zusammenhang von Bewegungsangst und biomechanischer Bewegungspräsentation

Die Studienfrage, ob sich Bewegungsangst (Kinesiophobie) bei gesunden Sportlerinnen in der Bewegungspräsentation widerspiegelt, im Sinne einer schlechteren Bewegungsqualität bei ausgeprägterer Bewegungsangst, wurde mittels Produkt-Moment-Korrelation nach Pearson anhand der Prä-Test Daten überprüft. Für die Beantwortung der Studienfrage wurde der Tampa Score mit den maximalen Kniewinkeln in allen drei Ebenen korreliert. In Anlehnung an die theoretischen Ausführungen zu biomechanischen Risikofaktoren wurden dabei eine geringere Knieflexion (steifere Landung), ein stärkerer Knievalgus und eine stärkere Knieinnenrotation als schlechtere Bewegungsqualität definiert. In der KO_G gab es von zwei Handballerinnen keine Tampa Skalen vom Prä-Test, damit blieben von der Gesamtstichprobe ($n = 19$) 17 Fragebögen zur Auswertung übrig. Es wird zunächst überprüft, ob sich die Bewegungsangst zum Zeitpunkt des Prä-Tests signifikant zwischen den drei Gruppen unterscheidet. Da dies nicht der Fall ist (vgl. Tabelle 27), erfolgt die Zusammenhangsanalyse anhand der Prä-Werte der gesamten Stichprobe.

Die Gesamtstichprobe zeigt einen durchschnittlichen Tampa Score von 19,1 ± 2,7 Punkten mit einer Score-Spannweite von Minimum 14 bis Maximum 25 Punkten.

Tabelle 27: Tampa Score (MW ± SD) der drei Gruppen sowie der Gesamtstichprobe beim Prä-Test[27]

	Handballerinnen		Sportstudentinnen	ANOVA	Gesamtstichprobe
	KO_G (n=4)	KR_G (n=7)	R_G (n=6)	*p*	(n=17)
Tampa Score	19,3±2,2	19,9±3,3	18,2±2,4	.567	19,1±2,7

KO_G = Koordinationsgruppe; KR_G = Kraftgruppe; R_G = Reliabilitätsgruppe; *p* = Signifikanzniveau (einfaktorielle ANOVA)

Die Korrelationsanalyse nach Pearson ergibt für die *nichtdominante Seite* bei zwei dynamischen Tests eine signifikant inverse Korrelation zwischen Kinesiophobie und maximalem Knievalguswinkel (vgl. Tabelle 28). Beim Drop Jump zeigt sich ein moderat negativer Zusammenhang (r = .-490, p = .023, vgl. Abbildung 44a) und bei der Kondition JL-CC des modifizierten Heidelberger Sprungkoordinationstests ein starker negativer Zusammenhang (r = -.563, p = .014, vgl. Abbildung 44b) der beiden Parameter.

Tabelle 28: Korrelationsanalyse: Bewegungsangst und maximale Kniewinkel in der Sagittal-, Frontal- und Transversalebene beim Drop Jump und modifizierten Heidelberger Sprungkoordinationstest

		Tampa Score (TSK-11)			
		Dominant		Nichtdominant	
Assessment	**Parameter**	*r*	*p*	*r*	*p*
DJ (n=17)	Flex. max.	.087	.370	.194	.228
	Valg. max.	-.186	.237	**-.490**	**.023**
	Iro. max.	-.061	.409	.074	.389
JL-SC (n=16)	Flex. max.	-.326	.109	.098	.359
	Valg. max.	.124	.324	-.130	.316
	Iro. max.	-.166	.269	-.166	.270
JL-Stab (n=15)	Flex. max.	-.356	.097	.154	.292
	Valg. max.	.019	.473	-.242	.192
	Iro. max.	-.127	.326	-.148	.299
JL-CC (n=15)	Flex. max.	-.279	.157	.297	.141
	Valg. max.	-.206	.231	**-.563**	**.014**
	Iro. max.	.032	.454	.081	.378

r = Pearson-Korrelationskoeffizient, *p* = Signifikanzniveau; DJ = Drop Jump; mHDST = modifizierter Heidelberger Sprungkoordinationstest; JL-SC = „jump-land-side-cut"; JL-Stab = „jump-land-stabilize"; JL-CC =„jump-land-cross-cut"; Flex. max = maximale Knieflexion; Valg. max = maximaler Knievalgus; Iro. max = maximale Knieinnenrotation.

[27] Da die Stichprobenzusammensetzung für die verschiedenen Assessmentverfahren leicht variiert (vgl. Tabelle 28), wurde die Unterschiedsprüfung auch für die verschiedenen Stichprobenzusammensetzungen durchgeführt. Für alle Zusammensetzungen ergab sich kein signifikanter Unterschied der Tampa Scores zwischen den drei Gruppen (DJ (n = 17): p = .567; JL-SC (n = 16): p = .402; JL-Stab (n = 15): p = .297; JL-CC (n = 15): p = .297).

D. h. für besagte Tests lassen sich bei bewegungsängstlicheren Probandinnen (= höherer Tampa Score) auf ihrer nichtdominanten Seite stärkere Knievalguswinkel nachweisen als bei Probandinnen mit weniger Bewegungsangst.

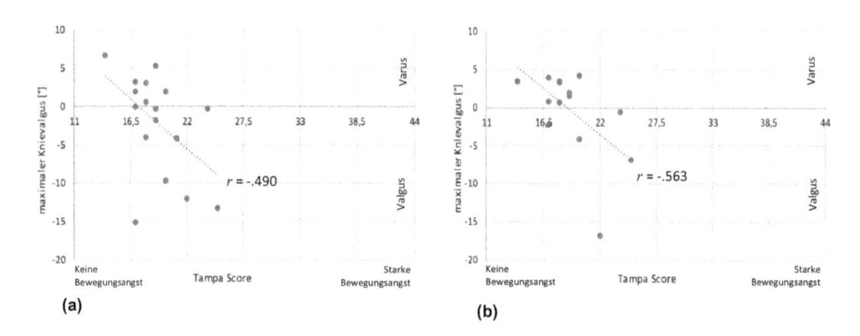

Abbildung 44a, b: Signifikant negative Korrelation zwischen Bewegungsangst und maximalem Knievalguswinkel der nichtdominanten Seite. Probandinnen mit mehr Bewegungsangst zeigen stärkere Valguswinkel. **(a)** beidbeiniger Drop Jump (n = 17, moderater Zusammenhang). **(b)** modifizierter Heidelberger Sprungkoordinationstest – Kondition „jump-land-cross-cut“ (n = 15, starker Zusammenhang)

Für das *dominante Bein* lässt sich bei keinem der vier dynamischen Tests ein signifikanter Zusammenhang zwischen Bewegungsangst und maximalem Knieflexions-, Knievalgus- oder Knieinnenrotationswinkel nachweisen (vgl. Tabelle 28). Bei der Kondition JL-Stab des mHDSTs ist ein Trend für eine moderate negative Korrelation zwischen Bewegungsangst und maximaler Knieflexion zu beobachten, im Sinne einer geringeren Kniebeugung (steifere Landung) bei mehr Bewegungsangst, der jedoch nicht über das marginale Signifikanzniveau hinausgeht (r = -.356, p = .097, vgl. Tabelle 28).

Fazit und Hypothesenprüfung

Die Zusammenhangsprüfung hat für die nichtdominante Seite bei zwei dynamischen Tests eine signifikant inverse Korrelation zwischen Bewegungsangst und maximalem Knievalguswinkel ergeben. Die Hypothese **H5b**, die besagt, dass bewegungsängstlichere Probandinnen eine schlechtere Bewegungspräsentation in der Frontalebene zeigen als Probandinnen mit weniger Bewegungsangst, **kann für das nichtdominante Bein für den Drop Jump und die Kondition JL-CC des mHDSTs angenommen werden. Für die anderen Konditionen wird H5a-c für das nichtdominante Bein abgelehnt. Für das dominante Bein wird H5a-c für alle vier Tests verworfen.**

7.5 Einzelfalldarstellung einer „Risiko-Athletin“

Eine Handballerin der KO_G erlitt in der anschließenden Saison, sieben Monate nach der Trainingsintervention, während eines Ligaspiels eine VKB-Ruptur ohne nennenswerten Gegnerkontakt. Es handelte sich um die Probandin, die für die Kondition „jump-land-side-cut“ aus der Auswertung ausgeschlossen worden war, da sie die Kraftmessplatte mit dem dominanten Bein bei beiden Messzeitpunkten kein einziges Mal traf. Sie scherte das Landebein bei diesem Manöver jedes Mal so weit zur Seite aus, dass sie immer neben der Platte landete. Die Athletin verletzte sich später das nichtdominante Bein, mit dem sie die Kraftmessplatte korrekt getroffen hatte und für das der komplette Datensatz (Kinematik, Kinetik und EMG) von beiden Messzeitpunkten vorliegt. Im Sinne einer retrospektiven Risikoanalyse werden diese Daten hier gesondert betrachtet.

Die Abbildung 45a-h zeigt das Verletzungsereignis der Spielerin, das aus den Aufnahmen der Vereinsvideokamera rekonstruiert werden konnte. Die Videosequenz zeigt, dass die Spielerin zum Zeitpunkt der Verletzung Gegnerkontakt hat. Nach Angaben der später verletzten Sportlerin, ging von diesem Kontakt jedoch keine nennenswerte Krafteinwirkung aus.

Abbildung 45a-h: Vordere Kreuzbandruptur während eines Ligaspiels, sieben Monate nach der Trainingsintervention (Vp6, KO_G, rechtes, nichtdominantes Bein). Die betroffene Spielerin befindet sich im Angriff auf links außen (linker Bildrand). **(a, b)** Auf der Bildsequenz sieht man die Spielerin unmittelbar nach Ballannahme in Vorbereitung zum Rückpass auf ihre Teamkollegin auf der Position Rückraum links. **(c, d)** Zeigt die Spielerin beim Ausscheren des rechten Beines für die typische Abstoppbewegung nach dem Stoßen sowie den für das Verletzungsereignis entscheidenden Moment des Bodenkontakts des Fußes, d. h. unmittelbar nach der Landung (roter Kreis). Die Aufnahmen demonstrieren eindrücklich, wie die Spielerin beim Abstoppen auf dem nahezu gestreckten Bein mit dem Körperschwerpunkt hinter dem Kniegelenk landet. Inwiefern zu diesem Zeitpunkt ein zusätzlicher Valgus- bzw. Rotationsstress auf das Kniegelenk wirkt, ist aufgrund der Kameraperspektive nicht beurteilbar. **(e)** Nach der Ruptur folgt die zunehmende Kniebeugung. **(f - h)** Die Handballerin entlastet das betroffene rechte Bein und geht zu Boden.

Auffällig bei der Abstoppbewegung ist die Landung mit dem flachen Fuß (kein Abrollvorgang) auf dem nahezu gestreckten Bein mit dem Körperschwerpunkt hinter dem Kniegelenk. Ob bzw. in welchem Ausmaß zum Zeitpunkt des Bodenkontakts ein Valgus- und/oder Rotationsstress auf das Kniegelenk wirkt, kann leider nicht beurteilt werden. Bei Betrachtung der Fußposition im Vergleich zum Knie scheint eine Außenrotation naheliegend, die Kameraperspektive lässt jedoch keine objektiven Aussagen zur Frontal- und Transversalebene zu.

Die Einzelfallanalyse der Biomechanik der betroffenen Handballerin wird anhand des JL-SC Manövers vorgenommen, dem Manöver, das die Athletin für die dominante Seite nicht zur Zufriedenheit absolvieren konnte. Als Nebeninformation wird geschaut, ob sich die später verletzte Handballerin bezüglich der Variable Bewegungsangst von ihren Teamkolleginnen unterscheidet und ob sie bezüglich der Kontrollvariablen Kraft und statisches Gleichgewicht Auffälligkeiten im Vergleich zur restlichen Mannschaft zeigt.

Den Ausführungen liegt folgende Struktur zugrunde. Die „Risiko-Athletin" wird zum Zeitpunkt der Eingangsmessung mit der kompletten restlichen Mannschaft (IG_{Rest}, n = 12) verglichen. Bei Variablen, für die keine Prä-Post-Veränderungen oder Gruppenunterschiede nach der Intervention nachweisbar waren, erfolgt der Post-Testvergleich der später verletzten Spielerin ebenfalls gegenüber der gesamten IG_{Rest}. Bei Variablen, für die marginal signifikante Effekte beobachtet wurden, wird neben dem Vergleich mit der gesamten Mannschaft auch ein Vergleich zu den spezifischen Trainingsgruppen zum Zeitpunkt des Post-Tests gezogen, um zu schauen, inwiefern sich das Trainingsoutcome der „Risiko-Athletin" mit dem der restlichen Gruppe deckt bzw. inwiefern sie die Richtung des Gruppenergebnisses beeinflusst. Bei Parametern, für die signifikante Effekte durch die Intervention nachgewiesen wurden, erfolgt der Vergleich der im Fokus stehenden Spielerin jeweils mit den Post-Daten der spezifischen Trainingsgruppen.

Gelenkwinkel und Gelenkmomente

Die Winkelverlaufskurven und Gelenkmomente der später verletzten Handballerin (vgl. Abbildung 46) unterscheiden sich insbesondere in der Frontal- und Transversalebene deutlich von den Mittelwertskurven der beiden IGs. Auffällig ist eine eher geringe Knieflexion (s. Skalierung) in Kombination mit einem Knievalgus beim IC sowie eine Innen- und Außenrotationsbewegung des Kniegelenks in der frühen Landephase. Der Knievalgus zum Zeitpunkt des IC präsentiert sich nach der Intervention verschlechtert. Die Kinetikkurven zeigen beim Post-Test eine deutliche Zunahme des Flexionsmoments sowie ein leicht verstärktes Valgus- und deutlich verstärktes Außenrotationsmoment unmittelbar nach Bodenkontakt.

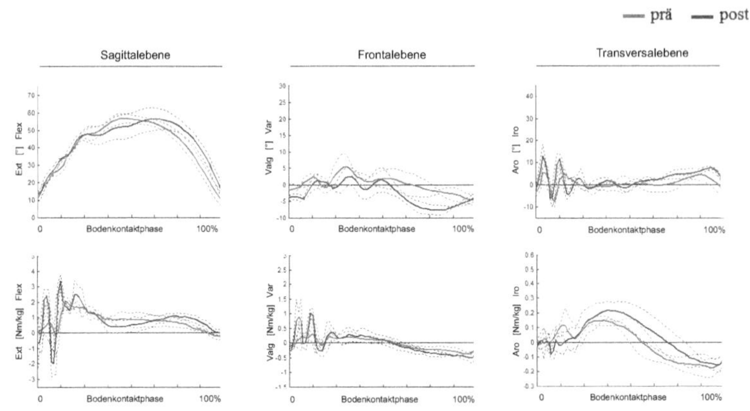

Abbildung 46: Kinematik (oben) und Kinetik (unten) der „Risiko-Athletin“ beim Prä- (rot) und Post-Test (blau) in der Sagittal-, Frontal- und Transversalebene

Die Analyse der maximalen Gelenkwinkel und -momente ergibt folgendes Bild. Die „Risiko-Athletin“ (Vp6) zeigt beim Prä-Test mit 56,7° eine geringe Knieflexion im Vergleich zu ihren Handballkolleginnen (63,8 ± 5,6°) in Kombination mit einem eher geringen externen Flexionsmoment (Vp6: 2,06 Nm/kg, IG_{Rest}: 2,56 ± 0,53 Nm/kg). Nach dem 6-wöchigen Koordinationstraining ist die maximale Kniebeugung von Vp6 während der Bodenkontaktphase praktisch unverändert (56,4°), das externe Flexionsmoment jedoch deutlich gegenüber dem individuellen Prä-Wert und dem Gruppen Post-Wert erhöht (Vp6: 3,4 Nm/kg, IG_{Rest}: 2,74 ± 0,67 Nm/kg) (vgl. Abbildung 47). Die Standardabweichung zeigt, dass sie nicht als einzige Handballerin ein Flexionsmoment in dieser Größenordnung aufweist. Eine Spielerin (Vp7) zeigt ein ähnlich hohes Flexionsmoment, eine weitere Teamkollegin (Vp10) sogar ein deutlich höheres (vgl. Abbildung 47). Entscheidend ist die starke intraindividuelle Zunahme des Gelenkmoments. Vp7 zeigt als Einzige eine ähnlich starke Zunahme, die allerdings mit einer verstärkten Kniebeugung von 7,1° beim Post-Test einhergeht. [Anmerkung zu Vp10: Dasselbe Bild (deutlich stärkstes Flexionsmoment) präsentiert diese Spielerin auch auf ihrer dominanten Seite, auf der sie zwei Jahre später eine Kreuzbandverletzung mit Gegnerkontakt erlitt].

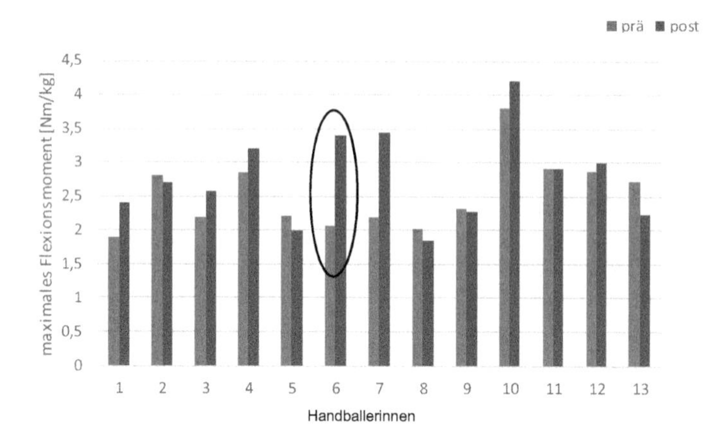

Abbildung 47: Maximales Knieflexionsmoment der einzelnen Handballerinnen im Prä-Post-Vergleich. Vp6 zeigt die stärkste Zunahme des Flexionsmoments ohne Veränderung des maximalen Flexionswinkels vom Prä- zum Post-Test. Vp7 zeigt eine annähernd gleich starke Zunahme, die aber mit einer verstärkten Knieflexion von 7,1° beim Post-Test einhergeht.

In der Frontalebene fällt bei der Betrachtung der Winkelverlaufskurve der „Risiko-Athletin" der Knievalgus zum Zeitpunkt des IC und in der zweiten Hälfte der Standphase beim dynamischen Abdrücken von der Kraftmessplatte auf (vgl. Abbildung 46). Nach der Intervention hat sich der maximale Valguswinkel der Spielerin im intraindividuellen Vergleich verschlechtert (-4,6 vs. -7.7°), gegenüber ihren Teamkolleginnen erscheint er aufgrund der großen Standardabweichung jedoch zu beiden Messzeitpunkten unauffällig (IG_{Rest}_prä: -6,2 ± 7,8°, IG_{Rest}_post: -6,3 ± 6,5°). Analog zu der Verstärkung des Valguswinkels nimmt auch das maximale Valgusmoment im intraindividuellen Vergleich von -0,41 Nm/kg bei der Eingangsuntersuchung auf -0,61 Nm/kg beim Post-Test zu. Die Athletin zeigt damit nach der Trainingsphase ein stärkeres Valgusmoment als ihre Teamkolleginnen im Durchschnitt (IG_{Rest}_prä: -0,49 ± 0,20 Nm/kg, IG_{Rest}_post: -0,46 ± 0,12 Nm/kg). Da die Visualisierung der Winkel und Momente aber veranschaulicht, dass beide Parameter zeitlich erst in der konzentrischen Phase (zweite Hälfte der Bodenkontaktphase) zu verzeichnen sind (vgl. Abbildung 46), sind die Maximalwerte bei der Risikoanalyse vernachlässigbar. Entscheidend im Hinblick auf die später erfolgte Verletzung ist, dass die Athletin zu beiden Messzeitpunkten beim IC bzw. unmittelbar nach Bodenkontakt eine Knievalgusstellung aufweist und sich diese sowie das Valgusmoment nach der Intervention verstärkt haben (vgl. Abbildung 46).

Sehr auffällig ist bei Vp6 in der Transversalebene der Wechsel zwischen Knieinnen- und -außenrotation in der frühen Landephase. Im mittleren Bereich der Bodenkontaktphase ist so gut wie keine Rotation im Kniegelenk zu verzeichnen. Entsprechend diesem Bewegungsmuster zeigt die Spielerin beim Prä-Test eine deutlich geringere maximale Innenrotation im Vergleich zum Gruppenmittelwert ihrer Teamkolleginnen (Vp6: 5,4°, IG_{Rest}: 26,7 ± 9,6°). Der Unterschied ist nach der Intervention nicht mehr ganz so ausgeprägt (Vp6: 12,9°, IG_{Rest}: 24,6 ± 8,6°). Analog zum geringen maximalen Innenrotationswinkel ist das Innenrotationsmoment der später verletzten Athletin beim Prä-Test vergleichsweise eher niedrig (Vp6: 0,15 Nm/kg, IG_{Rest}: 0,25 ± 0,13 Nm/kg) und gleicht sich zum Post-Test dem Mannschaftsgruppenmittelwert an (Vp6: 0,23 Nm/kg, IG_{Rest}: 0,27 ± 0,14 Nm/kg). Auffällig bei der Kinetik in der Transversalebene ist das nach der Intervention deutliche Außenrotationsmoment in der frühen Landephase, das über die in dieser Studie analysierten Parameter nicht erfasst wird.

Muskelaktivierung

Bei der Auswertung der elektromyographischen Parameter für die Interventionsstudie zeigten sich in der KO_G lediglich für eine Testbedingung signifikante Veränderungen des $meanEMG_{norm}$ im Prä-Post-Vergleich. Es handelt sich um die Kondition JL-SC, für die die später verletzte Spielerin ausgeschlossen wurde, da sie die Kraftmessplatte mit der dominanten Seite nicht traf. Bei dieser Kondition zeigte die KO_G eine signifikante Aktivitätszunahme des BF über alle drei Phasen. Aus diesem Grund wird an dieser Stelle die Muskelaktivierung des BF der „Risiko-Athletin“ im Vergleich zu ihren Teamkolleginnen untersucht. Es ergibt sich ein spannendes Bild. Die Handballerin weist zum Zeitpunkt der Eingangsuntersuchung eine wesentlich höhere BF Aktivität auf als alle anderen Spielerinnen. Besonders eindrucksvoll zeigt sich dies in der RIA ($meanEMG_{norm}$: Vp6: 2,41, IG_{Rest}: 0,27 ± 0,11) und STAND ($meanEMG_{norm}$: Vp6: 2,57, IG_{Rest}: 0,37 ± 0,17, vgl. Abbildung 48). Nach dem 6-wöchigen Training ist die BF Aktivität der besagten Spielerin in allen drei Phasen um mehr als die Hälfte reduziert, im Gegensatz zu allen anderen KO_G-Probandinnen (Vp1-5), die über alle Phasen eine verstärkte BF Aktivität zeigen. In der KR_G (Vp7-13) finden sich überwiegend erhöhte Aktivitäten, aber auch Reduzierungen. Die „Risiko-Athletin“ zeigt nach der Intervention eine Muskelaktivierung, die in der RIA und STAND im Vergleich zu ihrer Trainingsgruppe immer noch über dem Durchschnitt liegt, sich aber angepasst hat ($meanEMG_{norm}$: RIA: Vp6: 0,85, KO_G: 0,39 ± 0,15, KR_G: 0,48 ± 0,21; STAND: Vp6: 0,89, KO_G: 0,52 ± 0,25, KR_G: 0,51 ± 0,12). In der VOR zeigt sich ein etwas homogeneres Bild. Nach dem Trainingsprogramm weist Vp6 hier eine Muskelaktivität auf, die nicht mehr auffällig ist.

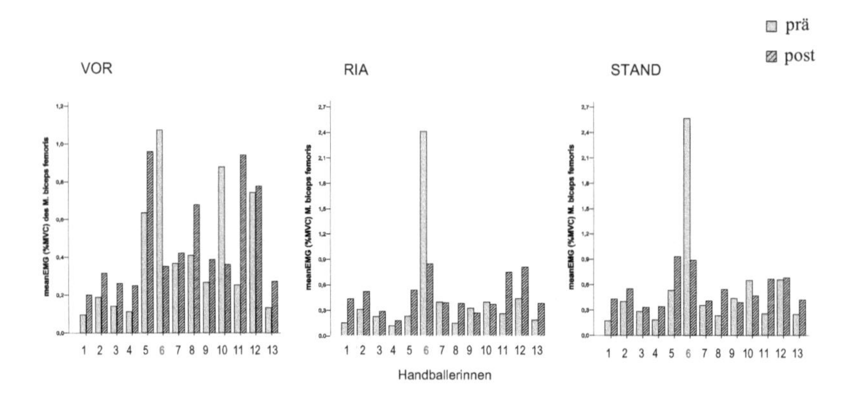

Abbildung 48: MeanEMG$_{norm}$ des M. biceps femoris der einzelnen Handballerinnen im Prä-Post-Vergleich. Vp6 zeigt eine deutlich höhere Muskelaktivität als ihre Teamkolleginnen, insbesondere in der reflexinduzierten Phase (RIA) und Standphase (STAND). Nach der Intervention hat sich die „Risiko-Athletin" hinsichtlich der M. biceps femoris Aktivität den restlichen Spielerinnen angepasst. In der Vorinnervationsphase (VOR) offenbaren sich die Unterschiede nicht so gravierend. Vp1-6 = Koordinationsgruppe; Vp7-13 = Kraftgruppe

Vertikale Bodenreaktionskraft und Bodenkontaktzeit

Die vGRF der später verletzten Spielerin unterscheidet sich zu beiden Messzeitpunkten nicht von der durchschnittlichen vGRF der restlichen Mannschaft (Vp6_prä: 30,2 N/kg, IG$_{Rest}$_prä: 30,4 ± 4,6 N/kg; Vp6_post: 29,55 N/kg, IG$_{Rest}$_post: 29,6 ± 4,04 N/kg). Ihre Bodenkontaktzeit dagegen ist beim Prä-Test im Vergleich zu den anderen Spielerinnen auffällig kurz (Vp6: 413,9 ms, IG$_{Rest}$: 514,5 ± 93,69 ms). Nach dem 6-wöchigen Koordinationstraining haben sich die Zeiten angeglichen, die Spielerin weist nun eine etwas längere und die restlichen Handballerinnen durchschnittlich eine etwas kürzere Bodenkontaktzeit als beim Prä-Test auf (Vp6: 441,7 ms, IG$_{Rest}$: 459,23 ± 56,14 ms).

Bewegungsangst

Leider liegt von der betroffenen Handballerin kein Tampa Score vom Prä-Test vor. Beim Post-Test zeigt sie mit 26 Punkten gemeinsam mit zwei anderen Teamkolleginnen den höchsten Score (vgl. Abbildung 49). Die Mindestpunktzahl bei der Tampa Skala sind 11 Punkte (= keine Bewegungsangst), die Höchstpunktzahl 44 (= starke Bewegungsangst). Eine mittlere Bewegungsangst ist demnach bei 27,5 Punkten anzusiedeln. Mit 26 Punkten hebt sie sich deutlich vom durchschnittlichen Score der restlichen Handballmannschaft ab (19,5 ± 4,1), weist diesen „hohen“ Score aber, wie beschrieben, nicht als Einzige auf.

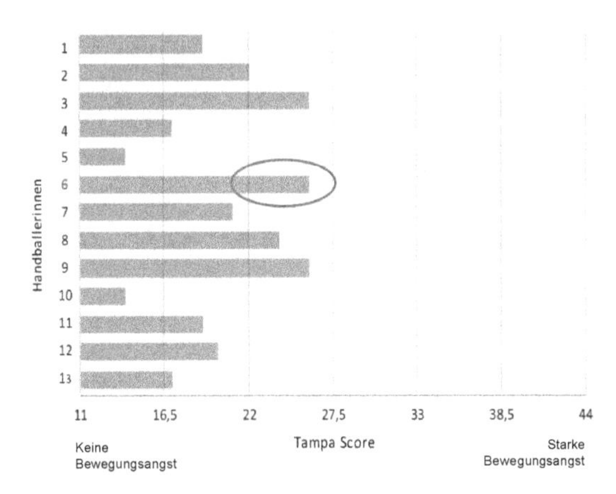

Abbildung 49: Tampa Score beim Post-Test. Vp6 weist mit zwei ihrer Teamkolleginnen den höchsten Score auf.

Maximalkraft und statische Gleichgewichtskontrolle

Die „Risiko-Athletin“ zeigt für den Quadriceps zu beiden Messzeitpunkten die geringsten Maximalkraftwerte vom gesamten Team (Vp6_prä: 2,05 Nm/kg, IG_{Rest}_prä: 2,27 ± 0,22 Nm/kg; Vp6_post: 1,94; IG_{Rest}_post: 2,43 ± 0,31 Nm/kg) und sticht damit, vor allem beim Post-Test, deutlich aus der Stichprobe heraus. Die gruppenspezifische Analyse bringt zum Vorschein, dass das „Kraftdefizit“ von Vp6 beim Post-Test im Vergleich zu ihrer Trainingsgruppe noch ausgeprägter ausfällt (KO_G_post: 2,50 ± 0,36 Nm/kg, KR_G_post: 2,39 ± 0,29 Nm/kg). Die „Risiko-Athletin“ konnte keinen Kraftzuwachs des Kniestreckers durch das koordinative Training verbuchen, sie zeigt sogar einen leichten Kraftverlust. Dies ist bei einer weiteren Probandin aus der KO_G sowie einer Probandin aus der KR_G ebenfalls der Fall. Für die ischiocrurale Muskulatur finden sich keine Auffälligkeiten beim Prä-Test (Vp6: 1,39 Nm/kg, IG_{Rest}: 1,37 ± 0,16 Nm/kg) sowie im spezifischen Gruppenvergleich nach der Intervention (Vp6: 1,48 Nm/kg, KO_G: 1,45 ± 0,16 Nm/kg). Die besagte Spielerin zeigt, wie alle Probandinnen der KO_G, einen Kraftzuwachs der Kniebeuger beim Post-Test. In der KR_G können sechs von sieben Probandinnen einen Kraftzuwachs verzeichnen.

Die Analyse der statischen Gleichgewichtskontrolle zeigt keine Unterschiede der „Risiko-Athletin“ im Vergleich zum restlichen Team beim Eingangstest (ROM_a/p: Vp6: 0,22 mm/cm, IG_{Rest}: 0,24 ± 0,03 mm/cm; ROM_m/l: Vp6: 0,32 mm/cm, IG_{Rest}: 0,31 ± 0,08 mm/cm). Sie verbessert sich, wie alle anderen Probandinnen der KO_G - ausschließlich einer - in beiden Parametern. Auffällig ist dabei die starke Reduktion des Bewegungsausmaßes in m/l Richtung (ROM_a/p_post: Vp6: 0,19 mm/cm, KO_G: 0,21 ± 0,03 mm/cm; ROM_m/l_post: Vp6: 0,15 mm/cm, KO_G: 0,24 ± 0,03 mm/cm). In der KR_G zeigen sowohl für die a/p als auch die m/l Richtung jeweils vier Spielerinnen eine verbesserte und drei Spielerinnen eine verschlechterte Gleichgewichtskontrolle (ROM_a/p_post: KR_G: 0,23 ± 0,03 mm/cm, ROM_m/l_post: KR_G: 0,30 ± 0,10 mm/cm). Nach der Intervention zeigt Vp6 die beste Gleichgewichtskontrolle in m/l Richtung vom gesamten Team.

Fazit

Zusammenfassend kann Folgendes festgehalten werden. Die besagte Athletin zeigt zum Zeitpunkt des Prä-Tests eine geringe Kniebeugung in Kombination mit einem Knievalgus beim Erstkontakt mit der Kraftmessplatte und eine wechselnde Knieinnen- und -außenrotation in der frühen Landephase. Die maximale Innenrotation ist gegenüber ihren Teamkolleginnen deutlich reduziert. Dieses Bewegungsmuster geht einher mit einer ausgeprägt hohen BF Aktivität über alle Bewegungsphasen und einer kurzen Bodenkontaktzeit im Vergleich zu den restlichen Spielerinnen. Die maximalen externen Momente und die vGRF sind beim Prä-Test im Vergleich unauffällig. Nach der Intervention zeigt sich bei unverändertem Knieflexionswinkel ein deutlich höheres Flexionsmoment sowie ein stärkerer Valgus zum Zeitpunkt des IC. Außerdem lässt sich ein deutliches Außenrotationsmoment unmittelbar nach Bodenkontakt beobachten. Das koordinative Training hat zu einer Annäherung des maximalen Innenrotationswinkels und der maximalen Innenrotationsmomente sowie der BF Aktivität und der Bodenkontaktzeit von der später verletzten Athletin und ihren Teamkolleginnen geführt.

Die Spielerin zeigt zu beiden Messzeitpunkten die geringsten Quadriceps Maximalkraftwerte und konnte für diese Muskulatur keinen Kraftzuwachs durch das Trainingsprogramm erzielen. Für die ischiocrurale Muskulatur dagegen zeigen sich keine Auffälligkeiten im Vergleich zu ihren Teamkolleginnen, das Training führt zu einem deutlichen Kraftzuwachs. Auffällig ist die große Verbesserung der statischen Gleichgewichtskontrolle im Einbeinstand in m/l Richtung, so dass die Athletin nach der

Intervention für diesen Test die besten Ergebnisse erzielt. Für die Variable Bewegungsangst weist die betroffene Handballerin beim Post-Test mit zwei anderen Spielerinnen den höchsten Score im Vergleich zur restlichen Mannschaft auf.

Abschließend ist anzumerken, dass bei einem umfassenden Risiko-Screening (prospektiv sowie retrospektiv) immer beide Extremitäten betrachtet werden sollten, da starke Rechts-Links-Differenzen das Verletzungsrisiko beachtlich erhöhen können. Dies ist für die weitere Auswertung geplant.

8 Diskussion

Die Diskussion der vorliegenden Arbeit gliedert sich in verschiedene Teile. In Kapitel II.8.1 werden zunächst die Ergebnisse der Test-Retestreliabilitätsanalyse diskutiert. Daran schließt sich als hauptsächlicher Teil dieses Kapitels die Ergebnisdiskussion der Interventionsstudie an (Kap.II.8.2), in der die Auswirkungen der Trainingsinterventionen auf die kinematischen, kinetischen und elektromyographischen Parameter erörtert werden. Das Kapitel II.8.3 diskutiert die Ergebnisse der Fragestellung, ob sich Bewegungsangst bei gesunden Leistungssportlerinnen ungünstig auf das Bewegungsverhalten, im Sinne einer schlechteren biomechanischen Bewegungspräsentation, auswirkt. Das daran anschließende Kapitel II.8.4 ist der Diskussion der Einzelfallanalyse der „Risiko-Athletin" gewidmet. Im letzten Kapitel des Diskussionsblocks (Kap. II.8.5) werden die Limitationen der Studie angeführt.

8.1 Reliabilitätsanalyse

Drop Jump

Der beidbeinige DJ ohne Armeinsatz, in der hier durchgeführten Ausführung in Anlehnung an die Arbeiten von Hewett, Myer, et al. (2005), kann für die Kinematik der Frontal- und Transversalebene als ein gut bis exzellent reliables Assessment angesehen werden. Eine Einschränkung ergibt sich für die Sagittalebene, in der auf der dominanten Seite nur eine moderate Reliabilität der maximalen Knieflexion und auf der nichtdominanten Seite nur eine schwache Reliabilität des Flexions-/Extensionsbewegungsausmaßes nachgewiesen werden konnte. Auch Ford et al. (2007) fanden beim DJ mit Armeinsatz für die Sagittalebene die geringsten ICCs, die in ihrer Studie jedoch in einem Bereich von moderat bis gut lagen. Für die maximale Knieflexion beim initialen Bodenkontakt (dieser Zeitpunkt wurde in der hier vorliegenden Studie nicht analysiert) konnten sie auch nur eine moderate Reliabilität festlegen. Für geringe ICCs kommen hauptsächlich drei Gründe in Frage. Eine ungenaue Markerplazierung, Markerbewegungsartefakte oder eine veränderte Bewegungsausführung. Da ungenaue Markerplatzierungen die Kinematik in der Sagittalebene nur relativ gering beeinflussen (vgl. Kap. II.6.7) wird die Gewichtung dieses Faktors hier als eher unbedeutend eingeschätzt. Ebenso wird der Einfluss der „soft tissue artifacts" für die Reliabilität der Testbewegung DJ als eher gering eingeschätzt. Da der DJ maximal schnell ausgeführt wird und gut zu standardisieren ist, wird nicht erwartet, dass es aufgrund unterschiedlicher Bewegungsgeschwindigkeiten zu stark variierenden Markerbewegungen kommt (vgl. Kap. II.6.7). Vielmehr ist anzunehmen, dass die

S. Erdrich, *Verletzungsprophylaxe im Leistungssport*,
https://doi.org/10.1007/978-3-658-29371-0_9

schwache Reliabilität in dieser Ebene der Variabilität der Bewegung geschuldet ist. Zu dieser Erklärung würde auch der geringe ICC des Flexions-/Extensionsbewegungsausmaßes der nichtdominanten Seite passen. Ferber et al. (2002) konnten bei einer Test-Retestanalyse verschiedener kinematischer und kinetischer Variablen beim Joggen feststellen, dass sich für die Gelenkexkursionen bessere Reliabilitäten ergaben als für die maximalen Gelenkwinkel. Sie führten dies auf eine stärkere Sensitivität der maximalen Winkel gegenüber dem Markerplacement zurück. Als Erklärung für die geringen ICCs scheint demnach naheliegend, dass die Bewegungsausführung in der Sagittalebene stärker variiert als in den anderen beiden Ebenen.

Auch für die Kinetik zeigt die Mehrzahl der Variablen gute bis exzellente Reliabilitäten. Die moderate Reliabilität der maximalen Knieflexion der dominanten Seite spiegelt sich in einem moderat reliablen maximalen Knieflexionsmoment wider, was zu der Erklärung einer leicht veränderten (keine Unterschiede im *t*-Test) Bewegungsausführung passt. Auf der nichtdominanten Seite zeigt sich das Valgusmoment als schwach reliabel. In der Frontalebene fallen ungenaue Markerplatzierungen aufgrund des „cross-talk" Effekts deutlich mehr ins Gewicht (vgl. Kap. II.6.7), da sich aber sowohl der maximale Valguswinkel, als auch die frontale Gelenkexkursion als exzellent reliabel präsentieren, scheint dies nicht der ursächliche Faktor für die schwache Reliabilität zu sein. Eine mögliche Erklärung wäre hier eine mangelhafte Rumpfstabilität in der Frontalebene, die sich auf die frontalen Kniegelenkmomente auswirkt. Je nach Ausprägung der Seitneigung des Rumpfes würde dies zu sehr unterschiedlichen und damit schwach reliablen Gelenkmomenten führen. Die Tatsache, dass die Teilnehmerinnen der R_G aus sehr verschiedenen Sportarten kamen, könnte diese These unterstützen.

Möglicherweise hätte eine zusätzliche Standardisierung in Form eines „Überkopf-Zieles" zu einer stabileren Bewegungsausführung geführt und damit zu stärkeren Reliabilitäten der schwach reliablen Parameter. Die Verwendung eines Überkopf-Zieles, wie es bei Ford et al. (2007) eingesetzt wurde, ist ein guter Anreiz für die Athleten ihre maximale Leistung zu erbringen. Beim DJ mit Armeinsatz ist diese Idee einfach umzusetzen. Ohne Armeinsatz wäre ein Softball, den es mit dem Kopf zu erreichen gilt, ein denkbarer Ansatz.

Der Drop Jump in der hier verwendeten Ausführung kann unter Berücksichtigung der leichten Schwächen in der Sagittalebene (Kinematik) und Frontalebene (Kinetik) als reliables Assessment angesehen werden. Dabei hat sich gezeigt, dass die dominante Seite insgesamt eine etwas höhere Reliabilität als die nichtdominante Seite vorweist.

Aus sportwissenschaftlicher Sicht erscheint dies plausibel. Der kurze Dehnungs-Verkürzungs-Zyklus wird als festgelegtes motorisches Programm angesehen. Da das dominante Bein in der Regel koordinativ bessere Voraussetzungen mit sich bringt, erscheint es plausibel, dass für dieses Bein ein stabileres Bewegungsmuster abgerufen werden kann, das sich in einer höheren Reliabilität widerspiegelt.

Modifizierter Heidelberger Sprungkoordinationstest

Die Reliabilitätsanalyse der Kinematik für den modifizierten Heidelberger Sprungkoordinationstest zeigt in Abhängigkeit der Beine und der Konditionen sehr unterschiedliche Ergebnisse. Insgesamt zeigt das nichtdominante Bein für die drei Konditionen eine bessere Reliabilität als das dominante Bein. Für das dominante Bein sticht die schwache Reliabilität der Kinematik der Sagittalebene ins Auge, die über alle Konditionen zu verzeichnen ist. Die Frontal- und Transversalebene ergeben für die dominante Seite eine schwache bis exzellente Reliabilität, wobei die Reliabilität der Variablen für die Transversalebene größer ausfällt. Für einige Parameter konnte die Reliabilität nicht ermittelt werden. Sigward & Powers (2006) berichten für die Test-Retestreliabilität von Side-cutting-Manövern ebenfalls von einer schwächeren Reliabilität für die Sagittalebene als für die Frontal- und die Transversalebene (nach, Sankey et al., 2015).

Der modifizierte Heidelberger Sprungkoordinationstest ist ein hochkomplexer Test, bei dem die Athletinnen auf kein bekanntes Bewegungsmuster zurückgreifen können. Es erscheint naheliegend, dass die größten Bewegungsvariationen in der Sagittalebene auftreten. Je nachdem wie unvorbereitet das Signal die Athletin überrascht, gilt es hohe Kräfte abzufangen („stabilize“) oder in eine neue Bewegungsrichtung umzuwandeln („side-cut“, „cross-cut“). Dieses „Abfangen“ bzw. „Umwandeln“ geschieht hauptsächlich in der Sagittalebene.

Im Gegensatz zur dominanten Seite zeigt die nichtdominante Seite eine wesentlich bessere Reliabilität. Bis auf Ausnahmen in der Sagittalebene kann der modifizierte Heidelberger Sprungkoordinationstest für die nichtdominante Seite als ein gut bis exzellent reliables Assessment angesehen werden. Für die Kondition „jump-land-stabilize“ ergab sich sogar für alle Parameter eine durchweg exzellente Reliabilität.

Die Ergebnisse der Kinetik sind sehr variabel und müssen individuell betrachtet werden. Für die dominante Seite erwies sich das „jump-land-cross-cut“ Manöver am reliabelsten.

Die Ergebnisse passen zu Beobachtungen, die der Autorin während der Sprungaufnahmen im Labor auffielen. Aufgrund der kleinen Kraftmessplatten im Verhältnis zu der hohen Bewegungsdynamik waren mit 12 Sprüngen pro Kondition relativ viele Sprünge nötig, um für jede Kondition mindestens 3 auswertbare trials zu erhalten. Auffällig war dabei, dass sich die Sportlerinnen auf der dominanten Seite relativ schnell auf den komplexen Sprungtest einstellen konnten und von Beginn an die Bewegung so optimierten, dass sie der Bewegungsanweisung „so schnell wie möglich" Folge tragen konnten. Das bedeutete, dass sie z.B. unmittelbar nachdem das Licht aufleuchtete, das Landebein entsprechend positionierten, um möglichst schnell in die neue Richtung weiterlaufen zu können. Dies resultierte häufig in einem gar nicht oder nur halbwegs Treffen der Kraftmessplatte. Zudem veränderte sich das Bewegungsmuster während der Aufnahmen im Sinne einer Bewegungsoptimierung, trotz der vorangegangenen Probesprünge, die durchgeführt wurden, um den Lerneffekt während der Aufnahmen zu minimieren. Auf der nichtdominanten Seite dagegen fiel es den Sportlerinnen deutlich schwerer, diesen komplexen Test auszuführen, unter anderem deswegen, weil sie nicht gewohnt waren den Ball mit dem anderen Arm überkopf zu schlagen. Das Bewegungsmuster wirkte insgesamt steifer und weniger variabel, was zur Folge hatte, dass die Kraftmessplatte besser getroffen wurde. Dies könnte ein Grund für die bessere Reliabilität des modifizierten Heidelberger Sprungkoordinationstests für die nichtdominante Seite sein.

Bodenreaktionskräfte sind Marker unabhängig. Die z. T. geringen ICCs der Bodenreaktionskräfte unterstützen die These, dass die Sprung-Landemanöver, in Abhängigkeit der verschiedenen Testmanöver, mit einer mehr oder weniger variablen Landestrategie einhergingen. So zeigt sich für das dominante Bein für das „jump-land-side-cut" Manöver, das für die Athletinnen ein eher bekanntes Bewegungsmuster darstellte und auf das sie deswegen schneller mit einer Optimierungsstrategie reagieren konnten, ein moderater ICC der Bodenreaktionskraft. Für das „jump-land-cross-cut" Manöver dagegen, dass in dieser Form wesentlich seltener im Sport auftritt und das für die Athletinnen deutlich ungewohnter war, zeigt sich für beide Beine eine exzellente Reliabilität. Dadurch, dass eine zusätzliche Zeitkomponente (so schnell wie möglich auf das akustische Signal reagieren) integriert wurde, war der Test sehr realitätsnah in Bezug auf die Drucksituation im Sportspiel. Dies brachte aber auch einen zusätzlichen Faktor ins Spiel, der die Bewegung variabler machte.

Für das Assessmentverfahren mHDST ist zu bedenken, dass Markerbewegungen als Fehlerquelle evtl. mehr ins Gewicht fallen als für den DJ. Die Bewegung ist durch einen langsamen DVZ gekennzeichnet und kann im Hinblick auf die Geschwindigkeitssteuerung als nicht so standardisiert wie der DJ angesehen werden. Zwischen den einzelnen Versuchspersonen fanden sich z. T. zeitliche Unterschiede der Bodenkontaktphase bis zu 300 ms.

Beim deskriptiven Vergleich der Kinematik- und Kinetikkurven der R_G mit den Kurven der IG zeigte sich, dass die Handballerinnen deckungsgleichere Kurven aufwiesen als die Sportlerinnen, was für ein stabileres Bewegungsmuster spricht. Dies ist offensichtlich mit der Bewegungserfahrung anhand der ausgeübten Sportart sowie dem Leistungsniveau zu erklären. Es verdeutlicht wie wichtig es ist, Reliabilitätsanalysen mit Probanden durchzuführen, die nicht nur über eine ähnliche Bewegungserfahrung verfügen (als Sportstudentin ist man mit Sprung- und Landetechniken sowie Richtungswechseln aufgrund der Sportspiele, die es zu absolvieren gilt vertraut), sondern dieselbe auch auf gleichem Niveau ausführen. Aus organisatorischen Gründen war das in der hier durchgeführten Studie nicht möglich.

Da sich die Kurven der Interventionsgruppe als relativ stabil im Prä-Post-Vergleich präsentierten, erscheint der Test für Ballsportler/innen prinzipiell ein sinnvolles Assessment darzustellen. Die Verwendung größerer Kraftmessplatten, sofern möglich, wäre sinnvoll, da dies mehr Raum für die individuelle Ausführung des Sprung-Landemanövers ermöglichen würde. Für den weiteren Einsatz sollte über eine zusätzliche Standardisierung in Form von einer Geschwindigkeitsvorgabe beim Anlauf nachgedacht werden, da gerade bei den zu stabilisierenden Sprüngen davon auszugehen ist, dass die Anlauf- und Absprungdynamik einen entscheidenden Einfluss auf die auftretenden Kräfte haben. Andererseits führt eine Geschwindigkeitsvorgabe aber auch immer zu einer künstlich konstruierten Situation, die nicht unbedingt etwas mit der Dynamik der Sportlerin im Spiel zu tun hat. Insofern kann die Vorgabe „so schnell wie möglich" auch als Stärke gesehen werden, indem sie der Sportlerin den Rahmen gibt, mit ihrer eigenen Dynamik anzulaufen. Eine weitere Überlegung wäre, das Lichtsignal später auszulösen. In Anlehnung an den Ursprungstest von Kuni et al. (2008) wurde das Lichtsignal bei den Pilotmessungen zunächst beim Schlagen des Balles ausgelöst, was eine zu lange Standphase ergab. In der jetzigen Form hatten die Athletinnen wiederum relativ lange Zeit, ihren Fuß in die neue Laufrichtung auszurichten. Möglicherweise war das ein Grund dafür, dass geringere Valguswinkel als erwartet auftraten.

8.2 Interventionsstudie

Im Mittelpunkt der Arbeit stand die Fragestellung nach den Auswirkungen eines kraft- versus koordinationsbetonten Athletiktrainings auf die Kniegelenkstabilität und die neuromuskuläre Aktivierung von Handballerinnen bei hochdynamischen Belastungen. Die Interventionsstudie wurde mit den Erwartungen durchgeführt, dass die progressiven Trainingsprogramme in beiden Gruppen zu einer Veränderung der ausgewählten kinematischen, kinetischen und elektromyographischen Parameter führen, die in der Koordinationsgruppe aufgrund des funktionellen Inputs größer ausfallen. Diese Erwartung wurden nicht erfüllt, es mussten alle Hypothesen abgelehnt werden. Die Trainingsprogramme haben aber in Abhängigkeit der verschiedenen Testmanöver in beiden Gruppen zu signifikanten Veränderungen der biomechanischen Parameter sowie der neuromuskulären Aktivität geführt, die im Folgenden diskutiert werden. Generelle Aussagen zu treffen erweist sich aufgrund der kleinen Stichprobe als schwierig. Die Studie versucht, einen Einblick in die Thematik „aktive Verletzungsphrophylaxe und Biomechanik" zu vermitteln und kann als Hypothesen generierendes Pilotprojekt für weitere Untersuchungen in diesem Bereich verstanden werden.

Das Krafttraining hat lediglich für die ischiocrurale Muskulatur der dominanten Seite zu einer Kraftverbesserung geführt. Dies ist erstaunlich, da die Autorin das Training „eins-zu-eins" begleitet und die Progressionen kontrolliert hat. Möglicherweise ist dies einer suboptimalen Regenerationsphase vor dem Maximalkrafttest nach der letzten Trainingseinheit geschuldet (Fröhlich & Schmidtbleicher, 2008). Die isokinetischen Kraftmessungen fanden aus logistischen und organisatorischen Gründen direkt am Tag nach der letzten Trainingseinheit statt. Das Koordinationstraining hat zu einer Kraftverbesserung der ischiocruralen Muskulatur der nichtdominanten Seite und einer Gleichgewichtsverbesserung desselben Beines in medio/laterale Richtung geführt. In der Literatur finden sich Hinweise, dass Balance Training zu Verbesserungen der Maximalkraft des Quadriceps und der ischicruralen Muskulatur führt (Heitkamp et al., 2001). Dies wird als entscheidende Stärke von Trainingsprogrammen auf instabilen Unterlagen angesehen. Trotz dieser geringen Veränderungen der Kontrollvariablen scheint bei der Analyse der Ergebnisse, dass die unterschiedlichen Trainingsinhalte zu unterschiedlichen Adaptationsstrategien geführt haben.

Das Koordinationstraining hat für beide Beine zu einer Reduktion des sagittalen Bewegungsausmaßes bei der Kondition „jump-land-side-cut" geführt. Die Veränderungen (dom: -6,1 ± 4,7°, ndom: -7,8 ± 3,9°) liegen deutlich über den Test-Retest-Differenzen und gehen mit sehr hohen Effektstärken einher (dom: d_z = 1.30;

ndom: $d_z = 2.01$). Für die nichtdominante Seite ergibt sich ein signifikanter Gruppeneffekt ($p = .038$). Das partielle Etaquadrat ergibt, dass das Training zu 39.7% für die Varianz verantwortlich ist. Zudem konnte für das koordinative Training eine Zunahme der maximalen Knieflexion (3,6 ± 3,1°) für die Kondition „jump-land-stabilize“ verzeichnet werden, ebenfalls mit einer hohen Effektstärke ($d_z = -1.17$). Einschränkend muss hier auf die schwache Reliabilität der Parameter für die Sagittalebene der dominanten Seite verwiesen werden. In der Kraftgruppe fand sich für keine der Konditionen eine Veränderung der Gelenkwinkel in der Sagittalebene. Die Ergebnisse der Koordinationsgruppe scheinen zunächst konträr. Viele geschlechtsspezifische Studien konnten nachweisen, dass Frauen mit geringerer Hüft- und Knieflexion als Männer landen. Die steiferen Landungen werden mit hohen Bodenreaktionskräften und dementsprechend hohen Gelenkmomenten assoziiert (Padua & Distefano, 2009). Im Fokus der verletzungsprophylaktischen Programme steht eine vermehrte Kniebeugung bzw. eine Zunahme der sagittalen Gelenkexkursion beim Landen zu erarbeiten, um die Bodenreaktionskräfte besser abfangen zu können und die ischiocrurale Muskulatur in eine günstigere Ausgangsposition zu bringen, damit sie ihre protektive Wirkung entfalten kann. Dieses Trainingsziel konnte für die Kondition „jump-land-stabilize“ der dominanten Seite erreicht werden, für die Kondition „jump-land-side-cut“ zeigt sich für beide Beine das Gegenteil.

Eine mögliche Erklärung für die unterschiedlichen Trainingsadaptationen in der Sagittalebene könnte der Zeitdruck sein, der für das „jump-land-side-cut“ Manöver gegeben, für die Kondition „jump-land-stabilize“ aber nach der Landung hinfällig war. Dazu passen die Ergebnisse der Bodenkontaktzeit der nichtdominanten Seite. Diese ist mit einer Prä-Post-Differenz von -104,8 ± 131,8 ms nach der Intervention, aufgrund der großen Streuung der Daten, zwar nicht signifikant verkürzt, die Werte deuten aber auf eine deutliche Abnahme der Bodenkontaktzeit einiger Probandinnen hin. In Arbeiten der eigenen Forschungsgruppe konnte eine positive Korrelation zwischen dem Knieflexionswinkel und der Standphase beim „jump-land-side-cut“ Manöver nachgewiesen werden ($n = 8$), im Sinne einer geringeren Knieflexion bei kürzeren Bodenkontaktzeiten (Weimar, 2016). Für alle anderen Konditionen konnten keine Veränderungen der Kniegelenkwinkel in der Sagittalebene nachgewiesen werden. Es fand sich bei keinem der Tests eine Veränderung der Kinetik in der Sagittalebene.

Die verstärkte Knieflexion beim Sprung-Landemanöver „jump-land-stabilize“ der Koordinationsgruppe kann als Erfolg des Programmes verstanden werden. Es ist verwunderlich, dass die Kraftgruppe für keines der Testmanöver eine Bewegungsmodifikation in der Sagittalebene zeigt. Lephart et al. (2005) konnten nach einem 8-wöchigen Trainingsprogramm mit weiblichen Athletinnen (Plyometrie vs. Kraft, Dehnung, Balance) in beiden Gruppen einen Kraftzuwachs der isokinetischen Maximalkraft des Quadriceps, eine vermehrte Knieflexion und ein geringeres Flexionsmoment bei beidbeinigen Landungen nach Sprüngen nachweisen. Ebenso fanden Chappell & Limpisvasti (2008) nach einem 6-wöchigen neuromuskulären Trainingsprogramm mit Plyometrie und Rumpfkräftigung mit Fuß- und Basketballerinnen eine stärkere maximale Knieflexion und ein geringeres Flexionsmoment während der Bodenkontaktphase beim beidbeinigen Drop Jump mit Armeinsatz. Im Gegensatz dazu konnten Pollard et al. (2006) nach einem präventiven Trainingsprogramm mit Fußballerinnen über eine Saison keine Veränderung der maximalen Kniewinkel bei einem beidbeinigen Drop Land nachweisen. Möglicherweise hängt die fehlende Adaptation der Bewegungskontrolle in der Kraftgruppe damit zusammen, dass die Spielerinnen keinen signifikanten Kraftzuwachs der Kniestrecker zu verbuchen hatten. Allerdings hatte auch die Koordinationsgruppe keinen signifikanten Kraftzuwachs des Quadriceps zu verzeichnen. Für die dominante Seite der Koordinationsgruppe zeigt sich sogar die geringste Kraftveränderung. Dies spricht für eine Verbesserung der neuromuskulären Kontrolle bzw. intermuskulären Koordination durch das koordinative Training. Passend hierzu wäre der fehlende funktionelle Input des rein gerätegestützten Trainings, eine Erklärung für die ausbleibende Bewegungsmodifikation in der Kraftgruppe. Vor dem Hintergrund der Trainingsspezifik ist davon auszugehen, dass Kraftqualitäten eher in Bewegungsmustern abgerufen werden können, die dem Trainingsreiz ähnlich sind.

Das reduzierte sagittale Bewegungsausmaß der nichtdominanten Seite der Koordinationsgruppe, das sich für die Kondition „jump-land-side-cut“ zeigt, geht mit einer Hochregulierung des M. biceps femoris in allen drei Phasen einher (VOR: $d_z = -1.79$, RIA: $d_z = -1.58$, STAND: $d_z = -1.55$). Die Aktivitätszunahme zeigt für alle Phasen einen sehr großen Effekt. Dies ist die einzige neuromuskuläre Veränderung, die in der Koordinationsgruppe über alle Tests zu finden ist. Die Aktivitätszunahme des M. biceps femoris passt zum Kraftgewinn, den die Koordinationsgruppe für die ischiocrurale Muskulatur auf der nichtdominanten Seite zu verzeichnen hat und ist eine Adaptation im Sinne der Verletzungsprohylaxe. Die gesteigerte Hamstringsaktivität entlastet das VKB, indem sie der anterior tibialen Translation entgegenwirkt. Die Kondition „jump-land-side-cut“ ist das Testmanöver von dem die „Risiko-Athletin“

ausgeschlossen wurde, da sie die Kraftmessplatte kein einziges Mal traf. Die Einzelfallanalyse der „Risiko-Athletin" hat ergeben, dass sie zu Beginn der Studie ein ca. 8-fach höheres meanEMG$_{norm}$ des M. biceps femoris als ihre Teamkolleginnen aufwies (vgl. Kap. II.7.5). Durch das Training konnte ihre „exzessive" Muskelaktivität um mehr als 50% reduziert und damit fast an das Aktivierungsniveau ihrer Teamkolleginnen angeglichen werden. Die starke Aktivitätsabnahme dieser Spielerin fällt bei der geringen Fallzahl der hier vorliegenden Stichprobe so ins Gewicht, dass für alle anderen Konditionen, bei denen sie eingeschlossen ist, keine Aktivitätszunahme des M. biceps femoris im Prä-Post-Vergleich zu verbuchen ist[28].

Die ischiocrurale Muskulatur hat aufgrund ihres Ansatzes am medialen und lateralen Tibiaplateau die Möglichkeit, der rein eindimensional wirkenden Kraft des Quadriceps eine mehrdimensional wirkende Kraft entgegenzusetzen. Die theoretischen Ausführungen haben verdeutlicht, dass ein Ziel des verletzungsprophylaktischen Trainings ist, u.a. das Hamstrings/Quadriceps Verhältnis zu verbessern. Im eigenen Muskelverbund, (mediale/laterale Hamstrings) verweisen viele Autoren auf ein Ungleichgewicht im Sinne von zu schwachen medialen Hamstrings und empfehlen, vorzugsweise den medialen Part zu kräftigen (vgl. Kap. I.2.2, „Nordic Hamstrings" Übung). Bei den Pilotmessungen der hier vorliegenden Studie wurden beide Muskelpartien abgeleitet, das Protokoll stellte sich jedoch als zu umfangreich heraus, so dass ein Vergleich leider nicht möglich ist. Aufgrund des funktionellen Trainings, das eine Stabilität in mehreren Ebenen verlangt, geht die Autorin davon aus, dass die nachgewiesene Aktivitätszunahme des M. biceps femoris mit einer Aktivitätszunahme des M. semitendinosus einhergeht. Der „Blick in den Muskel" vervollständigt das Bild. Die Athletinnen zeigen nach der Intervention auf der nichtdominanten Seite ein geringeres Bewegungsausmaß bei unveränderten Bodenkontaktzeiten (bzw. hier ist eine große Dispersion auffällig). Sie zeigen aber keine höheren vertikalen Bodenreaktionskräfte und/oder Gelenkmomente, die man aufgrund der „steiferen Landung" annehmen könnte, sondern vielmehr eine optimierte Hamstringsaktivität, um die Bodenreaktionskräfte abzupuffern und das VKB zu entlasten. Vor dem Hintergrund, dass die Bewegungsanweisung „so schnell wie möglich" war, ist auch diese Strategie als Erfolg zu bewerten.

Die Koordinationsgruppe zeigt des Weiteren eine signifikant verbesserte Rotationsstabilität (-5,4 ± 4,9°) auf der nichtdominanten Seite für die Kondition „jump-land-

---

[28] Die Athletin „drückt" die gesamte Gruppe runter, auch wenn alle anderen Probandinnen eine Aktivitätszunahme zeigen.

stabilize“, die die Test-Retest-Differenz übersteigt, einen sehr großen Effekt zeigt (d_z = 1.10) und sich im Gruppenvergleich als signifikant erweist (p = .017). Das transversale Bewegungsausmaß erwies sich im Test-Retest als exzellent reliabel (p < .05). Die Einzelfalldarstellung zeigt, dass bis auf eine Ausnahme alle Athletinnen ihr transversales Bewegungsausmaß reduziert haben. Gemäß dem partiellen Etaquadrat sind 48.9% der Varianz auf das Training zurückzuführen. Der Autorin sind keine Interventionsstudien bekannt, die das Rotationsbewegungsausmaß im Prä-Post-Design erheben. Wie in Kapitel II.6.7. beschrieben, ist bei der Interpretation der Frontal- und Transversalebene, im Vergleich zur Sagittalebene wesentlich mehr Vorsicht geboten. Da der Valgus-Kollaps jedoch immer mit einer Rotationskomponente einhergeht und die Beschreibung des Verletzungsmechanismus gezeigt hat, dass gerade die Kombination von Knievalgus und Rotationsstress ein häufiges Verletzungsmuster darstellen, erscheint es sinnvoll die Transversalebene mitzubetrachten. In Anlehnung an die theoretischen Ausführungen würde man vermuten, dass die verbesserte neuromuskuläre Kontrolle in der Transversalebene mit einer Aktivitätszunahme des M. glutaeus medius einher geht, der einer femoralen Adduktion und einem Knievalgus entgegenwirkt (Lephart et al., 2005). Zudem wäre eine gesteigerte Aktivität des M. biceps femoris eine mögliche Strategie, über die Außenrotation des Femurs die Beinachse zu kontrollieren (Fong et al., 2013). Entgegen dieser Annahme lassen sich keine Veränderungen der elektromyographischen Aktivität des entsprechenden Beines nachweisen. Die Tatsache, dass die Bewegungsmodifikation auf der nichtdominanten Seite stattgefunden hat, unterstützt die These, dass das nichtdominante Bein als koordinativ schwächere Seite von einem progressiven Training mehr profitieren kann. Für diese Kondition ist eine weitere Analyse unter Ausschluss der „Risiko-Athletin“ geplant, um zu sehen, ob die Verbesserung der dynamischen Gelenkstabilität mit neuromuskulären Veränderungen einhergegangen ist, die durch sie möglicherweise überdeckt werden.

Die Kraftgruppe zeigt als einzige Veränderung der Kinematik einen stärkeren maximalen Knievalgus auf der nichtdominanten Seite bei der Kondition „jump-land-stabilize“. Die Prä-Post-Differenz liegt deutlich über der Test-Retest-Differenz, zeigt eine sehr hohe Effektstärke (d_z = 1.49) und einen signifikanten Gruppeneffekt (p = .028). Das partielle Etaquadrat erklärt die Varianz zu 43% mit dem Trainingsprogramm. Die Einzelbetrachtung der sechs Spielerinnen ergab, dass vier Spielerinnen beim Post-Test mehr Valgus aufweisen als beim Prä-Test. Zwei Spielerinnen davon

können vor der Trainingsmaßnahme als „Varus dominant“ [29] bezeichnet werden, d. h. sie landeten vor dem Training im Varus und nach den 6 Wochen Krafttraining im Valgus. Zwei Spielerinnen sind vor der Trainingsintervention „Varus dominant“ und bleiben dies auch, landen aber nach der Intervention mehr im tendenziellen Valgus. Da das Ziel des Trainings eine saubere Beinachse ist, sind demnach auch Verbesserungen, die vom Varus in Richtung neutrale Knieachse (= Richtung tendenziellen Valgus) gehen, als positiv zu werten (das trifft auf zwei Probandinnen zu). Überwiegend hat sich die Gruppe verschlechtert (vgl. Abbildung 30a-c).
Das verletzungsprophylaktische Ziel in der Frontalebene ist eine stabile Beinachse unter Belastung, d. h. eine Reduktion des Knievalgus. Herrington (2010) konnte mit weiblichen Basketballerinnen nach einem 4-wöchigen Sprungtraining mit einer Dauer von nur 15 Minuten (3x/Woche, n = 15) eine signifikante Reduktion der maximalen Valguswinkel beim Drop Jump (li.: -9,8°, re.:-12,3°) und der Landung nach einem Sprungwurf (li.: -4,5°, re.: -4,3°) erzielen. Diese Veränderungen sind sehr groß und die Studie sticht damit unter vielen anderen hervor, die keine Veränderungen erzielen konnten (Chappell & Limpisvasti, 2008; Nagano et al., 2011b; Ortiz et al., 2010; Pollard et al., 2006). Die deskriptive Betrachtung der „jump-land-stabilize“ Kurven (Kap. II.7.3.2.1) verdeutlicht, dass die Probandinnen der Kraftgruppe während der initialen Landung eine minimale Verschlechterung aufweisen. Der „Valguseinbruch“ erfolgt erst bei ca 25% der Standphase. Ein Zeitpunkt, der nicht ganz so kritisch zu sehen ist wie der initiale Bodenkontakt. Trotzdem ist ein derartiger Kurvenverlauf nicht im Sinne des verletzungspräventiven Trainings. Ein Trend für eine Valguszunahme für die nichtdominante Seite der Kraftgruppe (marginal signifikant) war bei der Ergebnisdarstellung auch für die Kondition „jump-land-cross-cut“ aufgefallen. Die Koordinationsgruppe hat keine Veränderungen in der Frontalebene zu verzeichnen, allerdings ist hier die Verlagerung der Kurve in Richtung Varus auffällig. Diese ist auch für die dominante Seite bei der Kondition „jump-land-stabilize“ zu beobachten. Es scheint hier, als hätte eine VKB-entlastende Bewegungsmodifikation stattgefunden, die jedoch nicht direkt beim initialen Bodenkontakt (der eigentlich kritische Zeitpunkt) greift. Das gleiche zeigt sich bei der „jump-land-side-cut“ Bewegung für die dominante Seite. Das Programm scheint zu wirken, sollte aber noch progressiver ausgerichtet werden.

[29] Die Formulierung „Varus dominant“ wird in Anlehnung an den Begriff „adduction dominant“ (Hewett et al., 1996, S. 770) verwendet. Sie bezieht sich hier auf die Kinematik und bedeutet die Landung in Varusstellung, im Gegensatz zur Valgusstellung („Valgus dominant“).

Die Kraftgruppe konnte auf der dominanten Seite durch das Training ihre vertikale Bodenreaktionskraft bei den Konditionen „jump-land-stabilize“ (d_z = 1.48) und „jump-land-cross-cut“ (d_z = 2.08) reduzieren und damit ein wichtiges verletzungsprophylaktisches Ziel erreichen. Beide Parameter zeigen sehr große Effekte. Die Mehraktivierung des M. biceps femoris (d_z = -1.37) in der Vorinnervationsphase bei der Kondition „jump-land-stabilize“ passt zum Kraftgewinn dieses Muskels. Der rein deskriptive Vergleich der vertikalen Bodenreaktionskräfte über die verschiedenen Konditionen ergab, dass bei der Kondition „jump-land-stabilize“ die höchsten Kräfte auftreten. Eine verstärkte Voraktivierung des M. biceps femoris bei dieser Kondition stellt somit eine sinnvolle Adaptationsstrategie dar, um kommende Bodenreaktionskräfte abzufangen und das Kniegelenk über den medialen und lateralen Part in der Transversalebene zu stabilisieren.

Auffällig in der Kraftgruppe ist die Reduktion der M. glutaeus medius Aktivität über alle Konditionen auf der dominanten Seite und für die „jump-land-cross-cut“ Manöver auf der nichtdominanten Seite (alle d_z > 1.13). Als trainingsbedingte Adaptationen sind beim EMG theoretisch zwei Szenarien denkbar. Eine erhöhte Aktivität im Sinne einer Mehraktivierung motorischer Einheiten, um eine bessere Gelenkstabilität zu gewährleisten oder eine geringere Aktivität im Sinne einer Ökonomisierung des vorhandenen Kraftpotentials. Die Kraftgruppe zeigt beide Strategien in Abhängigkeit verschiedener Muskeln und Beine. Das Krafttraining hat für die nichtdominante Seite über alle Konditionen zu einer Aktivitätsabnahme des M. glutaeus medius geführt. Diese Strategie kann als Anpassungsprozess auf das Hypertrophietraining verstanden werden, bei dem die Muskelfaser aufgrund der Querschnittsvergrößerung leistungsfähiger wird. Auch der M. gastrocnemius medialis zeigt nach der Trainingsintervention eine geringere Aktivität in der reflexinduzierten Phase bei der Kondition „jump-land-stabilize“. Eine reduzierte Muskelaktivität bei gleicher Bewegungsqualität kann im Sinne einer Ökonomisierung der vorhandenen Kraftressourcen als Trainingserfolg gesehen werden. Auffällig und zu hinterfragen ist die Kombination der reduzierten M. glutaeus medius und M. gastrocnemius Aktivität in Kombination mit einer mangelhaften dynamischen Bewegungskontrolle, wie sie für die Kondition „jump-land-stabilize“ auftritt. Diese Kombination lässt das reine Gerätetraining als Einzelmaßnahme in der hier durchgeführten Variante - bis auf die Beinpresse alles Übungen in der offenen kinetischen Kette - kritisch hinterfragen.

Insgesamt zeigen sich mehr trainingsbedingte Adaptationen auf der nichtdominanten Seite. Viele Studien berichten von keinen Unterschieden zwischen der dominanten und nicht dominanten Seite. Möglicherweise liegt das daran, dass die Testverfahren nicht progressiv genug sind. Brown et al. (2009) konnten bei unerwarteten „side-cut" Manövern signifikante Unterschiede in der Kinematik zwischen dem dominanten und nichtdominanten Bein nachweisen (Frauen, n = 13; Männer, n = 13). Das nichtdominante Bein zeigte signifikant mehr Hüftflexion, -adduktion und -innenrotation in Kombination mit signifikant weniger Knieflexion und -adduktion zum Zeitpunkt des IC als das dominante Bein. In der hier vorliegenden Studie wurden Rechts-Links-Assymmetrien zum Zeitpunkt des Prä-Tests nicht getestet. Das nichtdominante Bein scheint aber mehr von dem systematischen Training profitiert zu haben. Es sollte vor dem Hintergrund der Verletzungsprophylaxe stets bedacht werden, dass selbst wenn sich im Seitenvergleich keine Unterschiede finden, dies nicht bedeutet, dass beide Beine gleiche Voraussetzungen mitbringen.

8.3 Bewegungsangst und biomechanische Präsentation

Die Korrelationsanalyse ergab bei zwei dynamischen Tests (DJ und JL-CC) für das nichtdominante Bein eine signifikant inverse Korrelation zwischen einer stärkeren Bewegungsangst und einem größeren Knievalguswinkel. Für diese beiden Tests konnte demnach für das nichtdominante Bein eine schlechtere Bewegungspräsentation in der Frontalebene nachgewiesen werden. Bei Betrachtung der Gelenkwinkelverläufe der entsprechenden Tests fällt allerdings auf, dass der maximale Valguswinkel bei der Kondition JL-CC erst kurz vor dem Verlassen der Kraftmessplatte auftritt. Da sich die VKB-Verletzung nach Koga et al. (2010) in den ersten 40 ms nach initialem Bodenkontakt ereignet, ist dieses Ergebnis demnach zu vernachlässigen. Der signifikante Zusammenhang zwischen Bewegungsangst und stärkerem Knievalgus beim DJ erscheint vor allem vor dem Hintergrund der Forschungsergebnisse von Hewett, Myer, et al. (2005) interessant. Die Forschergruppe konnte mit einer prospektiv epidemiologischen Studie nachweisen, dass später verletzte Athletinnen zum Zeitpunkt des Screenings signifikant größere Valguswinkel und Valgusmomente aufwiesen als die restlichen Athletinnen. Die in dieser Studie durchgeführte Reliabilitätsanalyse des DJ ohne Armeinsatz zeigt für den maximalen Knievalguswinkel der nichtdominanten Seite eine exzellente Reliabilität (ICC: .929, $p < .05$).

Das Erforschen von Bewegungsangst in der VKB-Verletzungsprävention ist ein noch unbeschriebenes Blatt. Nach VKB-Rekonstruktion wird eine starke Kinesiophobie mit einer schwachen subjektiven Kniefunktion und einer geringeren Rückkehr-zum-Sport-Rate assoziiert. Laut Lentz et al. (2012) bedeutet ein Score unter 20 geringe Schmerz-Vermeidung und kann als Kriterium angesehen werden, einen

VKB-operierten Athleten zu seinem Sport zurückkehren zu lassen. Evtl. sollten Scores von gesunden Athleten, die über 20 Punkten liegen, Coaches hellhörig machen. Gerade im Leistungssport, in dem sich selten ein Athlet findet, der noch keine Verletzung erlitten hat, erscheint Bewegungsangst ein interessantes Forschungsfeld. Zudem gelten frühere Verletzungen als nicht-modifizierbare Risikofaktoren für eine weitere Verletzung (vgl. Tabelle 1). Da erscheint es sinnvoll, sicher zu gehen, dass bei betroffenen Athleten keine Angst vor Wiederverletzungen zurückbleibt. Zudem finden sich möglichweise Athleten, die per se mehr Bewegungsangst vorweisen als andere, ohne dass sie sich schon einmal ernsthaft verletzt haben.

Sollte in weiteren Studien nachgewiesen werden können, dass Bewegungsangst, die mittels der TSK-11 erfasst wird, mit einer VKB-gefährdenden Belastungsstrategie einhergeht, so wäre dieser Fragebogen ein gutes Tool, um Risiko-Athletinnen im Vorfeld zu identifizieren. Zudem wäre in weiteren Studien zu prüfen, ob die Bewegungsangst durch spezifische Trainingsinterventionen reduziert werden kann. Bisher finden sich dazu nur Studien im Rehabilitationsbereich (Hartigan et al., 2013). Eigenen Erfahrungen aus dem Bereich der Rehabilitation nach traumatischen Sportverletzungen zufolge wäre anzunehmen, dass sich ein progressives funktionelles Koordinationstraining optimal dazu eignet, den Athletinnen die Angst zu nehmen. Durch das langsame, konsequente Heranführen und permanente Einfordern der funktionellen, sportspezifischen Gelenkstabilität auch in risikoreichen, unvorhergesehenen Belastungssituationen und im ermüdeten Zustand lernen die Athletinnen, ein gutes Vertrauen in ihren Körper aufzubauen.

Shah et al. (2017) konnten nachweisen, dass Frauen nach VKB-Rekonstruktion eher zu Kinesiophobie neigen als Männer (67,44% vs. 60,12%). Für die Verletzungsprävention finden sich hierzu keine Angaben. In Anlehnung an die Studie von Hewett, Myer, et al. (2005) bietet sich hier großes Potential für die Präventionsforschung von VKB-Verletzungen.

8.4 Einzelfallanalyse der „Risiko-Athletin“

Während der gesamten Interventionsphase war für die Autorin eine Spielerin in der Koordinationsgruppe auffällig, da sie sehr verhalten mitmachte im Hinblick auf die Progressivität der Übungen. Sie musste wiederholt aufgefordert und motiviert werden, bei einbeinigen Kniebeugen, reaktiven Belastungen und Landungen stärker in die Knie zu gehen. Häufig sagte sie es ginge nicht, es täte in der Wade weh. Sie erlitt während des Interventionsprogrammes einen leichten Muskelfaserriss, den sie als

„gefühlt sechsfachen Muskelfaserriss“ bezeichnete. Die Spielerin erlitt sieben Monate nach dem Absolvieren des Koordinationsprogrammes eine VKB-Verletzung während eines Liga-Spiels. Die Einzelfall Risikoanalyse dieser Athletin gibt spannende Einblicke.

Es scheint Sinn zu machen, die erhobenen Parameter für das Risiko Screening in verschiedene Kategorien einzuteilen. Zum einen in Parameter, die „einzeln auffällig“ sind, d. h. wenn sie beobachtet werden bedeuten sie ein Risiko, da sie nicht häufig in der Gruppe auftreten. Zum anderen in Parameter die „gruppenauffällig“ sind, d. h. sie treten in der Gruppe auch bei Nicht-Risiko-Athletinnen auf. Sie sollten hellhörig machen, da sie evtl. in Kombination mit weiteren Parametern das Risiko erhöhen. Und Parameter, die nicht sensibel genug scheinen, eine spätere Verletzung vorhersagen zu können. Dieser Ansatz ist als Idee zu verstehen, das Beobachtete zu systematisieren und sollte nicht überbewertet werden. Die Autorin ist sich bewusst, dass Beobachtungen einer einzelnen Risikoanalyse auch ein Zufallsbefund sein können.

Als ein Parameter, der einzeln heraussticht, kann das biomechanisch auffällige Muster in der Transversalebene angesehen werden. Hier war bei der „Risiko-Athletin“ aufgefallen, dass sie zwar keine starken Maximalwinkel aufwies, jedoch „instabil“ zwischen Knieinnen- und -außenrotation wechselte. Koga et al. (2010) konnten anhand von 10 rekonstruierten echten VKB-Verletzungen zeigen, dass die verletzten Athletinnen nach einer kurzen Zunahme der Knieinnenrotation unmittelbar nach Bodenkontakt eine abrupte Außenrotation zeigten. Sie deuteten dies als die Reaktion auf die gerissene Bandstruktur. Denkbar wäre auch, dass dies ein Bewegungsmuster ist, das verletzungsgefährdete Athleten aufweisen und es deshalb zur Ruptur kommt. Wojtys et al. (2016) konnten mittels eines experimentellen Setups erstmals nachweisen, dass auch wiederholte biomechanisch ungünstige Belastungsmuster das Gewebe so mürbe machen kann, dass es letztendlich reißt. *„ACL can fail by a sudden rupture in response to repeated sub-maximal knee loading“* (S. 2059). Dadurch ergibt sich eine ganz neue Sichtweise. Das würde bedeuten, dass Athleten/innen mit ungünstigen Belastungsmustern sukzessive die Bandstruktur schädigen, ohne es zu bemerken, bis der Widerstand des Gewebes irgendwann aufgebraucht ist. Diese Erkenntnis unterstreicht, wie wichtig die verletzungsprophylaktische Aufklärung und das Training inklusive Feedback für die Athleten sind, da sie ohne Korrektur bei jedem Abstoppen, Landen oder Richtungswechsel die ligamentären Strukturen mikrotraumatisieren.

Ein weiterer „einzeln auffälliger“ Parameter zur Risikoidentifizierung scheint die Muskelaktivierung der lateralen Hamstrings zu sein, insbesondere in der reflexinduzierten Phase und der Standphase. Die „Risiko-Athletin“ zeigte bei der Eingangsuntersuchung in diesen beiden Phasen eine ca. 6- bis 8-fach höhere Muskelaktivität im Vergleich zum Durchschnitt der restlichen Spielerinnen. Einige Autoren berichten von einer höheren M. biceps femoris Aktivität bei Frauen im Vergleich zu Männern (Noyes & Barber-Westin, 2017; Rozzi et al., 1999) und sehen dies als einen Risikofaktor an. Als Erklärung wird ein Aufklappen des medialen Kompartments und eine Zunahme der anterioren Scherkräfte im Kniegelenk unter zu starker lateraler Hamstrings Aktivität angenommen (Hewett, Zazulak, et al., 2005). Im Gegensatz dazu berichten andere eher von einer schützenden Wirkung bzw. stabilisierenden Funktion des M. biceps femoris bei Landungen im Sinne einer Kontrollfunktion, um einer exzessiven Innen- und Außenrotation entgegen zu wirken (Lephart et al., 2005). Fong et al. (2013) fanden bei einem beidbeinigen Drop Land-Manöver heraus, dass eine Muskelstimulierung des M. biceps femoris während der Landung zu einer signifikanten Reduktion des Valgusmoments führte. Sie erklären dies über die außenrotatorische Wirkung des M. biceps femoris auf die Hüfte. Es könnte sein, dass es ein optimales Maß an Aktivität gibt und sobald dies überschritten ist, eine kritische Zone beginnt.

Die Grafik des meanEMG$_{norm}$ der „Risiko-Athletin“ im Vergleich zu ihren Teamkolleginnen (Abbildung 48) zeigt, dass je nachdem wie klein die Stichprobe ist, schon eine Versuchsperson das ganze Bild verzerren kann, so dass der Mittelwert eine hohe Aktivierung angibt, die möglicherweise nur einer „Risiko-Person“ geschuldet ist. Das vorliegende Bild ist nur deshalb ans Licht gekommen, weil die Athletin für diese Kondition ausgeschlossen wurde. Wäre dies nicht der Fall gewesen, wäre nicht aufgefallen, dass die restliche Gruppe ihre M. biceps femoris Aktivität nach dem Training hochgeregelt hat. Interessant ist, dass das Training der Probandin geholfen hat, ihr Aktivierungsmuster zu „normalisieren“. Sie zeigt nach dem Training einen deutlichen Kraftzuwachs der ischiocruralen Mskulatur und eine runtergeregelte M. biceps femoris Aktivität.

Die vertikalen Bodenreaktionskräfte geben keinen Anhaltspunkt dafür, dass es sich um eine „Risiko-Athletin“ handeln könnte. Dies ist erstaunlich, da man annehmen würde, dass die starke Zunahme des Flexionsmoments beim Post-Test (bei unverändertem Knieflexionswinkel) in den Bodenreaktionskräften abzulesen ist. Dem ist nicht so. Das Knieflexionsmoment errechnet sich aus der Höhe des Bodenreaktionskraftvektors und seinem Abstand zum Kniegelenkzentrum unter Einbezug der anthropometrischen Daten. Das bedeutet, das maximale Knieflexionsmoment kann sich verändern, wenn sich entweder beide dieser Größen ändern oder aber auch, wenn dies nur für eine der beiden Größen zutrifft. Meistens wird die Größe der Bodenreaktionskraft betrachtet, es ist aber auch eine Zunahme des maximalen Knieflexionsmoments aufgrund einer Veränderung des „vGRF-Knieabstands“ ohne eine Veränderung der Höhe des Kraftvektors denkbar (Beyaert et al., 2013). Eine naheliegende Erklärung für das ausschließlich erhöhte Flexionsmoment wäre demnach, dass die Athletin nach der Intervention ein ungünstigeres Bewegungsverhalten im Hinblick auf ihren Körperschwerpunkt bei der Landung zeigt. Wie die Abbildung des Verletzungsereignisses verdeutlicht (Abbildung 45a-h), ist entscheidend, dass ein hohes Flexionsmoment (Körperschwerpunkt deutlich hinter dem Kniegelenk) zu einem Zeitpunkt auf das Kniegelenk wirkt, bei dem das Knie nahezu gestreckt ist und die ischiocrurale Muskulatur ihre protektive Funktion aufgrund fehlender Hebelwirkung nicht ausüben kann (Petersen, Braun, et al., 2005). Inwiefern hier eine Rumpfverlagerung in der Frontalebene dazu kommt, kann aufgrund der Kameraperspektive nicht beurteilt werden. Das koordinative Training hat demnach nicht zu einem VKB-entlastenden Bewegungsmuster geführt. Aus rein qualitativer Sicht hatte die Autorin das Gefühl, dass die Athletin ihr Muster etwas modifiziert hatte. Da sie aus oben beschriebenen Gründen auffiel, hatte die Autorin sie immer im Blick und wies sie mehrfach an, die Landungen über eine deutlichere Knieflexion besser abzufangen, was ihr aus Sicht der Autorin am Ende der Trainingsphase tatsächlich besser gelang als zu Beginn. Denkbar wäre demnach auch, dass die „Risiko-Athletin“ von dem Training profitierte, dies würde zur Anpassung des Aktivierungsmusters des M. biceps femoris passen, und dieser Effekt danach wieder verloren ging. Die Mannschaft setzte das Training während der Saison nicht weiter fort.

Die „Risiko-Athletin“ zeigte zu beiden Zeitpunkten die geringsten Quadriceps-Maximalkraftwerte vom gesamten Team. Sie konnte zudem durch das Training keinen Kraftzuwachs des Quadriceps verbuchen. Der fehlende Kraftzuwachs ist „gruppenauffällig“, dies konnte für zwei weitere Probandinnen (1 aus der KO_G und 1 aus der KR_G) beobachtet werden. Hier ist auf jeden Fall Handlungsbedarf vonnöten, evtl. im Team mit einem Physiotherapeuten, um die Ursachen für die Verhinderung des Kraftzuwachses abzuklären. Entscheidend und als „einzel auffällig“ anzusehen ist der geringe Maximalkraftwert des Quadriceps beim Post-Test. Es sollte nicht vergessen werden, dass, unabhängig von einem ausgewogenen Hamstrings/Quadriceps-Verhältnis, ein gutes generelles Grundkraftniveau des Quadriceps vonnöten ist, um Belastungen beim Abbremsen und plötzlichen Richtungswechseln sowie beim Landen nach Sprüngen problemlos abfangen zu können. Als Anhaltspunkt können hier Untersuchungen von Willigenburg et al. (2015) angeführt werden. Sie konnten bei gesunden aktiven Frauen eine durchschnittliche relative isokinetische Maximalkraft von 2.4 Nm/kg für den Quadriceps (beidseits) nachweisen. Aktive Männer zeigten mit 2,5 Nm/kg (dominant) und 2,6 Nm/kg (nichtdominant) etwas höhere Werte und Männer der 1. Football Liga lagen mit 2,7 Nm/kg (beidseits) nochmal darüber. Leistungssportlerinnen wurden nicht getestet. Analog zu den Männern würde man aber auch hier aufgrund ihres sportlichen Anforderungsprofils etwas höhere Kraftwerte als bei den aktiven Frauen erwarten. Die „Risiko-Athletin" zeigt beim Post-Test einen relativen Maximalkraftwert von 1,94 Nm/kg und das als Handballerin der 3. Bundesliga. Relative isokinetische Quadriceps-Maximalkraftwerte von ≤ 2,0 Nm/kg sollten Trainer hellhörig machen.

Leider liegt von der betroffenen Athletin kein Tampa Score vom Prä-Test vor. Mit 26 Punkten weist sie mit zwei weiteren Teamkolleginnen („gruppenauffällig") den höchsten Score auf. Dies passt zu den oben beschriebenen Verhaltensweisen. Die Athletin verletzte sich später am nichtdominanten Bein. Die in der hier vorgelegten Arbeit durchgeführte Korrelationsanalyse zum Zusammenhang von Bewegungsangst und biomechanischer Bewegungspräsentation ergab einen signifikant moderaten Zusammenhang zwischen Bewegungsangst und Knievalgus des nichtdominanten Beines. Die maximalen Knievalguswinkel der „Risiko-Athletin" erscheinen im Vergleich mit ihren Teamkolleginnen nicht auffällig. Auffällig ist jedoch die verstärkte Valgusposition beim initialen Bodenkontakt nach der Trainingsintervention. Der Tampa Score scheint ein praktikables Tool, um bewegungsängstlichere Athletinnen zu identifizieren.

Wenig aussagekräftig hinsichtlich der späteren Verletzung scheint der Parameter statische Gleichgewichtskontrolle zu sein. Die Athletin gehörte hier eher zu den standstabileren Spielerinnen. Nach der Intervention zeigte sie die beste Gleichgewichtskontrolle für die m/l Richtung. Naheliegend ist, dass der statische Test nicht spezifisch genug ist, um die dynamische Bewegungskontrolle zu erfassen (Hrysomallis et al., 2006).

8.5 Limitationen

Die Studie weist einige Limitationen auf, die im Folgenden diskutiert werden. Die größte Limitation für die statistische Validität stellt die kleine Fallzahl dar. Bei Stichproben dieser Größenordnung können Ergebnisse extrem von einzelnen Versuchspersonen beeinflusst werden. Aus diesem Grund wurde bei signifikanten Gruppeneffekten immer auch die Einzelfalldarstellung separat betrachtet. Dies ermöglichte eine bessere Einschätzung der tatsächlichen Trainingseffekte. Zudem wurden als Maß der praktischen Relevanz der signifikanten Ergebnisse Effektstärken nach Cohen (1988) berechnet, die als weitestgehend unabhängig von Stichprobengrößen gelten. Möglicherweise finden sich aber unter den nicht signifikanten Ergebnissen Variablen, deren Nichtsignifikanz durch einzelne Versuchspersonen verursacht wird. Dies ist mit dem hier gewählten statistischen Verfahren nicht überprüfbar.

Im Hinblick auf die Konstruktvalidität wird auf das Kapitel II.6.7 verwiesen, in dem die Fehlermaße der verwendeten Messverfahren kritisch beleuchtet werden sowie das Kapitel II.6.3, das die Hintergründe für die Operationalisierung der unabhängigen Variablen (Trainingsprogramme) erläutert. Im Rahmen der hier vorliegenden Möglichkeiten ist davon auszugehen, dass eine hinreichende Konstruktvalidität gegeben war.

Zur Steigerung der internen Validität wurde die Test-Retestreliabilität der verwendeten Assessmentverfahren überprüft. Hier ist neben der kleinen Fallzahl anzumerken, dass die Test-Retestanalyse innerhalb eines Zeitfensters von zwei Wochen lediglich Aussagen darüber erlaubt, wie zuverlässig die entsprechenden Variablen zu erheben sind. Der Autorin liegen keine Daten zur Merkmalstabilität über einen Zeitraum von acht Wochen (Interventionszeitraum) vor. Dies muss bei der Interpretation berücksichtigt werden. Eine weitere Einschränkung ergibt sich aus der Tatsache, dass sich die Reliabilitätsgruppe aus Sportstudentinnen verschiedener Sportarten zusammensetzt. Der Test-Retest wäre möglicherweise reliabler ausgefallen, wenn er mit Leistungs-Handballerinnen durchgeführt worden wäre. Aus organisatorischen Gründen war es leider nicht möglich 6 Spielerinnen derselben Handballmannschaft als Reliabilitätsgruppe zu gewinnen. Die interne Validität wird zudem durch den Drop-out einer Athletin gestört, die sich zwei Wochen nach Beginn der Interventionsstudie während des Trainings das Kreuzband riss. Da sie nicht nur als Drop-out, sondern als „Risiko-Athletin-Drop-out“ zu verstehen ist, wären die Ergebnisse mit dieser Versuchsperson sehr wahrscheinlich anders ausgefallen.

In den letzten Jahren hat sich mehr und mehr das funktionelle Krafttraining durchgesetzt, aufgrund der Praktikabilität und der großen Wirksamkeit im Hinblick auf den spezifischen Transfer des Trainings auf die Anforderungsprofile der entsprechenden Sportarten. Es wäre gewinnbringend gewesen, eine weitere Trainingsgruppe zu erheben, die ein funktionelles Krafttraining absolviert hätte. Dies war mit dem hier verwendeten Setting aufgrund der Größe einer einzelnen Handballmannschaft nicht möglich.

Die kleine Fallzahl der Studie ist gleichzeitig auch eine große Stärke. Dadurch war gegeben, dass alle Teilnehmerinnen der Interventionsgruppe ein identisches Grundtraining während der Interventionszeit absolvierten (Kontrolle des Stichprobenfehlers). Zudem war dadurch möglich, dass beide Gruppen von derselben Person (Autorin) betreut und motiviert wurden. Die Autorin verfügt über langjährige Erfahrung im Bereich Kraft- und Koordinationstraining und konnte in beiden Gruppen professionelle Anleitungen und Feedback zu den Übungen geben. Durch die „eins-zu-eins“ Betreuung einer professionellen Trainerin war gewährleistet, dass die Übungen qualitativ sauber und korrekt ausgeführt wurden.

9 Fazit und Ausblick

„Und plötzlich ist das VKB gerissen und der Traum von Olympia ist geplatzt!"

Jährlich ereignen sich eine Vielzahl an VKB-Verletzungen und setzen die Athleten/innen außer Gefecht. Vor dem Hintergrund der alarmierenden Verletzungsraten und immensen Gesundheitskosten hat das Erforschen und Entwickeln verletzungspräventiver Strategien in den letzten Jahren enorm an Bedeutung gewonnen. Trotz vieler guter Evidenzen für die Wirksamkeit spezifischer neuromuskulärer Trainingsprogramme bleiben die Verletzungsraten hoch. Als Lösung aus dem VKB-Verletzungsdilemma werden zwei Ansätze verfolgt. Einerseits die Verbesserung der VKB-Risiko-Screeningverfahren, um Risiko-Athletinnen so früh wie möglich zu identifizieren und mit entsprechenden Programmen ausstatten zu können. Im Fokus stehen dabei funktionelle Sprungtests zur Erfassung der neuromuskulären Kontrolle in sportspezifischen Belastungssituationen. Und andererseits die weitere Optimierung bestehender Präventionsprogramme, um einen maximal protektiven Effekt zu erzielen. Die wirksamen spezifischen neuromuskulären Trainingsprogramme setzen sich überwiegend aus verschiedenen Trainingsbausteinen zusammen. Unklar bleibt, wie groß die verletzungsprophylaktische Wirkung der einzelnen Komponenten ist.

Mit dem modifizierten Heidelberger Sprungkoordinationstest konnte eine realitätsnahe Risikosituation geschaffen werden, mit der es möglich ist, Veränderungen im Prä-Post-Vergleich zu erfassen. Besier et al. (2001) konnten nachweisen, dass bei unerwarteten Cutting-Manövern bis zu zweimal so hohe Gelenkmomente in der Frontal- und Transversalebene wirken, wie bei erwarteten Manövern. Dies könnte ein Grund dafür sein, dass erwartbare Manöver neuromuskuläre Defizite nicht zuverlässig aufdecken können. Die VKB-Verletzung im Handballsport ereignet sich überwiegend in Angriffssituationen, wenn die Spielerin auf einen Gegner reagieren muss, d. h. die Situation nicht vorhersehbar ist. Zudem sind die Verletzungsraten im Wettkampf, unter Druck, höher als im Training. Der modifizierte Heidelberger Sprungkoordinationstest verbindet eine hohe Bewegungsdynamik mit Zeitdruck, „Überkopf-Ballaktion" und unerwarteten Lande-Richtungswechselmanövern und kommt damit der sportspezifischen Risikosituation sehr nah. Er ist als VKB-diagnostisches Tool geeignet.

Sowohl dem Kraftaufbautraining als auch dem propriozeptiven/koordinativen Training wird eine verletzungsprophylaktische Wirkung zugesprochen. Die isolierten Wirkungsweisen sind bisher nicht bekannt. Anhand der Interventionsstudie konnte

S. Erdrich, *Verletzungsprophylaxe im Leistungssport*,
https://doi.org/10.1007/978-3-658-29371-0_10

gezeigt werden, dass die Programme scheinbar zu unterschiedlichen Adaptationsmechanismen geführt haben. Die beiden Gruppen unterschieden sich auf ihrer nichtdominanten Seite beim Post-Test in Abhängigkeit verschiedener Testmanöver hinsichtlich der Sagittalebene, in der die Koordinationsgruppe ein geringeres sagittales Bewegungsausmaß zeigte, hinsichtlich der Frontalebene, in der für die Kraftgruppe ein signifikant stärkerer Knievalgus zu verzeichnen war und hinsichtlich der Transversalebene, in der die Koordinationsgruppe eine reduzierte Gelenkexkursion aufwies. Zudem fanden sich weitere neuromuskuläre Veränderungen, die im Gruppenvergleich nicht signifikant erschienen. Die Kraftgruppe konnte auf der dominanten Seite die vertikalen Bodenreaktionskräfte reduzieren. Auffällig ist eine Aktivitätsabnahme des M. glutaeus medius auf der nichtdominanten Seite in der Kraftgruppe über alle Konditionen für verschiedene Phasen. Eine reduzierte Aktivierung bei gleicher Bewegungsqualität ist im Sinne einer Ökonomisierung des Kraftpotentials als erfolgreicher Trainingsoutcome zu sehen. Eine reduzierte Aktivität in Kombination mit einer mangelhaften neuromuskulären Kontrolle der unteren Extremität (Valgus) ist kritisch zu hinterfragen. Das geringere sagittale Bewegungsausmaß in der Koordinationsgruppe geht mit einer Mehraktivität der ischiocruralen Muskulatur über alle drei Phasen einher. Dies kann im Sinne einer sogenannten „muscle stiffness" gedeutet werden, um bei der Landung auftretenden Kräften entgegenwirken zu können (Komi, 2003).

Vor dem Hintergrund der Trainingseffekte, für die Gruppenunterschiede nachgewiesen werden konnten, zeigt das Koordinationstraining eine bessere präventive Wirkung auf VKB-Verletzungen als das Krafttraining. Die Verbesserung der Rotationsstabilität auf der nichtdominanten Seite ist wegweisend. Die theoretischen Ausführungen haben gezeigt, dass ein Valgusstress in Kombination mit einem Rotationsstress häufig der Auslöser für die gefürchtete Verletzung ist. Der verstärkte Knievalgus der Kraftgruppe dagegen gibt zu denken. Möglicherweise kann die Kraft aufgrund der fehlenden Funktionalität der Übungen nicht in die Frontal- und Transversalebene umgesetzt werden. Hier ist weiterer Klärungsbedarf vonnöten.

Fragebögen zur Bewegungsangst werden in der VKB-Präventionsforschung bisher nicht eingesetzt. In der hier vorliegenden Studie konnte ein moderater Zusammenhang zwischen Bewegungsangst und verstärktem Knievalgus auf der nichtdominanten Seite beim Drop Jump nachgewiesen werden. Diese Ergebnisse scheinen besonders vor dem Hintergrund der Forschungsarbeiten von Hewett, Myer, et al. (2005) interessant, die das Valgusmoment als signifikanten Prädiktor für spätere VKB-Verletzungen beim Drop Jump identifizieren konnten. Hier ordnen sich auch die Ergebnisse zu der „Risiko-Athletin" dieser Studie ein, die mit zwei weiteren Spielerinnen mit 26 Punkten den höchsten Tampa Score aufwies.

Das Konzept des Koordinationstrainings kann für weiterführende Studien zu diesem Thema empfohlen werden. Vor dem Hintergrund, dass vor allem ballistische (sehr schnelle, kurz dauernde) Bewegungen mit einem erhöhten Verletzungsrisiko einhergehen (Haas, 2006), scheint der Beinachse besonders in hochdynamischen Belastungssituationen eine entscheidende Bedeutung zuzukommen. Ein dynamisches, spezifisches Beinachsentraining mit dem Fokus auf Abbrems- und Landetechniken, insbesondere in Risikosituationen wie bspw. nach Drehungen oder unvorhersehbarem Richtungswechsel, sollte daher fester Bestandteil des Athletiktrainings und des Aufwärmteils sein. Die Durchführung des Trainings mit vielfältigen Materialien zur Stimulierung der propriozeptiven Strukturen unter Anwendung verschiedener koordinativer Druckbedingungen (Komplexitäts-, Organisations-, Zeitdruck...) scheint hier erfolgversprechend und empfehlenswert.

Die Studie versteht sich als Pilotprojekt, das als richtungsweisend für weitere Studien zu diesem Thema angesehen werden kann. Als besonders spannendes Forschungsfeld kommt hier der Bereich der Nachwuchssportler/innen in Betracht. Das Risiko eine VKB-Verletzung zu erleiden steigt ab einem Alter von 12-13 Jahren bei Mädchen und 14-15 Jahren bei Jungen signifikant an (LaBella et al., 2014). Verletzungsprophylaktische Trainingsprogramme so früh zu implementieren, dass dieser Anstieg verhindert werden könnte, ist eine große Herausforderung.

Literaturverzeichnis

Aragao, F. A., Schafer, G. S., de Albuquerque, C. E., Vituri, R. F., de Azevedo, F. M. & Bertolini, G. R. (2015). Neuromuscular efficiency of the vastus lateralis and biceps femoris muscles in individuals with anterior cruciate ligament injuries. *Revista Brasileira de Ortopedia, 50* (2), 180-185.

Ardern, C. L., Taylor, N. F., Feller, J. A. & Webster, K. E. (2014). Fifty-five per cent return to competitive sport following anterior cruciate ligament reconstruction surgery: an updated systematic review and meta-analysis including aspects of physical functioning and contextual factors. *British Journal of Sports Medicine, 48* (21), 1543-1552.

Arendt, E. & Dick, R. (1995). Knee injury patterns among men and women in collegiate basketball and soccer. NCAA data and review of literature. *American Journal of Sports Medicine, 23* (6), 694-701.

Arendt, E. A., Bershadsky, B. & Agel, J. (2002). Periodicity of noncontact anterior cruciate ligament injuries during the menstrual cycle. *Journal of Gender-Specific Medicine, 5* (2), 19-26.

Bachmann, C. & Gerber, H. (2008). Messsysteme, Messmethoden und Beispiele zur instrumentierten Ganganalyse. *Schweizerische Zeitschrift für Sportmedizin und Sporttraumatologie, 56* (2), 29-34.

Barendrecht, M., Lezeman, H. C., Duysens, J. & Smits-Engelsman, B. C. (2011). Neuromuscular training improves knee kinematics, in particular in valgus aligned adolescent team handball players of both sexes. *Journal of Strength and Conditioning Research, 25* (3), 575-584.

Baudet, A., Morisset, C., d'Athis, P., Maillefert, J. F., Casillas, J. M., Ornetti, P. & Laroche, D. (2014). Cross-talk correction method for knee kinematics in gait analysis using principal component analysis (PCA): a new proposal. *PLOS ONE, 9* (7), e102098.

Beaulieu, M. L., Lamontagne, M. & Xu, L. (2008). Gender differences in time-frequency EMG analysis of unanticipated cutting maneuvers. *Medicine & Science in Sports & Exercise, 40* (10), 1795-1804.

Benjaminse, A., Gokeler, A., Fleisig, G. S., Sell, T. C. & Otten, B. (2011). What is the true evidence for gender-related differences during plant and cut maneuvers? A systematic review. *Knee Surgery, Sports Traumatology, Arthroscopy, 19* (1), 42-54.

Benjaminse, A., Otten, B., Gokeler, A., Diercks, R. L. & Lemmink, K. (2017). Motor learning strategies in basketball players and its implications for ACL injury

S. Erdrich, *Verletzungsprophylaxe im Leistungssport*,
https://doi.org/10.1007/978-3-658-29371-0

prevention: a randomized controlled trial. *Knee Surgery, Sports Traumatology, Arthroscopy, 25* (8), 2365-2376.

Benoit, D. L., Ramsey, D. K., Lamontagne, M., Xu, L., Wretenberg, P. & Renstrom, P. (2006). Effect of skin movement artifact on knee kinematics during gait and cutting motions measured in vivo. *Gait & Posture, 24* (2), 152-164.

Berrsche, G. & Schmitt, H. (2014). Die Klinische Untersuchung des Kniegelenks. Clinical investigation of the knee joint. *Deutsche Zeitschrift für Sportmedizin, 66* (3), 2015.

Besier, T. F., Lloyd, D. G., Ackland, T. R. & Cochrane, J. L. (2001). Anticipatory effects on knee joint loading during running and cutting maneuvers. *Medicine & Science in Sports & Exercise, 33* (7), 1176-1181.

Beyaert, C., Facione, J., Billon-Grumellier, C., Martinet, N. & Paysant, J. (2013). The sagittal ground reaction force distance to knee center reflects knee flexion moment during gait in trans-tibial amputees. *Gait & Posture, 38* (Supplement 1), 103-104.

Beynnon, B. D., Fleming, B. C., Johnson, R. J., Nichols, C. E., Renstrom, P. A. & Pope, M. H. (1995). Anterior cruciate ligament strain behavior during rehabilitation exercises in vivo. *American Journal of Sports Medicine, 23* (1), 24-34.

Beynnon, B. D. & Shultz, S. J. (2008). Anatomic alignment, menstrual cycle phase, and the risk of anterior cruciate ligament injury. *Journal of Athletic Training, 43* (5), 541-542.

Biau, D. J., Tournoux, C., Katsahian, S., Schranz, P. & Nizard, R. (2007). ACL reconstruction: a meta-analysis of functional scores. *Clinical Orthopaedics and Related Research, 458*, 180-187.

Biedert, M. & Meyer, S. (1996). Propriozeptives Training bei Spitzensportlern - Neurophysiologische und klinische Aspekte. *Sportorthopädie-Sporttraumatologie, 12* (2), 102-105.

Bizzini, M., Mathieu, N. & Steens, J.-C. (1991). Propriozeptives Training der unteren Extremität auf instabilen Ebenen. *Manuelle Medizin, 29*, 14-20.

Boden, B. P., Griffin, L. Y. & Garrett, W. E., Jr. (2000). Etiology and Prevention of Noncontact ACL Injury. *The Physician and Sportsmedicine, 28* (4), 53-60.

Boden, B. P., Torg, J. S., Knowles, S. B. & Hewett, T. E. (2009). Video analysis of anterior cruciate ligament injury: abnormalities in hip and ankle kinematics. *American Journal of Sports Medicine, 37* (2), 252-259.

Borotikar, B. S., Newcomer, R., Koppes, R. & McLean, S. G. (2008). Combined effects of fatigue and decision making on female lower limb landing postures: central and peripheral contributions to ACL injury risk. *Clinical Biomechanics (Bristol, Avon), 23* (1), 81-92.

Brophy, R. H., Backus, S., Kraszewski, A. P., Steele, B. C., Ma, Y., Osei, D. & Williams, R. J. (2010). Differences between sexes in lower extremity alignment and muscle activation during soccer kick. *The Journal of Bone and Joint Surgery. American Volume, 92* (11), 2050-2058.

Brown, T. N., Palmieri-Smith, R. M. & McLean, S. G. (2009). Sex and limb differences in hip and knee kinematics and kinetics during anticipated and unanticipated jump landings: implications for anterior cruciate ligament injury. *British Journal of Sports Medicine, 43* (13), 1049-1056.

Bruhn, S. (2003). *Sensomotorisches Training und Bewegungskoordination.* Habilitation. Freiburg: Albert-Ludwigs-Universität Freiburg, Institut für Sport und Sportwissenschaft.

Butler, D. L., Noyes, F. R. & Grood, E. S. (1980). Ligamentous restraints to anterior-posterior drawer in the human knee: a biomechanical study. *The Journal of Bone and Joint Surgery. American Volume, 62* (2), 259-270.

Caraffa, A., Cerulli, G., Projetti, M., Aisa, G. & Rizzo, A. (1996). Prevention of anterior cruciate ligament injuries in soccer. A prospective controlled study of proprioceptive training. *Knee Surgery, Sports Traumatology Arthroscopy, 4* (1), 19-21.

Chappell, J. D. & Limpisvasti, O. (2008). Effect of a neuromuscular training program on the kinetics and kinematics of jumping tasks. *American Journal of Sports Medicine, 36* (6), 1081-1086.

Chappell, J. D., Yu, B., Kirkendall, D. T. & Garrett, W. E. (2002). A comparison of knee kinetics between male and female recreational athletes in stop-jump tasks. *American Journal of Sports Medicine, 30* (2), 261-267.

Chiari, L., Della Croce, U., Leardini, A. & Cappozzo, A. (2005). Human movement analysis using stereophotogrammetry. Part 2: instrumental errors. *Gait & Posture, 21* (2), 197-211.

Chiari, L., Rocchi, L. & Cappello, A. (2002). Stabilometric parameters are affected by anthropometry and foot placement. *Clinical Biomechanics, 17* (9-10), 666-677.

Chua, E. N., Yeung, M. Y., Fu, S. C., Yung, P. S., Zhang, Y., Feng, H. & Chan, K. M. (2016). Motion Task Selection for Kinematic Evaluation After Anterior

Cruciate Ligament Reconstruction: A Systematic Review. *Arthroscopy, 32* (7), 1453-1465.

Clarys, J. P. (2000). Electromyography in sports and occupational settings: an update of its limits and possibilities. *Ergonomics, 43* (10), 1750-1762.

Cochrane, J. L., Lloyd, D. G., Besier, T. F., Elliott, B. C., Doyle, T. L. & Ackland, T. R. (2010). Training affects knee kinematics and kinetics in cutting maneuvers in sport. *Medicine & Science in Sports & Exercise, 42* (8), 1535-1544.

Cohen, J. (1988). *Statistical Power Analysis for the Behavioral Sciences* (2nd ed.). New York, NY: Routledge Academic.

Cram, J. R., Kasman, G. S. & Holtz, J. (1998). *Introduction to Surface Electromyography*. Gaithersburg, MD: Aspen Publication.

Crossley, K. M., Zhang, W. J., Schache, A. G., Bryant, A. & Cowan, S. M. (2011). Performance on the single-leg squat task indicates hip abductor muscle function. *American Journal of Sports Medicine, 39* (4), 866-873.

Davis, R. B., Ounpuu, S., Tyburski, D. & Gage, J. R. (1991). A gait analysis data collection and reduction technique. *Human Movement Science, 10*, 575-587.

De Luca, C. J. (1997). The Use of Surface Electromyography. *Journal of Applied Biomechanics, 13* (2), 135-163.

Della Croce, U., Leardini, A., Chiari, L. & Cappozzo, A. (2005). Human movement analysis using stereophotogrammetry. Part 4: assessment of anatomical landmark misplacement and its effects on joint kinematics. *Gait & Posture, 21* (2), 226-237.

Dempsey, A. R., Lloyd, D. G., Elliott, B. C., Steele, J. R. & Munro, B. J. (2009). Changing sidestep cutting technique reduces knee valgus loading. *American Journal of Sports Medicine, 37* (11), 2194-2200.

Diemer, F. & Sutor, V. (2007). *Praxis der medizinischen Trainingtherapie*. Stuttgart, New York: Georg Thieme Verlag.

DiStefano, L. J., Blackburn, J. T., Marshall, S. W., Guskiewicz, K. M., Garrett, W. E. & Padua, D. A. (2011). Effects of an age-specific anterior cruciate ligament injury prevention program on lower extremity biomechanics in children. *American Journal of Sports Medicine, 39* (5), 949-957.

Donnell-Fink, L. A., Klara, K., Collins, J. E., Yang, H. Y., Goczalk, M. G., Katz, J. N. & Losina, E. (2015). Effectiveness of Knee Injury and Anterior Cruciate Ligament Tear Prevention Programs: A Meta-Analysis. *PLOS ONE, 10* (12), e0144063.

Donnelly, C. J., Elliott, B. C., Doyle, T. L., Finch, C. F., Dempsey, A. R. & Lloyd, D. G. (2012). Changes in knee joint biomechanics following balance and technique training and a season of Australian football. *British Journal of Sports Medicine, 46* (13), 917-922.

Dunn, T. G., Gillig, S. E., Ponser, S. E. & Weil, N. (1986). The learning process in biofeedback: Is it feed-forward or feedback? *Biofeedback and Self Regulation., 11* (2), 143-155.

Eckhardt, R., Scharf, H.-P. & Puhl, W. (1994). Die Bedeutung der neuromuskulären Koordination für die sportliche Belastbarkeit des Kniegelenkes nach vorderen Kreuzbandverletzungen. *Sportverletzung Sportschaden, 8*, 16-24.

Era, P., Schroll, M., Ytting, H., Gause-Nilsson, I., Heikkinen, E. & Steen, B. (1996). Postural balance and its sensory-motor correlates in 75-year-old men and women: a cross-national comparative study. *Journals of Gerontology. Series A, Biological Sciences and Medical Sciences, 51* (2), M53-63.

Farina, D., Cescon, C. & Merletti, R. (2002). Influence of anatomical, physical, and detection-system parameters on surface EMG. *Biological Cybernatics, 86* (6), 445-456.

Farthing, J. P. & Chilibeck, P. D. (2003). The effects of eccentric and concentric training at different velocities on muscle hypertrophy. *European Journal of Applied Physiology, 89* (6), 578-586.

Fauno, P. & Wulff Jakobsen, B. (2006). Mechanism of anterior cruciate ligament injuries in soccer. *International Journal of Sports Medicine, 27* (1), 75-79.

Ferber, R., McClay Davis, I., Williams, D. S., 3rd & Laughton, C. (2002). A comparison of within- and between-day reliability of discrete 3D lower extremity variables in runners. *Journal of Orthopaedic Research, 20* (6), 1139-1145.

Field, A. (2009). *Discovering Statistics Using SPSS* (3rd ed.). Los Angeles, London, New Delhi, Singapore, Washington DC: SAGE Publications.

Fink, C., Hoser, G., Benedetto, K. P. & Judmaier, W. (1994). (Neuro)Muskuläre Veränderungen der kniegelenkstabilisierenden Muskulatur nach Ruptur des vorderen Kreuzbandes. *Sportverletzung Sportschaden, 8*, 25-30.

Fleck, S. J. & Kraemer, W. J. (2014). *Designing Resistance Training Programs* (4th ed.). Champaign, IL: Human Kinetics.

Fleischmann, J. (2011). *Biomechanische Bewegungskontrolle lateraler Dehnungs-Verkürzungs-Zyklus Sprünge.* Dissertation. Freiburg: Albert-Ludwigs-Universität Freiburg, Institut für Sport und Sportwissenschaft.

Fleiss. (1986). *The Design and Analysis of Clinical Experiments*. New York: Wiley.

Fong, D. T.-P., Wang, M. & Chu, V. W.-S. (2013). *Myoelectric stimulation on glutaeus medius or biceps femoris reduced knee valgus torque during a forward landing task*. Paper presented at the International Conference on Biomechanics in Sports, Taipei, Taiwan.

Ford, K. R., Myer, G. D. & Hewett, T. E. (2003). Valgus knee motion during landing in high school female and male basketball players. *Medicine & Science in Sports & Exercise, 35* (10), 1745-1750.

Ford, K. R., Myer, G. D. & Hewett, T. E. (2007). Reliability of landing 3D motion analysis: implications for longitudinal analyses. *Medicine & Science in Sports & Exercise, 39* (11), 2021-2028.

Ford, K. R., Myer, G. D., Toms, H. E. & Hewett, T. E. (2005). Gender differences in the kinematics of unanticipated cutting in young athletes. *Medicine & Science in Sports & Exercise, 37* (1), 124-129.

Freiwald, J., Engelhardt, M., Reuter, I., Konrad, P. & Gnewuch, A. (1997). Die nervöse Versorgung der Kniegelenke. *WMF-Themenheft "Kniegelenk", 23724*, 531-540.

Froböse, I. & Nellessen, G. (1998). *Training in der Therapie - Grundlagen und Praxis*. Wiesbaden: Ullstein Medical.

Fröhlich, M. & Pieter, A. (2009). Cohen´s Effekstärken als Mass der Bewertung von praktischer Relevanz - Implikationen für die Praxis. *Schweizerische Zeitschrift für Sportmedizin und Sporttraumatologie, 57* (4), 139-142.

Fröhlich, M. & Schmidtbleicher, D. (2008). Trainingshäufigkeit im Krafttraining - ein metaanalytischer Zugang. *Deutsche Zeitschrift für Sportmedizin, 59* (2), 4-12.

Fröhlich, M., Schmidtbleicher, D., Emrich, E. (2002). Belastungssteuerung im Muskelaufbautraining. Belastungsnormativ Intensität versus Wiederholungszahl. *Deutsche Zeitschrift für Sportmedizin*, 53 (3), 79-83.

Fry, A. C. (2004). The role of resistance exercise intensity on muscle fibre adaptations. *Sports Medicine, 34* (10), 663-679.

Fung, D. T., Hendrix, R. W., Koh, J. L. & Zhang, L. Q. (2007). ACL impingement prediction based on MRI scans of individual knees. *Clinical Orthopaedics and Related Research, 460*, 210-218.

Gao, B. & Zheng, N. N. (2008). Investigation of soft tissue movement during level walking: translations and rotations of skin markers. *Journal of Biomechanics, 41* (15), 3189-3195.

Gehring, D., Melnyk, M. & Gollhofer, A. (2009). Gender and fatigue have influence on knee joint control strategies during landing. *Clinical Biomechanics (Bristol, Avon), 24* (1), 82-87.

Geiger, L. (1997). *Überlastungsschäden im Sport*. München, Wien, Zürich: BLV Verlagsgesellschaft mbH.

Girgis, F. G., Marshall, J. L. & Monajem, A. (1975). The cruciate ligaments of the knee joint. Anatomical, functional and experimental analysis. *Clinical Orthopaedics and Related Research* (106), 216-231.

Gokeler, A., Zantop, T. & Jöllenbeck, T. (2010). Vorderes Kreuzband. Epidemiologie. *GOTS-Expertenmeeting: Vorderes Kreuzband, 3-14*, 3-13.

Gollhofer, A., Horstmann, G. A., Schmidtbleicher, D. & Schönthal, D. (1990). Reproducibility of electromyographic patterns in stretch-shortening type contractions. *European Journal of Applied Physiology and Occupational Physiology, 60* (1), 7-14.

Gollhofer, A. & Schmidtbleicher, D. (1989). Protokoll der Expertendiskussion: Methodische Probleme der Elektromyographie. In R. Daugs, K.-H. Leist & H.-V. Ulmer (Hrsg), *Motorikforschung aktuell*. Clausthal-Zellerfeld: dvs.

Götz-Neumann, K. (2003). *Gehen verstehen. Ganganalyse in der Physiotherapie*. Stuttgart, New York: Thieme Verlag.

Greska, E. K., Cortes, N., Van Lunen, B. L. & Onate, J. A. (2012). A feedback inclusive neuromuscular training program alters frontal plane kinematics. *Journal of Strength and Conditioning Research, 26* (6), 1609-1619.

Gruber, M., Taube, W. & Gollhofer, A. (2009). Einführung in die Oberflächenelektromyographie. In A. Gollhofer & E. Müller (Hrsg.), *Handbuch Sportbiomechanik* (S. 120-147). Schorndorf: Hofmann-Verlag.

Güllich, A. & Schmidtbleicher, D. (1999). Struktur der Kraftfähigkeiten und ihrer Trainingsmethoden. *Deutsche Zeitschrift für Sportmedizin, 50*, 223-234.

Haas, C. & Schmidtbleicher, D. (2007). Propriozeptives Training. *Medical Network, 4*, 38-40.

Hai, C. C. H., Arden, C. L., Feller, J. A. & Webster, K. E. (2017). Eighty-three per cent of elite athletes return to preinjury sport after anterior cruciate ligament reconstruction: a systematic review with meta-analysis of return to sport rates, graft rupture rates and performance outcomes. *British Journal of Sports Medicine, 0*, 1-10.

Hart, L. (2005). Effect of stretching on sport injury risk: a review. *Clinical Journal of Sport Medicine, 15* (2), 113.

Hartigan, E. H., Lynch, A. D., Logerstedt, D. S., Chmielewski, T. L. & Snyder-Mackler, L. (2013). Kinesiophobia after anterior cruciate ligament rupture and reconstruction: noncopers versus potential copers. *The Journal of Orthopaedic and Sports Physical Therapy, 43* (11), 821-832.

Heidt, R. S., Jr., Sweeterman, L. M., Carlonas, R. L., Traub, J. A. & Tekulve, F. X. (2000). Avoidance of soccer injuries with preseason conditioning. *American Journal of Sports Medicine, 28* (5), 659-662.

Heitkamp, H. C., Horstman, T., Mayer, F., Weller, J. & Dickhuth, H.-H. (2001). Gain in strength and muscular balance after balance training. *International Journal of Sports Medicine* (22), 285-290.

Hermens, H. J., Freriks, B., Merletti, R., Stegeman, D., Blok, J., Rau, G., Disselhorst-Klug, C. & Hägg, G. (1999). *SENIAM 8. European Recommendations for Surface ElectroMyoGraphy. Results of the SENIAM project*: Roessingh Research and Development b.v.

Herrington, L. (2010). The effects of 4 weeks of jump training on landing knee valgus and crossover hop performance in female basketball players. *Journal of Strength and Conditioning Research, 24* (12), 3427-3432.

Hewett, T. (2014, October). *Oral presentation.* Presented at the Cincinnati Children´s Hospital Medical Center 2014 ACL Workshop in Cincinnati, OHIO.

Hewett, T. E., Ford, K. R., Hoogenboom, B. J. & Myer, G. D. (2010). Understanding and preventing acl injuries: current biomechanical and epidemiologic considerations - update 2010. *North American Journal of Sports Physical Therapy, 5* (4), 234-251.

Hewett, T. E., Lindenfeld, T. N., Riccobene, J. V. & Noyes, F. R. (1999). The effect of neuromuscular training on the incidence of knee injury in female athletes - A prospective study. *American Journal of Sports Medicine, 27* (6), 699-706.

Hewett, T. E., Myer, G. D., Ford, K. R., Heidt, R. S., Jr., Colosimo, A. J., McLean, S. G., van den Bogert, A. J., Paterno, M. V. & Succop, P. (2005). Biomechanical measures of neuromuscular control and valgus loading of the knee predict anterior cruciate ligament injury risk in female athletes: a prospective study. *American Journal of Sports Medicine, 33* (4), 492-501.

Hewett, T. E., Stroupe, A. L., Nance, T. A. & Noyes, F. R. (1996). Plyometric training in female athletes. Decreased impact forces and increased hamstring torques. *American Journal of Sports Medicine, 24* (6), 765-773.

Hewett, T. E., Torg, J. S. & Boden, B. P. (2009). Video analysis of trunk and knee motion during non-contact anterior cruciate ligament injury in female athletes: lateral trunk and knee abduction motion are combined components of the injury mechanism. *British Journal of Sports Medicine, 43* (6), 417-422.

Hewett, T. E., Zazulak, B. T. & Myer, G. D. (2007). Effects of the menstrual cycle on anterior cruciate ligament injury risk: a systematic review. *American Journal of Sports Medicine, 35* (4), 659-668.

Hewett, T. E., Zazulak, B. T., Myer, G. D. & Ford, K. R. (2005). A review of electromyographic activation levels, timing differences, and increased anterior cruciate ligament injury incidence in female athletes. *British Journal of Sports Medicine, 39* (6), 347-350.

Higbie, E. J., Cureton, K. J., Warren, G. L., 3rd & Prior, B. M. (1996). Effects of concentric and eccentric training on muscle strength, cross-sectional area, and neural activation. *Journal of Applied Physiology (1985), 81* (5), 2173-2181.

Hoeger, W. W. K., Hopkins, D. R., Barette, S. & Hale, D. F. (1990). Relationship between repetitions and selected percentages of one repetition maximum: A comparison between untrained and trained males and females. *Journal of Applied Sports Science Research 4* (2), 47-54.

Hottenrott, K. & Hoos, O. (2013). Sportmotorische Fähigkeiten und sportliche Leistungen - Trainingswissenschaft. In A. Güllich & M. Krüger (Hrsg.), *Sport. Das Lehrbuch für das Sportstudium* (S. 439-500). Berlin, Heidelberg: Springer-Verlag.

Hrysomallis, C., McLaughlin, P. & Goodman, C. (2006). Relationship between static and dynamic balance tests among elite Australian Footballers. *Journal of Science and Medicine in Sport, 9* (4), 288-291.

Huber, G., Gebert de Uhlenbrock, A., Götzen, N., Bishop, N., Schwieger, K. & Morlock, M. M. (2009). Modellierung, Simulation und Optimierung. In A. Gollhofer & E. Müller (Hrsg.), *Handbuch Sportbiomechanik* (S.148-169). Schorndorf: Hofmann-Verlag.

Huston, L. J., Vibert, B., Ashton-Miller, J. A. & Wojtys, E. M. (2001). Gender differences in knee angle when landing from a drop-jump. *American Journal of Knee Surgery, 14* (4), 215-219; Editorial discussion 219-220.

Huston, L. J. & Wojtys, E. M. (1996). Neuromuscular performance characteristics in elite female athletes. *American Journal of Sports Medicine, 24* (4), 427-436.

Jerosch, J., Wüstner, P. & Thorwesten (1998). Propriozeptive Fähigkeiten des Kniegelenks nach vorderer Kreuzbandruptur. Beeinflussung durch die medizinische Trainingstherapie. *Krankengymnastik,* 50 (2), 243-248.

Junge, A., Rosch, D., Peterson, L., Graf-Baumann, T. & Dvorak, J. (2002). Prevention of soccer injuries: a prospective intervention study in youth amateur players. *American Journal of Sports Medicine, 30* (5), 652-659.

Kadaba, M. P., Ramakrishnan, H. K. & Wootten, M. E. (1990). Measurement of lower extremity kinematics during level walking. *Journal of Orthopaedic Research, 8* (3), 383-392.

Kalkum, E. (2016). *Mechanische und neuromuskuläre Stabilisierung durch Hilfsmittel bei Sprunggelenkinstabilität.* Dissertation. Heidelberg: Ruprecht-Karls-Universität Heidelberg, Medizinische Fakultät.

Kamen, G. (2014). Electromyographic Kinesiology. In D. G. Robertson, G. E. Caldwell, J. Hamill, G. Kamen & S. N. Whitllesey (Eds.), *Research Methods in Biomechanics* (2nd ed.) (p. 179-201). Champaign, IL: Human Kinetics.

Kandell, E. R., Schwartz, J. H. & Jessell, T. M. (1996). *Principals of Neural Science* (3rd ed.). Norwalk, CT: Appleton & Lange.

Kapandji, I. A. (2001). *Funktionelle Anatomie der Gelenke* (3. unveränd. Aufl.). Stuttgart: Hippokrates Verlag GmbH.

Kato, S., Urabe, Y. & Kawamura, K. (2008). Alignment control exercise changes lower extremity movement during stop movements in female basketball players. *Knee, 15* (4), 299-304.

Kernozek, T. W., Torry, M. R. & Iwasaki, M. (2008). Gender differences in lower extremity landing mechanics caused by neuromuscular fatigue. *American Journal of Sports Medicine, 36* (3), 554-565.

Khayambashi, K., Ghoddosi, N., Straub, R. K. & Powers, C. M. (2016). Hip Muscle Strength Predicts Noncontact Anterior Cruciate Ligament Injury in Male and Female Athletes: A Prospective Study. *American Journal of Sports Medicine, 44* (2), 355-361.

Kiani, A., Hellquist, E., Ahlqvist, K., Gedeborg, R., Michaelsson, K. & Byberg, L. (2010). Prevention of soccer-related knee injuries in teenaged girls. *Archives of Internal Medicine, 170* (1), 43-49.

Kirtley, C. (2006). *Clinical Gait Analysis. Theory and Practice*. Edingburgh, New York: Elsevier Churchill Livingstone.

Koga, H., Nakamae, A., Shima, Y., Iwasa, J., Myklebust, G., Engebretsen, L., Bahr, R. & Krosshaug, T. (2010). Mechanisms for noncontact anterior cruciate ligament injuries: knee joint kinematics in 10 injury situations from female team handball and basketball. *American Journal of Sports Medicine, 38* (11), 2218-2225.

Komi, P. V. (2003). *Stretch-Shortening Cycle* (2nd ed.). Hong Kong: Blackwell Science.

Koning, R. H. & Amelink, R. (2012). Medium-term mortality of Dutch professional soccer players. *The Economic and Labour Relations Review, 23* (2), 55-68.

Konrad, P. (2011). *EMG-Fibel. Eine praxisorientierte Einführung in die kinesiologische Elektromyographie.* [Elektronische Version 1.1]. Noraxon INC. USA, Velamed Medizintechnik im Selbstverlag.

Konrad, P. & Freiwald, J. (1997). Einführung in das kinesiologsiche EMG. In H. Binkowski, M. Hoster & H. U. Nepper (Hrsg.), *Medizinische Trainingstherapie in der ambulanten orthopädischen und traumatologischen Rehabilitation. Ausgewählte Aspekte* (S. 138-161). Waldenburg: Sport Consult-Verlag.

Kori, S. H., Miller, R. P. & Todd, D. D. (1990). Kinesiophobia: A new view of chronic pain behaviour. *Pain Management, Jan/Feb*, 35-43.

Kraemer, W. J., Adams, K., Cafarelli, E., Dudley, G. A., Dooly, C., Feigenbaum, M. S., Fleck, S. J., Franklin, B., Fry, A. C., Hoffman, J. R., Newton, R. U., Potteiger, J., Stone, M. H., Ratamess, N. A., Triplett-McBride, T. & American College of Sports, M. (2002). American College of Sports Medicine position stand. Progression models in resistance training for healthy adults. *Medicine & Science in Sports & Exercise, 34* (2), 364-380.

Krieger, J. W. (2009). Single versus multiple sets of resistance exercise: a meta-regression. *Journal of Strength and Conditioning Research, 23* (6), 1890-1901.

Krosshaug, T., Nakamae, A., Boden, B. P., Engebretsen, L., Smith, G., Slauterbeck, J. R., Hewett, T. E. & Bahr, R. (2007). Mechanisms of anterior cruciate ligament injury in basketball: video analysis of 39 cases. *American Journal of Sports Medicine, 35* (3), 359-367.

Kuni, B., Cardenas-Montemayor, E., Bangert, Y., Friedmann-Bette, B., Moser, M. T., Rupp, R. & Schmitt, H. (2008). Altered force ratio in unanticipated side jumps after treadmill run. *Clinical Journal of Sports Medicine, 18* (5), 415-422.

Kvist, J., Ek, A., Sporrstedt, K. & Good, L. (2005). Fear of re-injury: a hindrance for returning to sports after anterior cruciate ligament reconstruction. *Knee Surgery, Sports Traumatology, Arthroscopy, 13* (5), 393-397.

La Valley, M. P. (2003, October). *Intent-to-treat Analysis of Randomized Clinical Trials.* Presentation at the ACR/ARHP Annual Scientific Meeting in Orlando.

LaBella, C. R., Hennrikus, W., Hewett, T. E., Council on Sports, M., Fitness & Section on, O. (2014). Anterior cruciate ligament injuries: diagnosis, treatment, and prevention. *Pediatrics, 133* (5), e1437-1450.

LaBella, C. R., Huxford, M. R., Grissom, J., Kim, K. Y., Peng, J. & Christoffel, K. K. (2011). Effect of neuromuscular warm-up on injuries in female soccer and basketball athletes in urban public high schools: cluster randomized controlled trial. *Archives of Pediatrics & Adolescent Medicine, 165* (11), 1033-1040.

Lakens, D. (2013). Calculating and reporting effect sizes to facilitate cumulative science: a practical primer for t-tests and ANOVAs. *Frontiers in Psychology, 4*, 863.

Laurig, W. (1983). Elektromyographie. In K. Willimczik (Hrsg.), *Forschungsmethoden in der Sportwissenschaft (Bd. 2). Grundkurs Datenerhebung 1.* (2. überarb. Aufl.) (S. 63-87). Ahrensburg bei Hamburg: Czwalina

Leardini, A., Chiari, L., Della Croce, U. & Cappozzo, A. (2005). Human movement analysis using stereophotogrammetry. Part 3. Soft tissue artifact assessment and compensation. *Gait & Posture, 21* (2), 212-225.

Lentz, T. A., Zeppieri, G., Jr., Tillman, S. M., Indelicato, P. A., Moser, M. W., George, S. Z. & Chmielewski, T. L. (2012). Return to preinjury sports participation following anterior cruciate ligament reconstruction: contributions of demographic, knee impairment, and self-report measures. *Journal of Orthopaedic and Sports Physical Therapy, 42* (11), 893-901.

Leonhart, R. (2004). Effektgrößenberechnung bei Interventionsstudien: Estimating Effect Sizes in Clinical Trials. *Die Rehabilitation, 43*, 241-246.

Lephart, S. M., Abt, J. P., Ferris, C. M., Sell, T. C., Nagai, T., Myers, J. B. & Irrgang, J. J. (2005). Neuromuscular and biomechanical characteristic changes in high school athletes: a plyometric versus basic resistance program. *British Journal of Sports Medicine, 39* (12), 932-938.

Lephart, S. M., Ferris, C. M., Riemann, B. L., Myers, J. B. & Fu, F. H. (2002). Gender differences in strength and lower extremity kinematics during landing. *Clinical Orthopaedics and Related Research* (401), 162-169.

Lim, B. O., Lee, Y. S., Kim, J. G., An, K. O., Yoo, J. & Kwon, Y. H. (2009). Effects of sports injury prevention training on the biomechanical risk factors of anterior cruciate ligament injury in high school female basketball players. *American Journal of Sports Medicine, 37* (9), 1728-1734.

Lohmander, L. S., Ostenberg, A., Englund, M. & Roos, H. (2004). High prevalence of knee osteoarthritis, pain, and functional limitations in female soccer players twelve years after anterior cruciate ligament injury. *Arthritis and Rheumatism, 50* (10), 3145-3152.

Lucchetti, L., Cappozzo, A., Cappello, A. & Della Croce, U. (1998). Skin movement artefact assessment and compensation in the estimation of knee-joint kinematics. *Journal of Biomechanics, 31* (11), 977-984.

Lysholm, J. & Gillquist, J. (1982). Evaluation of knee ligament surgery results with special emphasis on use of a scoring scale. *American Journal of Sports Medicine, 10* (3), 150-154.

Malinzak, R. A., Colby, S. M., Kirkendall, D. T., Yu, B. & Garrett, W. E. (2001). A comparison of knee joint motion patterns between men and women in selected athletic tasks. *Clinical Biomechanics (Bristol, Avon), 16* (5), 438-445.

Mandelbaum, B. R., Silvers, H. J., Watanabe, D. S., Knarr, J. F., Thomas, S. D., Griffin, L. Y., Kirkendall, D. T. & Garrett, W., Jr. (2005). Effectiveness of a neuromuscular and proprioceptive training program in preventing anterior cruciate ligament injuries in female athletes: 2-year follow-up. *American Journal of Sports Medicine, 33* (7), 1003-1010.

Marsh, H. W., Perry, C., Horsely, C. & Roche, L. (1995). multidimensional self-concepts of elite athletes: How do they differ from the general population? *Journal of Sports and Exercise Psychology, 17*, 70-83.

Mayáns, F. G. (2009). *Tampa Skala der Kinesiophobie. Gekürzte Fassung - TSK-11- nach Woby, S. R., Roach, N. K., Urmston, M. & Watson, P. J. (2005). Deutsche Übersetzung.* Heidelberg: unveröffentlicht.

Mehl, J., Diermeier, T., Herbst, E., Imhoff, A. B., Stoffels, T., Zantop, T., Petersen, W. & Achtnich, A. (2018). Evidence-based concepts for prevention of knee and ACL injuries. 2017 guidelines of the ligament committee of the German Knee Society (DKG). *Archives of Orthopaedic and Trauma Surgery, 138* (1), 51-61.

Merletti, R. (1999). Standards for Reporting EMG Data. *International Society of Electrophysiology and Kinesiology.* Online verfügbar unter https://isek.org/resources/.

Merletti, R., Rainoldi, A. & Farina, D. (2001). Surface electromyography for noninvasive characterization of muscle. *Exercise and Sport Sciences Reviews, 29* (1), 20-25.

Messer, D. J., Bourne, M. N., Williams, M. D., Al Najjar, A. & Shield, A. J. (2018). Hamstring Muscle Use in Females During Hip-Extension and the Nordic Hamstring Exercise: An fMRI Study. *The Journal of Orthopaedic and Sports Physical Therapy*, 1-23.

Mok, K. M., Kristianslund, E. & Krosshaug, T. (2015). The Effect of Thigh Marker Placement on Knee Valgus Angles in Vertical Drop Jumps and Sidestep Cutting. *Journal of Applied Biomechanics, 31* (4), 269-274.

Mokhtarzadeh, H., Ewing, K., Janssen, I., Yeow, C. H., Brown, N. & Lee, P. V. S. (2017). The effect of leg dominance and landing height on ACL loading among female athletes. *Journal of Biomechanics, 60*, 181-187.

Monajati, A., Larumbe-Zabala, E., Goss-Sampson, M. & Naclerio, F. (2016). The Effectiveness of Injury Prevention Programs to Modify Risk Factors for Non-Contact Anterior Cruciate Ligament and Hamstring Injuries in Uninjured Team Sports Athletes: A Systematic Review. *PLOS ONE, 11* (5), e0155272.

Muaidi, Q. I., Nicholson, L. L. & Refshauge, K. M. (2009). Do elite athletes exhibit enhanced proprioceptive acuity, range and strength of knee rotation compared with non-athletes? *Scandinavian Journal of Medicine & Science in Sports, 19* (103-112).

Myer, G. D., Ford, K. R., Barber Foss, K. D., Liu, C., Nick, T. G. & Hewett, T. E. (2009). The relationship of hamstrings and quadriceps strength to anterior cruciate ligament injury in female athletes. *Clinical Journal of Sport Medicine, 19* (1), 3-8.

Myer, G. D., Ford, K. R. & Hewett, T. E. (2004). Rationale and Clinical Techniques for Anterior Cruciate Ligament Injury Prevention Among Female Athletes. *Journal of Athletic Training, 39* (4), 352-364.

Myer, G. D., Ford, K. R., Khoury, J., Succop, P. & Hewett, T. E. (2010). Development and validation of a clinic-based prediction tool to identify female athletes at high risk for anterior cruciate ligament injury. *American Journal of Sports Medicine, 38* (10), 2025-2033.

Myer, G. D., Ford, K. R., Palumbo, J. P. & Hewett, T. E. (2005). Neuromuscular training improves performance and lower-extremity biomechanics in female athletes. *Journal of Strength and Conditioning Research, 19* (1), 51-60.

Myklebust, G., Engebretsen, L., Braekken, I. H., Skjolberg, A., Olsen, O. E. & Bahr, R. (2003). Prevention of anterior cruciate ligament injuries in female team handball players: a prospective intervention study over three seasons. *Clinical Journal of Sport Medicine, 13* (2), 71-78.

Myklebust, G., Maehlum, S., Engebretsen, L., Strand, T. & Solheim, E. (1997). Registration of cruciate ligament injuries in Norwegian top level team handball. A prospective study covering two seasons. *Scandinavian Journal of Medicine & Science in Sports, 7* (5), 289-292.

Nagano, Y., Ida, H., Akai, M. & Fukubayashi, T. (2011a). Effects of jump and balance training on knee kinematics and electromyography of female basketball athletes during a single limb drop landing: pre-post intervention study. *Sports Med Arthrosc Rehabil Ther Technol, 3* (1), 14.

Nagano, Y., Ida, H., Akai, M. & Fukubayashi, T. (2011b). Relationship between three-dimensional kinematics of knee and trunk motion during shuttle run cutting. *Journal of Sports Sciences, 29* (14), 1525-1534.

Nair, S. P., Gibbs, S., Arnold, G., Abboud, R. & Wang, W. (2010). A method to calculate the centre of the ankle joint: a comparison with the Vicon Plug-in-Gait model. *Clinical Biomechanics, 25* (6), 582-587.

Noyes, F. R. & Barber-Westin, S. D. (Eds.) (2017). *Noyes' Knee Disorders. Surgery, Rehabilitation, Clinical Outcomes* (2nd ed.) Philadelphia: Elsevier.

Noyes, F. R., Barber-Westin, S. D., Fleckenstein, C., Walsh, C. & West, J. (2005). The drop-jump screening test: difference in lower limb control by gender and effect of neuromuscular training in female athletes. *American Journal of Sports Medicine, 33* (2), 197-207.

Oiestad, B. E., Engebretsen, L., Storheim, K. & Risberg, M. A. (2009). Knee osteoarthritis after anterior cruciate ligament injury: a systematic review. *American Journal of Sports Medicine, 37* (7), 1434-1443.

Olsen, O. E., Myklebust, G., Engebretsen, L. & Bahr, R. (2004). Injury mechanisms for anterior cruciate ligament injuries in team handball: a systematic video analysis. *American Journal of Sports Medicine, 32* (4), 1002-1012.

Olsen, O. E., Myklebust, G., Engebretsen, L., Holme, I. & Bahr, R. (2005). Exercises to prevent lower limb injuries in youth sports: cluster randomised controlled trial. *BMJ, 330* (7489), 449.

Ortiz, A., Trudelle-Jackson, E., McConnell, K. & Wylie, S. (2010). Effectiveness of a 6-week injury prevention program on kinematics and kinetic variables in adolescent female soccer players: a pilot study. *Puerto Rico Health Sciences Journal, 29* (1), 40-48.

Padua, D. A. & Distefano, L. J. (2009). Sagittal Plane Knee Biomechanics and Vertical Ground Reaction Forces Are Modified Following ACL Injury Prevention Programs: A Systematic Review. *Sports Health, 1* (2), 165-173.

Pappas, E., Sheikhzadeh, A., Hagins, M. & Nordin, M. (2007). The effect of gender and fatigue on the biomechanics of bilateral landings from a jump: peak values. *Journal of Sports Science & Medicine, 6* (1), 77-84.

Paterno, M. V. (2015). Incidence and Predictors of Second Anterior Cruciate Ligament Injury After Primary Reconstruction and Return to Sport. *Journal of Athletic Training, 50* (10), 1097-1099.

Paterno,M. V., Rauh, M. J., Schmitt, L. C., Ford, K. R. & Hewett, T. E. (2012). Incidence of contralateral and ipsilateral anterior cruciate ligament (ACL) injury after primary ACL reconstruction and return to sport. *Clinical Journal of Sports Medicine, 22* (2), 116-121.

Paterno, M. V., Rauh, M. J., Schmitt, L. C., Ford, K. R. & Hewett, T. E. (2014). Incidence of Second ACL Injuries 2 Years After Primary ACL Reconstruction and Return to Sport. *American Journal of Sports Medicine, 42* (7), 1567-1573.

Paterno, M. V., Schmitt, L. C., Ford, K. R., Rauh, M. J., Myer, G. D., Huang, B. & Hewett, T. E. (2010). Biomechanical measures during landing and postural stability predict second anterior cruciate ligament injury after anterior cruciate ligament reconstruction and return to sport. *American Journal of Sports Medicine, 38* (10), 1968-1978.

Perry, J. (2003). *Ganganalyse. Norm und Pathologie des Gehens*. München, Jena: Urban & Fischer.

Petersen, W., Braun, C., Bock, W., Schmidt, K., Weimann, A., Drescher, W., Eiling, E., Stange, R., Fuchs, T., Hedderich, J. & Zantop, T. (2005). A controlled prospective case control study of a prevention training program in female team handball players: the German experience. *Archives of Orthopaedic and Trauma Surgery, 125* (9), 614-621.

Petersen, W., Diermeier, T., Mehrl, J., Stöhr, A., Ellermann, A., Müller, P., Höher, J., Herbort, M., Akoto, R., Zantorp, T., Herbst, E., Jung, T., Patt, T., Stein, T., Best, R., Stofffels, T. & Achtnich, A. (2016). Prävention von Knie-verletzungen und VKB-Rupturen. Empfehlungen des DKG Komitees Ligamentverletzungen. *Deutscher Ärzteverlag OUP, 5* (10), 542-550.

Petersen, W., Rosenbaum, D. & Raschke, M. (2005). Rupturen des vorderen Kreuzbandes bei weiblichen Athleten. Teil 1: Epidemiologie, Verletzungs-mechanismen und Ursachen. *Deutsche Zeitschrift für Sportmedizin, 56* (6), 150-156.

Pfeifer, K. (1996). *Bewegungsverhalten und neuromuskuläre Aktivierung nach Kreuzbandrekonstruktion.* Neu Isenburg: Lingua-Verlag.

Pfeifer, K. & Banzer, W. (1999). Motor performance in different dynamic tests in knee rehabilitation. *Scandinavian Journal of Medicine & Science in Sports, 9* (1), 19-27.

Pfeifer, K. & Vogt, L. (2004). Elektromyographie (EMG). In W. Banzer, K. Pfeifer & L. Vogt (Hrsg.), *Funktionsdiagnostik des Bewegungssystems in der Sportmedizin* (S. 166-183). Berlin, Heidelberg: Springer-Verlag.

Pfeiffer, R. P., Shea, K. G., Roberts, D., Grandstrand, S. & Bond, L. (2006). Lack of effect of a knee ligament injury prevention program on the incidence of noncontact anterior cruciate ligament injury. *The Journal of Bone and Joint Surgery. American Volume, 88* (8), 1769-1774.

Pfile, K. R., Hart, J. M., Herman, D. C., Hertel, J., Kerrigan, D. C. & Ingersoll, C. D. (2013). Different exercise training interventions and drop-landing biomechanics in high school female athletes. *Journal of Athletic Training, 48* (4), 450-462.

Pollard, C. D., Davis, I. M. & Hamill, J. (2004). Influence of gender on hip and knee mechanics during a randomly cued cutting maneuver. *Clinical Biomechanics (Bristol, Avon), 19* (10), 1022-1031.

Pollard, C. D., Sigward, S. M., Ota, S., Langford, K. & Powers, C. M. (2006). The influence of in-season injury prevention training on lower-extremity kinematics during landing in female soccer players. *Clinical Journal of Sport Medicine, 16* (3), 223-227.

Pollard, C. D., Sigward, S. M. & Powers, C. M. (2017). ACL Injury Prevention Training Results in Modification of Hip and Knee Mechanics During a Drop-Landing Task. *The Orthopaedic Journal of Sports Medicine, 5* (9), 1-7.

Porschke, F. (2014). *Analyse der Biomechanik chronischer Kreuzbandinsuffizienz mit dem modifizierten Heidelberger Sprunggtest.* Dissertation. Heidelberg: Ruprecht-Karls-Universität Heidelberg, Medizinische Fakultät.

Portney, L. G. & Watkins, M. P. (2000). *Foundations in Clinical Research: Applications to Practise.* (2nd ed.). New Jersey: Prentice Hall.

Radlinger, L., Bachmann, W., Homburg, J., Leuenberger, U. & Taddey, G. (1998). *Rehabilitatives Krafttraining.* New York: Georg Thieme Verlag.

Ramakrishnan, H. K. & Kadaba, M. P. (1991). On the estimation of joint kinematics during gait. *Journal of Biomechanics, 24* (10), 969-977.

Rasch, B., Friese, M., Hofmann, W. & Naumann, E. (2010). *Quantitative Methoden. Einführung in die Statistik. Band 1* (Vol. 2. erweiterte Auflage): Springer Medizin Verlag Heidelberg.

Reinschmidt, C., van den Bogert, A. J., Nigg, B. M., Lundberg, A. & Murphy, N. (1997). Effect of skin movement on the analysis of skeletal knee joint motion during running. *Journal of Biomechanics, 30* (7), 729-732.

Roelofs, J., Sluiter, J. K., Frings-Dresen, M. H., Goossens, M., Thibault, P., Boersma, K. & Vlaeyen, J. W. (2007). Fear of movement and (re)injury in chronic musculoskeletal pain: Evidence for an invariant two-factor model of the Tampa Scale for Kinesiophobia across pain diagnoses and Dutch, Swedish, and Canadian samples. *Pain, 131* (1-2), 181-190.

Rozzi, S. L., Lephart, S. M., Gear, W. S. & Fu, F. H. (1999). Knee joint laxity and neuromuscular characteristics of male and female soccer and basketball players. *American Journal of Sports Medicine, 27* (3), 312-319.

Ruhe, A., Fejer, R. & Walker, B. (2011). Center of pressure excursion as a measure of balance performance in patients with non-specific low back pain compared to healthy controls: a systematic review of the literature. *European Spine Journal, 20* (3), 358-368.

Russell, K. A., Palmieri, R. M., Zinder, S. M. & Ingersoll, C. D. (2006). Sex differences in valgus knee angle during a single-leg drop jump. *Journal of Athletic Training, 41* (2), 166-171.

Sankey, S. P., Firhad, R. A., R. M., Robinson, M. A., Malfait, B., Deschamps, K., Verschueren, S., Staes, F. & Vanrenterghem, J. (2015). How reliable are kinematics and kinetics during side-cutting manoeuvers? *Gait & Posture, 41*, 905-911.

Schlumberger, A., Stec, J. & Schmidtbleicher, D. (2001). Single- vs. multiple-set strength training in women. *Journal of Strength and Conditioning Research, 15* (3), 284-289.

Schoenfeld, B. J. (2010). The mechanisms of muscle hypertrophy and their application to resistance training. *Journal of Strength and Conditioning Research, 24* (10), 2857-2872.

Schulz, K. F., Altman, D. G., Moher, D. & Group, C. (2010). CONSORT 2010 Statement: Updated guidelines for reporting parallel group randomised trials. *Journal of Clinical Epidemiology, 63* (8), 834-840.

Schünke, M., Schulte, E., Schumacher, U., Voll, M. & Wesker, K. (2005). *PROMETHEUS. Allgemeine Anatomie und Bewegungssystem. LernAtlas der Anatomie*. Stuttgart, New York: Georg Thieme Verlag.

Schwameder, H., Alt, W., Gollhofer, A. & Stein, T. (2013). Struktur sportlicher Bewegung - Sportbiomechanik. In A. Güllich & M. Krüger (Hrsg.), *Sport. das Lehrbuch für das Sportstudium* (S. 123-169). Berlin, Heidelberg: Springer-Verlag.

Shah, R. C., Ghagare, J., Shyam, A. & Sancheti, P. (2017). Prevalence of Kinesiophobia in Young Adults post ACL Reconstruction. *International Journal of Physiotherapy and Research, 5 (1)*, 1798-1701.

Shimokochi, Y. & Shultz, S. J. (2008). Mechanisms of noncontact anterior cruciate ligament injury. *Journal of Athletic Training, 43* (4), 396-408.

Sigward, S. M. & Powers, C. M. (2006). The influence of gender on knee kinematics, kinetics and muscle activation patterns during side-step cutting. *Clinical Biomechanics (Bristol, Avon), 21* (1), 41-48.

Silvers, H. J. & Mandelbaum, B. R. (2011). ACL injury prevention in the athlete. *Sportorthopäde Sporttraumatologie, 27*, 18-26.

Slauterbeck, J. R., Fuzie, S. F., Smith, M. P., Clark, R. J., Xu, K., Starch, D. W. & Hardy, D. M. (2002). The Menstrual Cycle, Sex Hormones, and Anterior Cruciate Ligament Injury. *Journal of Athletic Training, 37* (3), 275-278.

Soderberg, G. L. & Knutson, L. M. (2000). A guide for use and interpretation of kinesiologic electromyographic data. *Physical Therapy, 80* (5), 485-498.

Söderman, K., Werner, S., Pietila, T., Engström, B. & Alfredson, H. (2000). Balance board training: prevention of traumativ injuries of the lower extremities in female soccer players? A prospective randomized intervention study. *Knee Surgery, Sports Traumatology, Arthroscopy, 8*, 356-363.

Soligard, T., Myklebust, G., Steffen, K., Holme, I., Silvers, H., Bizzini, M., Junge, A., Dvorak, J., Bahr, R. & Andersen, T. E. (2008). Comprehensive warm-up programme to prevent injuries in young female footballers: cluster randomised controlled trial. *BMJ, 337*, a2469.

Stark, A. & Ebel, G. (2016). *Biomechanische Betrachtung der Kniegelenkstabilität bei Plant and Cut Bewegungen mit Handballspielern.* Masterarbeit. Kaiserslautern: Technische Universität Kaiserslautern, Sportwissenschaft.

Steffen, K., Bakka, H. M., Myklebust, G. & Bahr, R. (2008). Performance aspects of an injury prevention program: a ten-week intervention in adolescent female football players. *Scandinavian Journal of Medicine & Science in Sports, 18* (5), 596-604.

Steffen, K. & Nilstad, A. (2017). No association between static and dynamic postural control and ACL injury risk amon female elite handball and football players:

a prospective study of 838 players. *British Journal of Sports Medicine, 51* (4), 253-259.

Stumbo, T. A., Merriam, S., Nies, K., Smith, A., Spurgeon, D. & Weir, J. P. (2001). The effect of hand-grip stabilization on isokinetic torque at the knee. *Journal of Strength and Conditional Research, 15* (3), 372-377.

Sugimoto, D., Myer, G. D., Bush, H. M., Klugman, M. F., Medina McKeon, J. M. & Hewett, T. E. (2012). Compliance with neuromuscular training and anterior cruciate ligament injury risk reduction in female athletes: a meta-analysis. *Journal of Athletic Training, 47* (6), 714-723.

Sugimoto, D., Myer, G. D., McKeon, J. M. & Hewett, T. E. (2012). Evaluation of the effectiveness of neuromuscular training to reduce anterior cruciate ligament injury in female athletes: a critical review of relative risk reduction and numbers-needed-to-treat analyses. *British Journal of Sports Medicine, 46* (14), 979-988.

Sutherland, D. H. (2002). The evolution of clinical gait analysis. Part II kinematics. *Gait & Posture, 16* (2), 159-179.

Swanik, C. B., Lephart, S. M., Giannantonio, F. P. & Fu, F. H. (1997). Reestablishing proprioception and neuromuscular control in the ACL-injured athlete. *Journal of Sport Rehabilitation, 6* (2), 182-206.

Takeda, Y., Xerogeanes, J. W., Livesay, G. A., Fu, F. H. & Woo, S. L. (1994). Biomechanical function of the human anterior cruciate ligament. *Arthroscopy, 10* (2), 140-147.

Tegner, Y. & Lysholm, J. (1985). Rating systems in the evaluation of knee ligament injuries. *Clinical Orthopaedics and Related Research* (198), 43-49.

Teuber, L. & Zimmermann, K. (1997). *Frühfunktionelle postoperative Rehabilitation aus der Sicht des Physiotherapeuten.* Atos Klinik Heidelberg. Heidelberg.

Valerius, K.-P., Frank, A., Kolster, B. C., Hirsch, M., Hamilton, C. & Lafont, E. A. (2006). *Das Muskelbuch. Anatomie, Untersuchung, Bewegung* (2. korrigierte Auflage). Marburg: KVM - Der Medizinverlag.

Vickers, A. J. & Altman, D. G. (2001). Statistics notes: Analysing controlled trials with baseline and follow up measurements. *BMJ, 323* (7321), 1123-1124.

Vicon. (2010). *Plug-in Gait Product Guide - Foundation Notes.* Oxford, Great Britain. Vicon Motion Systems Ltd.

Vicon. (2017). *Plug-in Gait Reference Guide.* Oxford, Great Britain. Vicon Motion Systems Ltd.

Walden, M., Atroshi, I., Magnusson, H., Wagner, P. & Hagglund, M. (2012). Prevention of acute knee injuries in adolescent female football players: cluster randomised controlled trial. *BMJ, 344*, e3042.

Wang, L. I. (2011). The lower extremity biomechanics of single- and double-leg stop-jump tasks. *Journal of Sports Science and Medicine, 10* (1), 151-156.

Wilderman, D. R., Ross, S. E. & Padua, D. A. (2009). Thigh muscle activity, knee motion, and impact force during side-step pivoting in agility-trained female basketball players. *Journal of Athletic Training, 44* (1), 14-25.

Willigenburg, N. W., Mc Nally, M. P. & Hewett, T. E. (2015). Quadriceps and Hamstrings Strength in Athletes. In C. C. Kaeding & J. R. Borchers (Eds.), *Hamstring and Quadriceps Injuries in Athletes: A Clinical Guide.* New York: Springer Science + Business Media.

Willimczik, K. (1999). Die Biomechanische Betrachtungsweise. In K. Roth & K. Willimczik (Hrsg.), *Bewegungswissenschaft* (S. 212-73). Reinbeck bei Hamburg: Rowohlt Taschenbuch Verlag GmbH.

Winter, D. A. (1990). *Biomechanics and Motor Control of Human Movement* (2nd ed.). New York: John Wiley and Sons Inc.

Wirtz, M. & Caspar, F. (2002). *Beurteilerübereinstimmung und Beurteilerreliabilität.* Göttingen: Hogrefe.

Woby, S. R., Roach, N. K., Urmston, M. & Watson, P. J. (2005). Psychometric properties of the TSK-11: a shortened version of the Tampa Scale for Kinesiophobia. *Pain, 117* (1-2), 137-144.

Wojtys, E. M., Beaulieu, M. L. & Ashton-Miller, J. A. (2016). New perspectives on ACL injury: On the role of repetitive sub-maximal knee loading in causing ACL fatigue failure. *Journal of Orthopaedic Research, 34* (12), 2059-2068.

Wojtys, E. M., Huston, L. J., Lindenfeld, T. N., Hewett, T. E. & Greenfield, M. L. (1998). Association between the menstrual cycle and anterior cruciate ligament injuries in female athletes. *American Journal of Sports Medicine, 26* (5), 614-619.

Wollny, R. (2009). *Skript zum 22. EMG-Kolloquium.* DVS-Sektion Biomechanik, Bad Sassendorf/Soest.

Yazici, B. & Yolacan, S. (2007). A comparison of various tests of normality. *Journal of Statistical Computation and Simulation, 77* (2), 175-183.

Yeow, C. H., Lee, P. V. & Goh, J. C. (2011). An investigation of lower extremity energy dissipation strategies during single-leg and double-leg landing based on sagittal and frontal plane biomechanics. *Human Movement Science, 30* (3), 624-635.

Zatsiorsky, W. M. & Kraemer, W. J. (2006). *Science and Practise of Strength Training* (2nd ed.). Champaign, IL: Human Kinetics.

Zazulak, B. T., Hewett, T. E., Reeves, N. P., Goldberg, B. & Cholewicki, J. (2007a). Deficits in neuromuscular control of the trunk predict knee injury risk: a prospective biomechanical-epidemiologic study. *American Journal of Sports Medicine, 35* (7), 1123-1130.

Zazulak, B. T., Hewett, T. E., Reeves, N. P., Goldberg, B. & Cholewicki, J. (2007b). The effects of core proprioception on knee injury: a prospective biomechanical-epidemiological study. *American Journal of Sports Medicine, 35* (3), 368-373.

Zazulak, B. T., Ponce, P. L., Straub, S. J., Medvecky, M. J., Avedisian, L. & Hewett, T. E. (2005). Gender comparison of hip muscle activity during single-leg landing. *The Journal of Orthopaedic and Sports Physical Therapy, 35* (5), 292-299.

Zebis, M. K., Andersen, L. L., Brandt, M., Myklebust, G., Bencke, J., Lauridsen, H. B., Bandholm, T., Thorborg, K., Holmich, P. & Aagaard, P. (2016). Effects of evidence-based prevention training on neuromuscular and biomechanical risk factors for ACL injury in adolescent female athletes: a randomised controlled trial. *British Journal of Sports Medicine, 50* (9), 552-557.

Zebis, M. K., Bencke, J., Andersen, L. L., Dossing, S., Alkjaer, T., Magnusson, S. P., Kjaer, M. & Aagaard, P. (2008). The effects of neuromuscular training on knee joint motor control during sidecutting in female elite soccer and handball players. *Clinical Journal of Sports Medicine, 18* (4), 329-337.

Zipp, P. (1989). Leitregeln für die Oberflächen-Myographie: Ausgewählte Beispiele. In R. Daugs, K.-H. Leist & H.-V. Ulmer (Hrsg.), *Motorikforschung aktuell. Die Elektromyographie in der Motorikforschung. Grundprobleme der Motorikforschung - interdisziplinär gesehen. Aktuelle Beiträge zur Motorik* (S. 68-73). Clausthal-Zellerfeld: dvs.

Zouita Ben Moussa, A., Zouita, S., Dziri, C. & Ben Salah, F. Z. (2009). Single-leg assessment of postural stability and knee functional outcome two years after anterior cruciate ligament reconstruction. *Annals of Physical and Rehabilitation Medicine, 52* (6), 475-484.

Zwick, E. B. & Konrad, P. (1994). *EMG Fibel- ein praxisorientierter Leitfaden für Einsteiger in das kinesiologsiche EMG.* Paper presented at the Noraxon-EMG Meeting, Berlin.

Anhang

A 1: Einverständniserklärung

A 2: Probandeninformationsschrift

A 3: International Knee Document Comittee (IKDC) 2000. Formblatt zur klinischen Untersuchung des Knies

A 4: Messprotokoll

A 5: Allgemeiner Fragebogen

A 6: Lysholm Score

A 7: Aktivitätsscore nach Tegner und Lysholm (1985). Spezielle Anwendung: Kniebandinstabilitäten. Deutsche Übersetzung.

A 8: Tampa Skala der Kinesiophobie

S. Erdrich, *Verletzungsprophylaxe im Leistungssport*,
https://doi.org/10.1007/978-3-658-29371-0

A 1: Einverständniserklärung

Einverständniserklärung [Version 2]

Verletzungsprophylaxe im Leistungsport

Auswirkungen eines kraft- versus koordinationsbetonten Athletiktrainings auf die Kniegelenkstabilität und die neuromuskuläre Aktivierung von Handballerinnen bei hochdynamischen Belastungen

Department Orthopädie, Unfallchirurgie und Paraplegiologie

Klinik für Orthopädie und Unfallchirurgie
Prof. Dr. V. Ewerbeck
Ärztlicher Direktor

Bereich Bewegungsanalytik
Leitung: Dr. rer. nat. S. Wolf
Fon +49 (0)6 221 56 26724
Fax +49 (0)6 221 56 26725
sebastian.wolf@med.uni-heidelberg.de

Ich stimme der Teilnahme an der oben genannten Studie freiwillig zu.

Ich bin über Sinn, Bedeutung und Verlauf der Studie sowie über mögliche Belastungen und Risiken anhand der schriftlichen Probandeninformation, die ich erhalten habe, sowie zusätzlich mündlich, aufgeklärt worden. In diesem Zusammenhang sind mir alle meine Fragen vollständig beantwortet worden.

Alle im Rahmen der Untersuchung anfallenden persönlichen Daten werden unter Beachtung der gültigen Vorschriften des Datenschutzes vertraulich behandelt. Die Datenerfassung und –weitergabe erfolgen pseudonymisiert. Die ärztliche Schweigepflicht und die Bestimmungen des Bundesdatenschutzgesetzes werden eingehalten.

Mir ist bekannt, dass ich meine Zustimmung jederzeit und ohne Angabe von Gründen und ohne Nachteile für meine weitere medizinische Versorgung widerrufen kann. Bei Rücktritt bin ich mit der Auswertung der bereits gewonnenen Studiendaten einverstanden (Zutreffendes bitte ankreuzen):

O Ja O Nein

Ich stimme einer pseudonymisierten Aufzeichnung und Auswertung meiner in der Studie erhobenen Daten sowie der Verwendung von im Rahmen der Studie angefertigten Photos und Videoaufzeichnung für wissenschaftliche Präsentationen und Publikationen zu. Dritte erhalten keinen Einblick in Originalunterlagen

Stiftung
Orthopädische
Universitätsklinik

Schlierbacher Landstraße 200a
69118 Heidelberg
Tel.: 0049-(0)6221-56-25000
www.orthopaedie.uni-heidelberg.de

________________ ________________________
Datum/Ort — Name des Probanden in Druckbuchstaben

____
Unterschrift des Probanden

________________ ________________________
Datum/Ort — Name des aufklärenden Arztes in Druckbuchstaben

____
Unterschrift des aufklärenden Arztes

A 2: Probandeninformationsschrift

Informationsschrift

Department Orthopädie, Unfallchirurgie und Paraplegiologie

Klinik für Orthopädie und Unfallchirurgie
Prof. Dr. V. Ewerbeck
Ärztlicher Direktor

Bereich Bewegungsanalytik
Leitung: Dr. rer. nat. S. Wolf
Fon +49 (0)6 221 56 26724
Fax +49 (0)6 221 56 26725
sebastian.wolf@med.uni-heidelberg.de

Verletzungsprophylaxe im Leistungsport

Auswirkungen eines kraft- versus koordinationsbetonten Athletiktrainings auf die Kniegelenkstabilität und die neuromuskuläre Aktivierung von Handballerinnen bei hochdynamischen Belastungen

Sehr geehrte Frau ______________________________,

die nachfolgend vorgestellte Studie wird vom Institut für Sport und Sportwissenschaften Heidelberg in Kooperation mit der Orthopädischen Universitätsklinik und der ATOS Klinik Heidelberg durchgeführt.

Theoretischer Hintergrund

Schwere Kapsel-Bandverletzungen, wie die Verletzung des vorderen Kreuzbandes gehören zu den gefürchtesten Diagnosen im Leistungssport. Die betroffenen Athletinnen stehen Ihrem Team in der Regel für 6-9 Monate nicht für den Wettkampfsport zur Verfügung. Frauen erleiden diese schwere Kapsel-Bandverletzung mit einem bis zu 6-fach höheren Risiko deutlich häufiger als ihre männlichen Kollegen. Damit es erst gar nicht so weit kommt, sollten verletzungsprophylaktische Übungen einen festen Platz im Rahmen des Athletiktrainings einnehmen.

Stiftung
Orthopädische
Universitätsklinik

Schlierbacher Landstraße 200a
69118 Heidelberg
Tel.: 0049-(0)6221-56-25000
www.orthopaedie.uni-heidelberg.de

Eine Vielzahl von Studien zeigen, dass durch sogenannte „neuromuskuläre Trainingsprogramme" sowohl die Verletzungsrate von schweren Knieverletzungen als auch die Risikofaktoren für Kreuzbandverletzungen deutlich reduziert werden können. Diese Trainingsprogramme setzen sich aus den verschiedenen Bausteinen: Aufwärmen, Dehnen, Gleichgewichts- und Koordinationstraining, Kraftaufbautraining und Sprungkrafttraining zusammen. Das heißt sowohl dem Kraftaufbautraining, als auch dem Koordinations-/Stabilisationstraining wird eine verletzungsprophylaktische Wirkung zugesprochen.

Ziel der Studie

Ziel dieser Studie ist es herauszufinden in welchem Ausmaß kraftaufbauende Übungen im Vergleich zu Koordinationsübungen eine stabilisierende Wirkung auf das Kniegelenk bei hochdynamischen Belastungen von Handballerinnen haben. Zudem wird untersucht, ob die verschiedenen Trainingsinhalte zu einer unterschiedlichen Aktivierung der kniegelenkstabilisierenden Muskulatur führen.

Trainingsinhalte, Gruppenzuordnung und Persönlicher Nutzen

Die Inhalte der beiden für diese Studie entworfenen Trainingsprogramme (Kraftaufbautraining und Koordinationstraining) orientieren sich an den Empfehlungen des aktuellen Wissensstandes zur Verletzungsprophylaxe im Handballsport/Leistungssport. Die Gruppenzuordnung erfolgt nach folgendem Schema. Es werden Probanden-Paare gebildet, die sich hinsichtlich der Kriterien Alter, Größe, Gewicht, klinischer Zustand des Kniegelenkes (Beweglichkeit, Stabilität der Bänder...) und subjektive Einschätzung der Kniefunktion so gut wie möglich gleichen. Von diesen Probanden-Paaren wird je ein Proband einer Gruppe zugelost. Dadurch wird in beiden Trainingsgruppen dieselbe Ausgangssituation geschaffen bzgl. bestimmter Parameter, die das Ergebnis beeinflussen könnten. Dies hat den Zweck, eine möglichst hohe wissenschaftliche Aussagekraft der Studie zu erreichen.
Beide Gruppen profitieren von einem systhematisch aufgebauten, gut strukturierten Trainingsprogramm, deren Inhalten eine jeweils leistungssteigernde Wirkung zugeschrieben wird. Es werden keine unerwünschten (Neben)Wirkungen/Risiken der durchgeführten Trainingsprogramme erwartet. Es entstehen keine Nachteile durch die Studienteilnahme.

Zeitlicher Aufwand

Die Interventionsphase findet in der Saisonvorbereitungszeit statt und erstreckt sich über einen Zeitraum von 6 Wochen. Das spezifische Trainingsprogramm wird 3 x pro Woche im Rahmen der normalen Handball-Trainingszeiten durchgeführt. Für jeden Teilnehmer ergeben sich zusätzlich vier Termine für die nachfolgend beschriebene Datenerhebung (2 Messungen vor und 2 Messungen nach der Intervention).

Informationen zur Datenerhebung und zeitlicher Ablauf

Beim ersten Termin vor der Intervention werden eine klinische Untersuchung der Kniegelenke (Untersuchung der Weichteile, des Knorpels und der Bänder beider Kniegelenke durch einen Arzt) und ein isokinetischer Krafttest durchgeführt. Zudem werden Fragebögen zur subjektiven Kniegelenksfunktion und Bewegungsangst erhoben.

Isokinetischer Krafttest am Biodex System 3:
Isokinetisch bedeutet „gleich schnell", d. h. bei diesem dyamischen Krafttest wird ein Widerstand mit einer gleichbleibenden Geschwindigkeit überwunden. Gemessen wird die konzentrische Maximalkraft (Winkelgeschwindigkeit: 60°/sek.) und die konzentrische Kraftausdauer (Winkelgeschwindigkeit: 180°/sek.) der Oberschenkelstreck- und -beugemuskulatur im Sitzen. Der Krafttest erfolgt nach einer 10 minütigen Aufwärmphase auf dem Fahrradergometer.

Beim zweiten Termin vor der Intervention erfolgt die Datenerhebung der Kniegelenkstabilität und der Muskelaktivierung bei hochdynamischen Belastungen. Die Daten werden mittels einer dreidimensionalen Bewegungsanalyse und der Ableitung von Muskelaktionspotentialen (Oberflächen-EMG) während ausgewählter Belastungstests (Beschreibung s. unten) gewonnen. Für die dreidimesionale Bewegungsanalyse werden an beiden Beinen je sieben reflektierende Oberflächenmarker angebracht. Zusätzlich werden ein Kreuzbeinmarker und vier Oberkörpermarker geklebt. Für das Oberflächen-EMG der kniegelenkstabilisierenden Muskeln werden bestimmte Hautpartien rasiert und über 6 Wochen markiert. Die Ableitungen erfolgen mittels Einmal-Elektroden, die auf die Haut geklebt werden.

Bevor nun die verschiedenen Belastungstests durchgeführt werden findet eine sogenannte Maximale Willkürkontraktionsmessung für alle abgeleiteten Beinmuskeln statt.

Maximale Willkürkontraktion der ausgewählten Beinmuskeln:
Die maximale Willkürkontraktion (MVC) gilt als Referenzmessung für die EMG-Daten. Bei den MVC-Messungen wird der Proband aufgefordert die jeweiligen Muskelgruppen (Oberschenstreck- und -beugemuskulatur, Hüftabspreizmuskulatur und Wadenmuskulatur) zunächst 2 x 6 sek. maximal gegen einen Widerstand anzuspannen. Danach erfolgen zwei Messungen derselben Muskelgruppen, bei denen der Proband zu Beginn wenig Spannung gegen den Widerstand aufbringt und die Muskelanspannung dann suksessive steigert, bis er bei 100 % ist (hier muss die maximale Kraft kurz gehalten werden). Alle bei der Untersuchung gewonnenen EMG-Daten werden später an einer gemittelten submaximalen oder maximalen Willkürkontraktion normiert, um tagesabhängige Störfaktoren auszuschalten.

Nach der MVC-Messung erfolgt das Vertraut machen und die Durchführung folgender Be-lastungstests:

Einbeinstandtest:
Getestet wird die Gleichgewichtskontrolle im Einbeinstand mit geschlossenen Augen auf einer Kraftmessplatte (ähnlich einer im Boden eingelassenen Personenwaage). Der Einbeinstandtest ist ein einfacher Test, bei dem der Proband 20 Sekunden lang so ruhig wie möglich auf einem Bein stehen soll.

Drop Vertical Jump (beidbeiniger Nieder-Hochsprung):
Beim Drop Vertical Jump wird der Proband aufgefordert sich von einer 30 cm hohen Kiste beidbeinig direkt auf die vor ihm liegenden Kraftmessplatten fallen zu lassen, um dort maximal schnell (minimale Bodenkontaktzeit), maximal hoch abzuspringen.

Heidelberger Sprungkoordinationstest, modifiziert (Dreifach-Wahl-Reaktionsaufgabe):
Der modifizierte Heidelberger Sprungkoordinationstest ist ein Test mit großem Bezug zu sportlichen Belastungssituationen. Es ist ein einbeiniger Sprungtest mit Überraschungsfaktor bezüglich der auf die Landung folgenden Bewegungsrichtung. Auf ein akustisches Signal hin startet der Patient so schnell wie möglich (Erhebung der Reaktionszeit), um nach zwei Schritten Anlauf einbeinig abzuspringen (-> Auslösen eines rechten oder linken Lichtsignals über eine Lichtschranke beim Abspringen) und nach dem Schlagen eines Balles über Kopf einbeinig auf einer Kraftmessplatte zu landen. Hier erfolgt ein direktes Weiterlaufen im 45° Winkel in die Richtung des aktivierten Lichtsignals bzw. ein Stabilisieren auf dem Landungsbein, wenn kein Lichtsignal aufleuchtet.

Beide Termine nach der Intervention folgen dem gleichen zeitlichen Ablauf, mit Ausnahme, dass die klinische Untersuchung wegfällt.

Risiken des Krafttests und der Sprungkoordinationstests

Bei allen Tests steht ein Versuchsleiter unmittelbar neben dem Probanden, um das Risiko von Kreuzbandverrenkungen und -verstauchungen und jeglichen anderen möglichen Sturzfolgen, wie Verrenkungen oder Verstauchungen anderer Gelenke, Prellungen, Blutergüssen, Schürfwunden und Knochenbrüchen, zu minimieren.
Durch die wiederholten Sprünge kann es in Ausnahmefällen zu Muskelkater, -zerrungen, -(faser)rissen und, falls Vorschäden vorliegen sollten, zu einem (Ein)riss der Achillessehne kommen.

Risiken des Krafttests und der Sprungkoordinationstests im Überblick:

Muskuloskelettale Nebenwirkungen:	- Muskelschwäche, Muskelkater - Muskelzerrung - Schmerzen durch Gelenkinstabilität - Bänder(teil-)riss - Instabilität der Gelenke mit Wegknicken - Sturzgefahr, mögliche Folgen: Prellungen, Bänderriss Verstauchung, Verrenkung Knochenbruch, Platz- oder Schürfwunden

Anmerkung:

Der Einbeinstandtest ist ein statischer Test bei dem das Spielbein jederzeit abgesetzt werden kann, damit ist das Verletzungsrisiko gering. Beim isokinetischen Krafttest erhält der Proband die Anweisung, so kräftig zu drücken, wie er/sie es sich maximal zutraut. Sollte eine zurückliegende Knieverletzung vorliegen, die nicht zum Ausschluss dieser Studie führt, ist damit gewährleistet, dass die Spannung auf die entsprechenden Strukturen in einem unbedenklichen Bereich liegen. Bezüglich der Sprungkoordinationstests ist anzumerken, dass sich in der Literatur keine Angaben zu Verletzungshäufigkeit/Risiken bei Sprungtests im Labor unter standardisierten Bedingungen finden. Es wird darauf geachtet, dass der Proband mit den Tests vertraut ist und sich sicher fühlt.

Sollte wider Erwarten eine der oben aufgeführten Verletzungen eintreten, so wären die sofortigen Behandlungsmaßnahmen Pause, Eis, evtl. Kompression und Hochlagern zum Abschwellen und zur Schmerzlinderung.

Photos und Videoaufzeichnungen

Im Rahmen der Studie werden gegebenenfalls Photos und Videoaufzeichnungen für wissenschaftliche Präsentationen und Publikationen angefertigt. Auf Aufnahmen werden die entsprechenden Personen komplett, inklusive Gesicht, zu sehen sein.

Freiwilligkeit der Teilnahme, Einverständnis und Rücktritt

Die Teilnahme an der Studie ist freiwillig! Sie können Ihr Einverständnis jederzeit, ohne Angabe von Gründen und ohne Nachteile für Ihre weitere medizinische Versorgung, zurückziehen. Bei Rücktritt von der Studie kann auf Wunsch bereits gewonnenes Datenmaterial vernichtet werden. Sie können sich beim Ausscheiden aus der Studie entscheiden, ob Sie mit der Auswertung des Materials bzw. Ihrer Studiendaten einverstanden sind oder nicht. Sollten Sie zu einem späteren Zeitpunkt Ihre Entscheidung ändern wollen, setzen Sie sich bitte mit dem Studienarzt in Verbindung.

Während der Studie/des Forschungsvorhabens werden medizinische Befunde und/oder persönliche Informationen von Ihnen erhoben und in der Prüfstelle in Ihrer persönlichen Akte niedergeschrieben oder elektronisch gespeichert. Die für die Studie wichtigen Daten werden zusätzlich in pseudonymisierter Form* gespeichert, ausgewertet und gegebenenfalls weitergegeben.

Die Daten sind gegen Unbefugten Zugriff gesichert. Eine Entschlüsselung der Daten ist nicht vorgesehen.

*Pseudonymisiert bedeutet, dass keine Angaben von Namen oder Initialen verwendet werden, sondern nur ein Nummern- und/ oder Buchstabencode, evtl mit Angabe des Geburtsjahres.

A 3: International Knee Document Comittee (IKDC) 2000. Formblatt zur klinischen Untersuchung des Knies

2000-FORMBLATT ZUR UNTERSUCHUNG DES KNIES

Initialen des Patienten Geburtsdatum: ___/____/____
Tag Monat Jahr

Geschlecht: □ W □ M **Alter:** __________ Untersuchungsdatum: ___/____/____
Tag Monat Jahr

Allgemeine Laxizität:	□ verminderte Laxizität	□ normal	□ erhöhte Laxizität	
Beinachse:	□ eindeutig Varus	□ normal	□ eindeutig Valgus	
Patellastellung:	□ baja	□ normal	□ alta	
Subluxation/Dislokation der Patella:	□ zentriert	□ subluxierbar	□ subluxiert	□ disloziert

Bewegungsausmaß (Streckung/Beugung): Betroffene Seite: passiv___/___/___ aktiv___/___/___
Andere Seite: passiv___/___/___ aktiv___/___/___

SIEBEN GRUPPEN	VIER GRADE A Normal	B Fast normal	C Abnormal	D Deutlich abnormal	GRUPPEN GRAD A	B	C	D
1. Erguß	□ kein	□ leicht	□ mäßig	□ deutlich	□	□	□	□
2. Passives Bewegungsdefizit								
Δ Streckdefizit	□ < 3°	□ 3-5°	□ 6-10°	□ > 10°				
Δ Beugedefizit	□ 0-5°	□ 6-15°	□ 16-25°	□ > 25°	□	□	□	□
3. Ligamentuntersuchung (manuell, instrumentell, Röntgen)								
Δ Lachman Test (25° Beugung) (134 N)	□ -1-2mm	□ 3-5mm (1+) □ <-1- -3	□ 6-10mm (2+) □ < -3 steif	□ >10mm (3+)				
Δ Lachman Test (25° Beugung) manuell, max.	□ -1-2mm	□ 3-5mm	□ 6-10mm	□ >10mm				
Vorderer Endpunkt:	□ fest	□ unsicher						
Δ Gesamt AP-Translation (25°)	□ 0-2mm	□ 3-5mm	□ 6-10mm	□ >10mm				
Δ Gesamt AP-Translation (70°)	□ 0-2mm	□ 3-5mm	□ 6-10mm	□ >10mm				
Δ Hintere Schublade (70°)	□ 0-2mm	□ 3-5mm	□ 6-10mm	□ >10mm				
Δ Valgusstress (20°)	□ 0-2mm	□ 3-5mm	□ 6-10mm	□ >10mm				
Δ Varusstress (20°)	□ 0-2mm	□ 3-5mm	□ 6-10mm	□ >10mm				
Δ Außenrotationstest (30°)	□ < 5°	□ 6-10°	□ 11-19°	□ >20°				
Δ Außenrotationstest (90°)	□ < 5°	□ 6-10°	□ 11-19°	□ >20°				
Δ Pivot shift	□ gleich	□ +Gleiten	□ ++(dumpf)	□ +++ (laut)				
Δ Reverse pivot shift	□ gleich	□ Gleiten	□ stark	□ ausgeprägt	□	□	□	□
4. Kompartmentbefunde		**Krepitation**	**Krepitation mit**					
Δ Krepitation anterior (PF)	□ kein	□ mäßig	□ leichtem Schmerz	□ > leichtem Schmerz				
Δ Krepitation mediales Komp.	□ kein	□ mäßig	□ leichtem Schmerz	□ > leichtem Schmerz				
Δ Krepitation laterales Komp.	□ kein	□ mäßig	□ leichtem Schmerz	□ > leichtem Schmerz				
5. Transplantatentnahme-morbidität	□ kein	□ gering	□ mäßig	□ deutlich				
6. Röntgenbefund:								
Medialer Gelenkspalt	□ kein	□ gering	□ mäßig	□ deutlich				
Lateraler Gelenkspalt	□ kein	□ gering	□ mäßig	□ deutlich				
Femoropatellar-Gelenk	□ kein	□ gering	□ mäßig	□ deutlich				
Vorderer Gelenkspalt (sagittal)	□ kein	□ gering	□ mäßig	□ deutlich				
Hinterer Gelenkspalt (sagittal)	□ kein	□ gering	□ mäßig	□ deutlich				
7. Funktionstest Hüpfen auf einem Bein (in % der gegenüberliegenden Seite)	□ ≥ 90%	□ 89-76%	□ 75-50%	□ < 50%				
** **Abschlußbeurteilung**					□	□	□	□

* Gruppengrad: Der Gruppengrad richtet sich nach dem niedrigsten Grad innerhalb einer Gruppe.

** Abschlußbeurteilung: Bei akuten und subakuten Patienten richtet sich die Abschlußbeurteilung nach dem schlechteren Gruppengrad. Bei chronischen Patienten wird die prä- und postoperative Beurteilung verglichen. Bei einer Abschlußbeurteilung werden nur die ersten drei Gruppen beurteilt, jedoch werden alle Gruppen dokumentiert. Δ Unterschied zwischen dem betroffenen Knie und dem normalen Knie, bzw. dem, was als normal angesehen wird.

IKDC COMMITTEE: AOSSM: Anderson, A., Bergfeld, J., Boland, A., Dye, S., Feagin, J., Harner, C., Mohtadi, N., Richmond, J., Shelbourne. D.. Terry. G. ESSKA: Staubli. H.. Hefti. F.. Hoher. J. Jacob. R.. Mueller. W.. Neyret. P. APOSSM: Chan. K.. Kurosaka. M.

A 4: Messprotokoll

Dissertation Sabrina Erdrich, 21.12.2009

Messprotokoll / Untersuchungsablauf

1. Station: Trainingsraum Physiotherapie

BIODEX KRAFTTEST

- 10 min. Aufwärmen auf Fahrradergometer bei 80 RPM
  (zeitgleich Eingabe der Patientendaten ins Biodex System 3)
- Isokinetischer Krafttest am Biodex System 3
  - Winkelgeschwindigkeit 60/60, 5 Wiederholungen (Maxkraft)
  - Winkelgeschwindigkeit 180180, 15 Wiederholungen (Kraftausdauer)
    - ⇨ 3-5 submax. Wiederholungen zum Eingewöhnen
    - ⇨ interserielle Pause: 1 min.

2. Station: Ganganalyselabor

DATENBLATT FÜR 3-D BEWEGUNGSANALYSE ausfüllen

- Größe, Gewicht, Beinlänge, Kniebreite, Sprunggelenkbreite, Tibialtorsion

EMG kleben

- **Rechts:** ch**1** = glut. med. (+ Ref.) , ch**2** = vast. med., ch**3** = biceps fem., ch**4** = gastr. med.
- **Links:** ch**5** = glut. med., ch**6** = vast. med., ch**7** = biceps fem., ch**8** = gastr. med.

⇨ Kabelbaum seitlich am Oberschenkel hoch zum Rucksack

MARKER kleben

- Marker set up:
  Untere Extremität und Becken: Basis des Os metatarsale II, lateraler Malleolus, Achillessehnenansatz, Tibiamarker (Linie zw. Malleolus und Kniegelenkspalt), lateraler Epicondylus Knie (erst nach KAD-Aufnahme), Oberschenkelmarker (Linie zw. Kniegelenkspalt und Trochanter), spina iliaca anterior, Sacrum
  Oberkörper: C7, Sternum, Schulterdach (re./li.)

MVC MESSUNG

Standardisierung:

- Quadriceps im Sitzen, 90° Knieflex., off. kin. Kette, Fixierung über Arme am Stuhl
- Hamstrings im Sitzen, 90° Knieflex., off. kin. Kette, Fixierung über Arme am Stuhl
- Glutaeus medius in Rückenlage, Unterarmstütz, Neutral-Nullposition, kurzer Hebel, off. kin. Kette, Unterschenkel unteres Drittel punktuell unterlagert und Ferse frei, damit kein Reibungswiderstand, Widerstand oberhalb vom Kniegelenkspalt
- Gastrocnemius medialis im Stand, off. kin. Kette, Schultern mit Gurt fixiert
  10° Dorsalflexion im Sprunggelenk

⇨ 2 x 6 Sekunden 100%
⇨ 2 x 6-8 Sekunden kontinuierlich ansteigende Kraftentwicklung
⇨ Intraserielle Pausen 60 Sekunden, interserielle Pausen 3 min. Pause

STANDAUFNAHME

- barfuss
- Gait KAD Static (mit KAD)
- Gait Static (ohne KAD, mit Marker)

EINBEINSTANDTEST (Kraftmessplatte / Vicon / EMG)

- barfuss
- 3 x 20 sek pro Bein mit geschlossenen Augen auf einer Kraftmessplatte stabilisieren. Spielbein absetzen gilt als Fehlerpunkt
  - ⇨ erst Messung beginnen, dann auf die Kraftmessplatte treten - Patient sagt „jetzt" wenn er die Augen schließt. Ab dem Moment werden 20 Sekunden aufgenommen

DROP VERTICAL JUMP (Kraftmessplatte / Vicon / EMG)

- barfuss
- 30 cm hohe Stufe
- Abstand von der Vorderkante der Kiste bis zur Mitte der Kraftmessplatte: ½ Beinläge
- Abstand der „toe marker" 35 cm (vgl. Hewett et al. 2005)

Durchführung:

- Auf das Kommando ...und „los" direkt von der Kiste „runter fallenlassen" um dann maximal schnell maximal hoch wieder abzuspringen, Arme auf den Beckenkämmen abgestützt. Stabil landen und beidbeinig 2 sek stabiliseren

HEIDELBERGER SPRUNGTEST (modifiziert) (Kraftmessplatte / Vicon / EMG)

Der modifizierte Heidelberger Sprungtest ist ein einbeiniger Sprungtest bei dem der Proband einen Ball schlagen muss und direkt nach der Landung, auf ein Lichtsignal reagierend, entweder nach rechts oder nach links weiter läuft, bzw. in der Mitte stabilisiert

- barfuss
- Höhe des Balls: Eine Handbreit über dem ausgestreckten Arm (Achtung: keine Schulterelevation)
- Abstand vom Absprung bis zur Mitte der Kraftmessplatte: 1/3 der Körpergröße
- Auslösen des Lichtsignals über Lichtschranke beim Absprung
- Richtungswechsel nach rechts, oder links im 45° - bzw. Stabilisieren wenn kein Licht aufleuchtet - Fußspitze beim Weiterlaufen in Laufrichtung

Durchführung:

- Zwei Schritte Anlauf, einbeiniger Absprung (→ Auslösen der Lichtsignale über die Lichtschranke), schlagen eines Balls und Landung auf demselben Bein
- Direktes Weiterlaufen im 45° Winkel. Der erste Schritt des Richtungswechsels erfolgt über zwei Schaumstoffpolster in Höhe von 10 cm um eine sportlich, dynamische Bewegung zu forcieren

⇒ bei allen Tests wird die dominante Seite zuerst getestet!

FRAGEBÖGEN

- Allgemeiner Fragebogen
- IKDC
- KOOS
- Tegner/Lysholm
- TAMPA Scale

A 5: Allgemeiner Fragebogen

Allgemeiner Fragebogen

I. Angaben zur Person und zur Knieverletzung

Datum: _____. ____. 20 ______

Name, Vorname: ______________________________ Geschlecht: __________

Adresse: ____________________________________ Telefon: _____________

Geburtsdatum: ____ . ____ . 19 _____ Alter:_____ Größe: _____ Gewicht: _____

Geburtsort und Land: ____

Diagnose: ____

Datum der Verletzung/Schmerzbeginn: ____ . ____ . _______

Ablauf der Verletzung (Unfallmechanismus): ________________________________

____

____

Verletzte / operierte Seite: ❑ rechts ❑ links

Dominante Seite: ❑ rechts ❑ links
(Sprungbein)

OP Datum: ____ . ____ . _______

Operateur: ____

Betreff: ❑ Meniskus ❑ VKB ❑ HKB

❑ Vor OP ❑ Nachuntersuchung

Arbeitsunfähigkeit: ❑ Ja, seit ____ . ____ . 20 _____ ❑ Nein

Therapie bisher ❑ Ja ❑ Nein

Wenn ja: welche? ____

II. Sportliche Betätigung

1. Haben Sie in der letzten Zeit Sport getrieben? ❑ Ja ❑ Nein

   Wenn ja: Wie viele Stunden Sport machen Sie jetzt im Moment **pro Woche**?

Bitte Sportart, Leistungsniveau und Stundenzahl genau angeben

Sportart	Leistungsniveau	Stundenzahl

Wie viele Stunden **heute** schon? ______________________________
Wie viele Stunden **insgesamt pro Woche**? ______________________________

2. Wie viele Stunden Sport haben Sie **vor der Verletzung** pro Woche getrieben?

Bitte Sportart, Leistungsniveau und Stundenzahl genau angeben

Sportart	Leistungsniveau	Stundenzahl

III. Beschwerden, Verletzungen allgemein

1. Treten bei Ihnen **aktuell** im Alltag Schmerzen auf?
   Wo? (Zutreffendes bitte ankreuzen: re(chts), li(nks))

Fuß:
- Sprunggelenk ❑ li ❑ re
- Achillessehne ❑ li ❑ re
- Ferse ❑ li ❑ re
- Fußsohle ❑ li ❑ re
- Zehen ❑ li ❑ re

Schienbein: ❑ li ❑ re

Knie:
- Innenseite ❑ li ❑ re
- Außenseite ❑ li ❑ re
- oberhalb der Kniescheibe ❑ li ❑ re
- unterhalb der Kniescheibe ❑ li ❑ re

Hüftgelenke: ❑ li ❑ re

Wirbelsäule: ❑ Hals ❑ Thorax ❑ Lendenwirbelsäule

Schultern: ❑ li ❑ re

Sonstige: ______________________________

2. Wann waren Sie das letzte Mal wegen Beschwerden am Bewegungsapparat beim Arzt? ______________________________

   Warum genau? ______________________________

3. Tragen Sie in Ihren Schuhen Einlagen? ❑ Ja ❑ Nein

   Wenn ja: welcher Art?______________________________

   Weshalb:______________________________

4. Haben Sie **beim Sport** schon Muskel-, Sehnen-, Bandverletzungen, oder Knochenbrüche erlitten?

   ❑ Ja ❑ Nein

   Wenn ja: Bitte beschreiben Sie möglichst genau

   Lokalisation:______________________________

   ____

   Art: ______________________________

   ____

   ____

   Zeitpunkt:
   - beim Aufwärmen ❑
   - im oder nach dem Sport ❑

   Datum (wenn möglich Monat/Jahr):______________________________

   Wie sind Sie behandelt worden (operativ oder konservativ)?____________

   Wie lange haben Sie mit dem Sport aufgehört? ____________________

   Sind diese Beschwerden vollkommen beseitigt? ❑ Ja ❑ Nein

5. Gab es bei Ihnen Verletzungen, Operationen, schwere Krankheiten?

   ❑ Ja ❑ Nein

   Wenn ja: wann und was genau?______________________________

   ____

   ____

   ____

6. Wurden bei Ihnen neurologische Krankheiten diagnostiziert?

   ❑ Ja ❑ Nein

Wenn ja: wann und was genau? ____________________

Leiden Sie zur Zeit unter Schwindel? ❑ Ja ❑ Nein

Wenn ja: wann und wie genau? ____________________

7. Sind bei Ihnen Allergien (z.B. gegen braunes Pflaster, Latex etc.) festgestellt worden?
   ❑ Ja ❑ Nein

   Wenn ja: wann und welche genau? ____________________

8. Wie beurteilen Sie Ihren aktuellen körperlichen Zustand (bitte zutreffende Ziffer ankreuzen)?

   ❑ ❑ ❑ ❑ ❑ ❑ ❑ ❑ ❑ ❑
   sehr schlecht → → → → sehr gut

IV. Lebensgewohnheiten, Risikofaktoren

1. Nehmen Sie Medikamente?

   - regelmäßig ❑ welche(s): ____________________
   - bei Bedarf ❑ welche(s): ____________________
   - keine ❑
   - die „Antibabypille" ❑

2. Rauchen Sie? ❑ Ja ❑ Nein

   Wenn ja: wie viele Zigaretten pro Tag? ____________________
   Seit wie vielen Jahren? ____________________

3. Trinken Sie Alkohol? ❑ Ja ❑ Nein

   Wenn ja: Wie viel pro Woche? ____________________

V. Weitere Fragen

1. Belastung im Beruf/Alltag (sitzen, stehen, gehen... in %): ____________________
2. Schuhgröße. ____________
3. Sind Sie Rechts- oder Linkshänder/In: ❑ li ❑ re
4. Mit welchem Bein würden Sie einen Fußball spielen? ❑ li ❑ re
5. Mit welchem Bein springen Sie (z.B. beim Weit- oder Hochsprung) ab? ❑ li ❑ re

VI. Kontrollvariablen

1. Wie **stabil** fühlen sich Ihre Kniegelenke an?

- rechts

❑ ❑ ❑ ❑ ❑ ❑ ❑ ❑ ❑ ❑
1 2 3 4 5 6 7 8 9 10
sehr instabil → → → → sehr stabil

- links

❑ ❑ ❑ ❑ ❑ ❑ ❑ ❑ ❑ ❑
1 2 3 4 5 6 7 8 9 10
sehr instabil → → → → sehr stabil

2. Wie **stabil** fühlen sich Ihre Sprunggelenke an?

- rechts

❑ ❑ ❑ ❑ ❑ ❑ ❑ ❑ ❑ ❑
1 2 3 4 5 6 7 8 9 10
sehr instabil → → → → sehr stabil

- links

❑ ❑ ❑ ❑ ❑ ❑ ❑ ❑ ❑ ❑
1 2 3 4 5 6 7 8 9 10
sehr instabil → → → → sehr stabil

3. Wie stark sind Ihre **Schmerzen** heute?

- rechts

❑ ❑ ❑ ❑ ❑ ❑ ❑ ❑ ❑ ❑
1 2 3 4 5 6 7 8 9 10
sehr stark → → → → sehr gering

- links

❑ ❑ ❑ ❑ ❑ ❑ ❑ ❑ ❑ ❑
1 2 3 4 5 6 7 8 9 10
sehr stark → → → → sehr gering

4. Wie groß ist Ihre **Motivation** heute?

❑ ❑ ❑ ❑ ❑ ❑ ❑ ❑ ❑ ❑
1 2 3 4 5 6 7 8 9 10
sehr gering → → → → sehr groß

5. Meßskala zur Erfassung der **Kniegelenkschwellung**
(die Messung erfolgt 5 cm oberhalb des Gelenkspalts)

Differenz (OP vs nOP)

___ ___ ___ ___ ___ ___ ___ ___ ___ ___ ___ ___
Datum

A 6: Lysholm Score

Lysholm Score

Pro Frage bitte nur eine Antwort in der rechten Spalte ankreuzen

Hinken?	
gar nicht	5
geringfügig und / oder periodisch	3
Stark und / oder periodisch	0
Gehhilfe?	
Keine	5
Gehhilfen	3
Vollbelastung unmöglich	0
Blockade im Kniegelenk?	
Kein blockieren oder hängen bleiben	15
Zeitweise hängen bleiben aber keine Blockade	10
Gelegentliche Blockade	6
Häufige Blockade	2
Bei Belastung blockiertes Gelenk	0
Instabilität?	
Nie	25
Selten während starker Belastung	20
Häufig während starker Belastung	15
Gelegentlich bei Alltagsbelastungen	10
Oft bei Alltagsbelastungen	5
Bei jedem Schritt	0
Schmerz?	
Kein Schmerz	25
Unregelmäßig und geringfügig	20
Beachtlicher Schmerz bei starker Belastung	15
Beachtlicher Schmerz nach oder beim Gehen von mehr als 2 km	10
Beachtlicher Schmerz nach oder beim Gehen von weniger als 2 km	5
Ruheschmerz	0
Schwellung?	
Keine Schwellung	10
Bei starker Belastung	6
Bei normaler Belastung	2
Auch bei Ruhe	0
Stufen steigen?	
Keine Probleme	10
Gelegentlich beeinträchtigt	6
Schmerz bei jeder Stufe	2
Unmöglich	0
Kniebeuge?	
Keine Probleme	5
Gelegentlich beeinträchtigt	4
Nicht unter 90°	2
Unmöglich	0
Gesamt	

Tegner & Lysholm (1985). Rating system in the evaluation of knee ligament injuries. Clin Orthop, 198, 43-49

A 7: Aktivitätsscore nach Tegner und Lysholm (1985). Spezielle Anwendung: Kniebandinstabilitäten. Deutsche Übersetzung.

Tegner Score

Bitte lesen Sie die folgende Tabelle durch und geben Sie dann jeweils die auf Sie zutreffende Kategorie (0-10) unten an (nur eine Kategorie angeben):

0.		Bettlägerigkeit oder Invalidität, Rente wegen Knieproblem
1.	**Arbeit**	Sitzende Tätigkeit
oder		Gehen auf ebenem Untergrund möglich
2.	**Arbeit**	Leichte Arbeit
oder		Gehen auf unebenem Grund möglich, aber Gehen im Wald unmöglich
3.	**Arbeit**	Leichte Arbeit (z.B. Krankenschwester)
oder	**Wettkampf**- und **Freizeitsport**	Schwimmen
oder		Gehen im Wald möglich
4.	**Arbeit**	Mittelschwere Arbeit (z.B. Fernfahrer, schwere Arbeit im Haushalt)
oder	**Freizeitsport**	Radfahren, Skilanglauf, Jogging auf ebenem Untergrund (mind. 2 mal wöchentlich)
5.	**Arbeit**	Schwere Arbeit (z.B. Bauarbeiter)
oder	**Wettkampfsport**	Radfahren, Skilanglauf
oder	**Freizeitsport**	Jogging auf unebenem Untergrund (mind. 2 mal wöchentlich)
6.	**Freizeitsport**	Tennis, Badminton, Handball, Basketball, Ski Alpin, Jogging (mind. 5 mal wöchentlich)
7.	**Wettkampfsport**	Tennis, Leichtathletik (Laufsportarten), Hand-, Basketball, Motorrad,
oder	**Freizeitsport**	Fußball, Eishockey, Squash, Leichtathletik (Sprungsportarten), Orientierungslauf, Crosslauf
8.	**Wettkampfsport**	Squash, Badminton, Leichtathletik (Sprungsportarten), Ski Alpin
9.	**Wettkampfsport**	Fußball niedrige Liga, Eishockey, Ringen, Gymnastik
10.	**Wettkampf** bzw.	Fußball nationales bzw. internationales Niveau Leistungssport

Vor dem Unfall: **Kategorie** _____

Zur Zeit: **Kategorie** _____

Angestrebtes Niveau: **Kategorie** _____

Tegner & Lysholm (1985). Rating system in the evaluation of knee ligament injuries. Clin Orthop, 198, 43-49.

A 8: Tampa Skala der Kinesiophobie

Tampa Skala der Kinesiophobie
(Miller, Kori und Todd 1991)

gekürzte Fassung - TSK-11- nach Chmielewski et al. (2008)
ins Deutsche übersetzt von Mayáns, FG (2009)

1 = stimmt überhaupt nicht
2 = stimmt nicht
3 = stimmt
4 = stimmt auf jeden Fall

1. Ich habe Angst, dass ich mich verletzen könnte wenn ich trainiere	1	2	3	4
2. wenn ich versuchte, es zu überwinden, würden meine Schmerzen zunehmen	1	2	3	4
3. Mein Körper sagt mir, dass etwas ernsthaft nicht mit mir stimmt	1	2	3	4
4. Menschen nehmen meinen Gesundheitszustand nicht ernst genug	1	2	3	4
5. Mein Unfall gefährdet meinen Körper für den Rest meines Lebens	1	2	3	4
6. Schmerzen bedeuten, dass ich meinen Körper verletzt habe	1	2	3	4
7. Einfach darauf achten, keine unnötigen Bewegungen zu machen, ist das Beste was ich tun kann damit sich meine Schmerzen nicht verschlimmern	1	2	3	4
8. Ich hätte nicht solche Schmerzen wenn nicht irgendetwas potentiell Gefährliches in meinem Körper vorginge	1	2	3	4
9. Schmerzen sagen mir wann ich mit dem Trainieren aufhören soll damit ich mich nicht verletze	1	2	3	4
10. Ich kann nicht alle Dinge tun, die normale Menschen tun, da es zu einfach ist, mich zu verletzen	1	2	3	4
11. Niemand sollte trainieren müssen, wenn Er/Sie Schmerzen hat	1	2	3	4

CPSIA information can be obtained
at www.ICGtesting.com
Printed in the USA
LVHW082117170220
647193LV00005B/65